U0110616

古典文獻研究輯刊

十六編

潘美月・杜潔祥 主編

第22冊

明代《楞伽經》注疏研究

黃守正 著

國家圖書館出版品預行編目資料

明代《楞伽經》注疏研究／黃守正　著 — 初版 — 新北市：花木蘭文化出版社，2013〔民 102〕

目 6+190 面；19×26 公分

（古典文獻研究輯刊 十六編；第 22 冊）

ISBN：978-986-322-173-9（精裝）

1. 經集部　2. 明代

011.08　　102002361

ISBN-978-986-322-173-9

古典文獻研究輯刊
十六編　第二二冊　　ISBN：978-986-322-173-9

明代《楞伽經》注疏研究

作　者　黃守正
主　編　潘美月　杜潔祥
總編輯　杜潔祥
企劃出版　北京大學文化資源研究中心
出　版　花木蘭文化出版社
發行所　花木蘭文化出版社
發行人　高小娟
聯絡地址　235 新北市中和區中安街七二號十三樓
電話：02-2923-1455／傳眞：02-2923-1452
網　址　http://www.huamulan.tw 信箱 sut81518@gmail.com
印　刷　普羅文化出版廣告事業
初　版　2013 年 3 月
定　價　十六編 30 冊（精裝）新台幣 50,000 元

明代《楞伽經》注疏研究

黃守正　著

作者簡介

黃守正，台灣彰化人。喜愛閱讀、學術、教學、音樂。
東海大學中文系、東海大學中文研究所碩士畢業，今就讀東海大學中文研究所博士班。
經歷國、高中國文教師、東海大學中文系兼任講師。
著有《明代楞伽經注疏研究》（碩士論文）、〈郭象《莊子注》中「性分」論的重估〉、〈方玉潤《詩經原始》詮釋特色探究〉、〈〈艮〉卦與《華嚴經》止觀法門之比較——二程排佛之個案探析〉、〈〈明悟禪師趕五戒〉中蘇東坡的前世今生——從傳說、話本到小說的寓意探究〉。
E-mail：citta123citta@gmail.com

提　　要

《楞伽經》在中國佛教史上有著重要的意義，它曾是菩提達摩藉以印心的法要，禪宗門庭必讀的聖典，更是教下諸宗華嚴、天台、法相等極為重視的經書。隋唐之際，曾出現所謂「楞伽師」、「楞伽宗」的盛況。宋、元時期，世人研讀《楞伽經》的風氣大不如前。直到明代，由於明初朱元璋的提倡，明末佛學文化背景的興盛，《楞伽經》在佛教史上出現第二次的研讀風潮，此時也推動了《楞伽經》注疏的發達。

本文以「明代《楞伽經》注疏研究」為題，首先是針對背景的研究，如《楞伽經》的內容概說、歷代流傳、文本自身的限制與難題、明代《楞伽經》注疏的興盛原因、明代九家注疏的形式與內容特色、成書時間、成書動機、注疏者的學養等諸多主題的詳加考察。

其次，在法義的研究上，從「諸識生滅門」中「流注」與「相」的二種生、住、滅的討論，「三相」（轉相、業相、真相）與「三識」（真識、現識、分別事識）等名詞的界說，到「覆彼真識」的詮釋以及相關法義的推展。繼以「轉依」為主題，企圖了解明代《楞伽經》注疏中「轉依」思想的運用與創新。為了突顯明代《楞伽經》注疏的特色，更將上溯各種法義思想的源流，如唐、宋注家們的相關詮釋，以便於釐清對照。最後以明代注家的法義「非難」為主題，藉由「經題解釋」、「七種性自性」、「淨除自心現流」這三個議題，藉以觀察明代注家們彼此之間的互動，法義關注的重點及其討論。

致 謝 辭

從論文的寫作到完成，將近兩年多的時光，能埋首於經典中，是我生命中莫大的幸福。

首先，感謝指導教授劉榮賢老師對我的信任與寬容，在論文寫作過程，他總是予以親切的指引點撥，給我信心。在我租屋處的路口，抬頭可以看見八卦山大佛的側臉，每當仰望佛陀凝定祥和的面容，常令我想起劉師的風範。其次要感謝口試教授張清泉老師、朱文光老師對論文提出許多寶貴的建議，讓我受益頗多。最後要感謝我的家人——爸、媽的支持關懷是對我最大的肯定；大哥時常伸出援手，緩解我在經濟上的窘境；愛人淑蓁的默默陪伴，忍受我的清貧與壞脾氣。

當然尚有許多必須感謝的人，沒有他們的眷顧，我是無法完成論文的。我只能懷著感謝的心，回報給將來需要我幫助的人。

論文口試後，將近一週的時間，腦海中不斷想起口試時的場景，同時也夾雜著寫作過程中，那些曾發生過的事、思考過的問題、出現過的期許，以及內心沒有整理過的感觸。或許是自責於當日口試的表現不盡理想，心中總不停的自問自答，模擬著自認爲更完美的答覆。

口試時，張清泉老師曾問及寫完論文的心情與收穫，這應是簡單的問題，但我卻在慌亂之際，僅以寥寥數語帶過。爲了彌補未及抒發的思緒，在此便多贅幾句。

第一次閱讀《楞伽經》是在高三，當時的我並不明白經文的涵義，然而大慧菩薩的「讚佛偈」深深的吸引了我：

世間離生滅，猶如虛空華，智不得有無，而興大悲心。

一切法如幻，遠離於心識，智不得有無，而興大悲心。

遠離於斷常，世間恒如夢，智不得有無，而興大悲心。

知人法無我，煩惱及爾炎，常清淨無相，而興大悲心。

一切無涅槃，無有涅槃佛，無有佛涅槃，遠離覺所覺。

若有若無有，是二悉俱離。牟尼寂靜觀，是則遠離生，

是名爲不取，今世後世淨。

「生滅變化的世間，猶如空中的花朵，世人迷惑於花朵的有無而生煩惱，慈悲的佛陀興起大悲心，爲人們開示離苦得樂的眞理。」或許是宿世的因緣，心裡歡喜這些經文，我試著抄寫背誦，想要了解整部《楞伽經》的內容，開始搜羅著各種注本。儘管如此，礙於資質的庸鈍，加上懈怠放逸的習氣，我始終無法讀竟全經，更遑論通達法義了。

我是個佛教徒，常以大乘行者自我期許，總在讀頌「四弘誓願」時，發起豪情萬丈的雄心。所謂「法門無量誓願學」，《瑜伽師地論》更強調大乘行者的修持應深入「五明」，所謂「菩薩求此一切五明，爲令無上正等菩提大智資糧速得圓滿。」想要資糧圓滿，必要廣學「五明」。在「五明」中，尤以「內明」爲佛法不共世間的特色，「諸菩薩求內明時，爲正修行法隨法行，爲廣開示利悟於他。」因此身爲大乘行者，若想上求佛道，下化眾生，最重要的基礎，第一步必先要深入經論、通達法義。

《楞伽經》素稱難讀，它是佛陀開展自證境界的甚深法義，經由大慧菩薩的提問，層層深入佛心，契會自覺聖智。我選擇了我能力所未及的《楞伽經》，作爲我論文研究的題材。這不僅是我所歡喜的題目，其實更想藉著論文的壓力來「深入經論」，讓我有更多的機會熏習法義。

論文完成後，雖不敢妄稱通達經義，但許多的經文已成爲我日常行持的功課，如「一切自性習氣，藏、意、識見習轉變，名爲涅槃。」讓我體會到轉化自身雜染習氣的意義；又「如我所說涅槃者，謂善覺知自心現量。」提醒我生活中逢緣遇境，一切種種無非是「自心現量」，應調適好自己的心念，用積極、樂觀、正面的態度來迎接生命在眼前所開展的美麗。

在這致謝辭的最後，更應該感謝的，其實是－－佛陀及高僧古德們。由於他們的智慧和慈悲，讓我在苦難的黑暗中看到曙光。

黃守正 2010/1/27

目次

第一章　緒　論

第一節　研究動機與研究回顧

一、研究動機

本文的研究動機可從兩個方向來說明，一是題材的意義，一是靈感的來源。以下將依序分別論述。

（一）題材的意義

《楞伽經》在中國佛教史上有著重要的意義，它曾是禪宗開山祖師菩提達摩藉以印心的經書。由於《楞伽經》的經文內涵融攝了大乘中觀、唯識、如來藏等三大系的思想，因此《楞伽經》不僅是禪宗門庭必讀的聖典，更是華嚴、天台、法相等，教下各派極為重視的經典。

當菩提達摩傳衣缽與慧可時，曾說：「我觀漢地，惟有此經，仁者依行，自得度世。」〔註 1〕在達摩的「囑咐說」之後，《楞伽經》開始倍受世人重視，陸續出現了專研《楞伽經》的修行人，稱為「楞伽師」，甚至形成「楞伽宗」的盛況，如玄賾《楞伽人法志》、淨覺《楞伽師資記》都載有相關紀錄。當時這些「楞伽師」有「心行口未說」，默默實修者；有「口說玄理不出文記」，只講述玄理而不做紀錄；有依經文注疏者，注家的法義詮釋又可分為「依慧可」、「依《攝大乘論》」兩大流派。當時研習《楞伽經》的風氣相當興盛，《楞伽經》的地位，如同修行人奉為圭臬的聖典。儘管六祖慧能以後，禪宗經典

〔註 1〕 道宣：《續高僧傳》，《大正新修大藏經》第五十冊，頁 552。

的提倡已轉為《金剛經》，但從初祖菩提達摩以下，二祖慧可、三祖僧燦、四祖道信、五祖弘忍，直到六祖慧能、神秀等，這近兩百餘年的歲月裡，《楞伽經》在禪宗門庭中，都有著極其重要的影響力。

所謂「諸法因緣生，諸法因緣滅」，世尊在許多開示中總是強調因緣，如《楞伽經》中也提到：「我常說言，因緣和合而生諸法，非無因生。」〔註 2〕世間一切諸法必定是條件的組合，所有現象的生、住、異、滅，都是因緣的聚散。由於因緣的條件改變，萬事萬物的現象也隨之改變。《楞伽經》受世人重視的情形也是相同的，唐代南宗禪盛行以後，《楞伽經》似乎就被束諸高閣了。宋代蘇軾曾感慨此經「寂寥於世，幾廢而僅存」，但宋代仍有四、五部《楞伽經》注疏，到了元代就真的乏人問津了。《楞伽經》在宋、元時期，已不像唐以前受到修行人的珍視，這其中的原因，不單純是禪宗經典從《楞伽經》到《金剛經》的轉移，更重要的主因，還是來自《楞伽經》文本自身的限制。由於《楞伽經》的經文難讀，不僅法義幽微，加上譯文的艱澀，文句段落難明，即使是高僧、學者都視為畏途，對於沒有佛學根底的讀者而言，更是恍如天書。

有明一代，《楞伽經》的研習又出現了第二次的盛況。首要的原因要功歸於明太祖朱元璋的提倡，因為他詔諭天下的沙門研讀《楞伽經》，在「丁巳洪武十年，詔天下沙門，講心經、金剛、楞伽三經，命宗泐、如玘等註釋頒行。」〔註 3〕明代由於初期有朱元璋的提倡，影響義學講習的興起，明末又値佛學文化背景的興盛，藏經的刊刻與經書的普及，加上印刷業的發達，凡諸種種因緣，都是促使明代《楞伽經》注疏發達的有利條件，現存的文獻中，明代《楞伽經》的注疏就有九部。

《楞伽經》在學界的研究，歷來不乏相關的討論，尤其日本的研究成果更是相當豐富。然而目前學界針對《楞伽經》的研究內容多集中於經文的法義解析，或者《楞伽經》三種譯本之間法義的差別，對於後代注疏的詮釋研究似乎鮮少觸及，因此本文的研究動機，就是嘗試以《楞伽經》的注疏為題材，尤其針對明代九部《楞伽經》注疏的相關現象及法義內容深入研究。

（二）靈感的來源

本文在選材時是以明代《楞伽經》注疏為研究對象，除了考慮明代是歷

〔註 2〕 求那跋陀羅譯：《楞伽阿跋多羅寶經》，《大正新修大藏經》第十六冊，頁 493。
〔註 3〕 幻輪：《釋鑑稽古略續集》，《大正新修大藏經》第四十九冊，頁 928。

代《楞伽經》注疏中最豐富的一代；另一個啓發的關鍵，主要是得自於《成唯識論》成書的靈感。

《成唯識論》是印度十大論師們註解世親論師《唯識三十頌》的集成作品。由於世親論師晚年完成《唯識三十頌》時，未曾親自留下注疏。然而頌文簡樸卻是義海浩瀚，因此當時印度諸家論師紛紛起而作注，最著名的便有十家。〔註4〕當玄奘在翻譯十大論師的注疏時，原欲將各家論師分別翻出而成十冊，後來玄奘採用窺基的建議，略去重覆之處，將十冊合成一冊，再以護法的詮釋觀點爲正義，其他諸師的解說爲參考而集成此書。雖然《成唯識論》以護法爲正義，但仍可以清楚的得知其他論師對於每一個議題中不同的意見。〔註5〕由於《成唯識論》的內容豐富詳實，因此成爲印度瑜伽大乘的正義，誠如印順所說：「《成唯識論》，代表了西元七世紀初，印度瑜伽大乘的正義。在瑜伽大乘中，這是最具權威性的，集大成的論書。」〔註6〕

《楞伽經》與世親的《唯識三十頌》，在文本的特色上實有交集之處，同樣都是經文難懂，古德的注文多有分歧。因此本文在處理明代九家《楞伽經》注疏的法義討論時，其靈感實源自於《成唯識論》成書的啓發。本文針對《楞伽經》中重要的經文，先併舉明代各注家們的法義詮釋，再詳加分析討論。只是本文不同於玄奘、窺基《成唯識論》中以護法爲正義的抉擇。本文的研究立場，並沒有偏重哪一家的詮釋才是正義。本文著重在明代九家《楞伽經》注疏的相關考察，企圖整理注家們的注疏背景，重要經文的法義詮釋特色，以及注家們彼此之間的法義討論。

二、研究回顧

《楞伽經》是佛教史上一部重要的經典，倘若以《楞伽經》爲主題，在學界的研究，歷來早已不乏相關的討論，尤其以日本的研究成果更是豐富，如高崎直道在 1985 年由東京大藏出版株氏會社所出版的《佛典講座 17——楞伽經》中，書末附錄的文獻目錄，關於《楞伽經》的英文及日文論文的研究

〔註 4〕此十大論師分別爲：親勝、火辨、難陀、德慧、安慧、淨月、護法、勝友、勝子、智月。

〔註 5〕《成唯識論》中只略述其他注家的法義，並未提及論師名號，因此難以對照某種法義究竟是何人所說，但窺基《成唯識論述記》中，則指名記載諸家論師們的法義詮釋。

〔註 6〕印順：《華雨香雲》（台北：正聞出版社，1989），頁 221。

就有 67 種之多。〔註 7〕托網路便利之福，在香光尼眾佛學院課程網站中，有關於《楞伽經》的研究，從學位論文、圖書論文到期刊論文，英文、日文及中文等相關研究的論文目錄，就多達百種。〔註 8〕然而從論文的標題來歸納，研究的內容大略可分爲四種：

（一）經文的法義解析，如：1987 南懷謹：〈略舉楞伽經：有關佛法與禪宗修證的幾個問題〉、1999 釋大禮〈對楞伽經如來藏之探討〉。

（二）《楞伽經》的翻譯，如：1976 高崎直道〈四卷楞伽譯文的問題點〉、2004 程恭讓〈楞伽經如來藏段梵本新譯及對呂澂關於魏譯相關經文批評的再批評〉。

（三）《楞伽經》其他三家譯本的法義，如：1976 高崎直道〈入楞伽經的唯識說〉、1973 神谷麻俊〈入楞伽經的自覺聖智——集一切法品中心〉。

（四）《楞伽經》與其他經典之間的法義關係，如：1979 羅光〈楞伽經和攝大乘論（如來藏緣起說）〉、2008 蒲長春〈從大乘起信論到楞伽經——論印順如來藏思想的特點〉

雖然學界對於《楞伽經》的相關的討論已經相當豐富，但是針對後出注家們的法義詮釋則較少受到重視，尤其明代九部《楞伽經》注疏的考察及法義內容的研究，目前似乎尚無相關的研究。儘管如此，在某些《楞伽經》的研究中，仍零星的提到明代《楞伽經》注家們的意見。在此略舉兩部：

首先，具代表性的爲 1998 唐一玄《四卷楞伽經注箋》。書中內容主要以劉宋譯四卷《楞伽經》爲底本，經文的科判分段是依太虛大師《楞伽經義記》，分段解釋經文時，如作者所言：「其中注文，一本泐玘之舊；偶或於原注中附入括弧插注，其需言之較詳者則更參攷其他文獻附加而補充之……同學心印法師發心爲余校補會箋，詳徵解釋。」〔註 9〕解釋經文首先摘錄明代宗泐、如玘的注文，若需要補充時，並穿插歷代注家們不同的意見，其後的「一玄曰」則是作者的案文，或者「木訥箋」則是心印法師的箋補。在書中不僅摘錄明代《楞伽經》注家們的意見，偶爾也出現作者的評判，如：

〔註 7〕詳見高崎直道：《楞伽經》（東京：大藏出版株氏會社，1985），頁 410～416。

〔註 8〕詳見香光尼眾佛學院網址：http://www.gaya.org.tw/teacher/20/canon/lankavatara.htm#thesis

〔註 9〕唐一玄：《四卷楞伽經注箋》（高雄：財團法人休休文教基金會，1998），序頁 5。

一玄曰：上原註以反復訓覆，謂反照復源，應於覆彼眞識四字下斷句。但亦可如智旭義疏以覆蔽訓覆，於覆彼眞識四字下不斷句，作種種不實諸虛妄之形容詞講，意謂：若覆蔽眞識之一切愛見妄想消滅，則能熏妄想旣滅，所熏根識亦滅，是爲相滅。兩說均可通。但余以爲覆字訓作覆蔽者於義較長。〔註10〕

這是《楞伽經》中「諸識生滅門」有關「覆彼眞識」的議題（本文將在第四章中討論），在唐一玄的評議中，他認爲明代宗泐、如玘的注文將「反復訓覆，謂反照復源」，智旭的看法則是「以覆蔽訓覆」，作者在分別贊同兩種詮釋後，接著又說：「余以爲覆字訓作覆蔽者於義較長」，他認爲智旭的解釋是更具深意的。唐一玄的《四卷楞伽經注箋》雖然不是針對明代《楞伽經》注疏的研究，但在書中經常引用歷代注家們的意見，作者偶爾也提出評判，因此本書對於明代《楞伽經》注疏的研究，頗具有參考價值。

第二部是 1994 釋會容《楞伽經之如來藏與阿梨耶識》。此書是作者在華嚴專宗學院的畢業論文。作者在論文中的主要論點是要證明《楞伽經》中具有九識的思想，除了八識之外，將如來藏識視爲眞識，即是第九識。全文分爲五章，依序爲：楞伽經以前之如來藏思想、中期大乘佛教之如來藏與阿梨耶識思想、楞伽經之心識與如來藏、楞伽經之識與智、對三漢譯本九識疑難之探討。在第四章〈楞伽經之識與智〉的論述中，作者在比較「轉識與藏識」時，也曾參考了明代注家的詮釋，如：

對於「轉識、藏識、眞相非異非不異」的註釋，筆者參考了明朝宗泐、如玘同註的『楞伽阿跋多羅寶經註解』，宋朝寶臣的『注大乘入楞伽經』，和明朝普眞貴釋的『楞伽科解』……宗泐、如玘同註本，以眞識爲眞位如來藏——如來藏識，此則合於經義，但是在微塵與泥團的喻中，卻把藏識釋爲眞，轉識釋成妄，此是站在悟得藏識本眞智的果位而言，在喻中如此立場顯非恰當。寶臣之釋，十之八九同於前者，可是卻把藏識解爲眞妄和合，違於經義。普眞貴則註眞相是如來藏自性清淨心，爲眞，以泥塵喻之，而以水喻轉識，是妄。泥團喻藏識，是眞妄和合，亦違經義。〔註11〕

〔註10〕唐一玄：《四卷楞伽經注箋》，頁 77～78。

〔註11〕釋會容：《楞伽經之如來藏與阿梨耶識》，《華嚴專宗學院佛學研究所論文集（一）》（台北：華嚴專宗學院，1994），頁 207。

在此文中作者參考了宋朝寶臣，以及明朝宗泐、如玘和普眞貴這三家的注解。由於作者堅持第九識的建立，然而宋、明這三家古德的法義立場都是以「如來藏識、眞識、藏識」三者實爲一體，屬於「眞妄和合」的關係，因此作者對於這三家的詮釋都不贊同，而提出「顯非恰當」、「違於經義」的說法。釋會容《楞伽經之如來藏與阿梨耶識》雖然主要的論點是在證明《楞伽經》中具有九識的思想，但論文中曾論及明代注家的詮釋，因此對於明代《楞伽經》注疏的研究，亦具有參考價值。

第二節　研究主題與研究方法

一、研究主題

本文的標題爲「明代《楞伽經》注疏研究」，雖然目前學界沒有針對這個主題的研究案例，但嘗試以九部注疏爲題材，顯然是一個相當龐大的綜合性主題。因此在論文時，關於九部注疏的選材，議題的深淺、廣狹，甚至章節的安排以及全文整體的脈落關係，都成爲考慮的重點。以下將分別論述全文七章的研究主題：

第一章　緒論

本章介紹研究動機、研究回顧、研究主題、研究方法。

第二章　《楞伽經》的流傳與明代《楞伽經》注疏的興盛

本章首先介紹《楞伽經》的內容概說、翻譯、歷代注疏，接著簡要考察明代以前《楞伽經》的流傳興替，進而分析《楞伽經》文本自身的限制與難題，「法義幽微、迴文不盡、段落結構的差異性」，是造成《楞伽經》流傳上產生阻礙的現實因素。最後提出明代《楞伽經》注疏發達的原因，是由於明初政治的推動與明末佛教的興盛。本章整體的呈現，除了提供《楞伽經》的相關背景知識，更欲突顯出明代《楞伽經》注疏有值得被關注的研究價值。

第三章　明代《楞伽經》注疏的形式與內容特色及相關考察

本章內容的安排上，首先定義注疏的意義與種類，接著依序介紹明代《楞伽經》九家注疏的形式與內容特色。第三節是九家注疏的相關考察，從分析九家注疏的共同點——均以劉宋譯四卷本爲經文底本，找出劉宋譯四卷本受重視的主因。並依九家注疏的成書時間、成書動機，以及注疏者的學養背景等，從這三個面向來加以觀察明代《楞伽經》九家注疏背後所蘊含的各種現象。

第四章 明代《楞伽經》注疏中「諸識生滅門」的討論

本章所研究的主題，是關於明代《楞伽經》注疏中「諸識生滅門」法義的討論。從「流注」、「相」二種生、住、滅，到「三相」（轉相、業相、眞相）與「三識」（眞識、現識、分別事識）等名詞的界說與相關法義的推展，以及「覆彼眞識」的詮釋。爲了突顯明代《楞伽經》注疏的成果，將針對上述的主題內容，各別依其重點來詳加考察。從問題的提出、明代以前注家的解釋、明代諸注家的詮釋，最後提出明代《楞伽經》注疏對於前人的繼承發展，以及超越與反思。

第五章 明代《楞伽經》注疏中「轉依」思想的運用與創新

「轉依」是佛學思想中的重要理論，尤其是大乘佛教瑜伽學派和如來藏學都重視「轉依」的安立，在經論中可以發現瑜伽學派與如來藏學這兩種不同特質的「轉依」類型。從基本的特徵上來區別，瑜伽學派的「轉依」特質是「凡聖分明」的，從凡夫到聖人的關係是從阿賴耶識到無垢眞如，對於修證的工夫進路，著重在「斷惑、滅障」；如來藏學的「轉依」特質則是「凡聖一如」的，從凡夫到聖人的關係是從（在纏）眞如到（出纏）眞如，對於修證的工夫進路，強調於「悟眞、證眞」。

《楞伽經》出現的年代，約西元三世紀到五世紀末，此時正是「轉依」思想盛行的時期。由於《楞伽經》的經文內涵融攝了大乘中觀、瑜伽、如來藏這三系的思想，因此本章將針對「轉依」這個思想主題深入探討，企圖了解明代《楞伽經》注疏中「轉依」思想的運用與創新。爲了突顯明代《楞伽經》注疏的特色，更上溯「轉依」思想的背景；分析《楞伽經》三家漢譯本以及唐、宋時期《楞伽經》注疏中「轉依」的思想運用，以便於釐清對照。

第六章 明代《楞伽經》注疏中的法義「非難」

所謂「非難」，意指注家們在論述法義時，提出其他注家詮釋的錯誤，甚至於嚴厲的批判。注家學養背景的個別差異，必然會開展出不同風貌的法義詮釋；但是注家若在抒發己見之時，評判或「非難」其他注家的論述，那麼這些諍論的法義內涵以及相關現象，就更値得關注了。尤其《楞伽經》歷來都稱難讀，斷句都尚有爭議，法義解讀的歧異性自當是在所難免。

佛法原是無諍的，特別是大乘行者的修行原理，提倡在「利他當中完成自利」，所以注家們彼此間的「非難」，實寓有更深的意義。本文認爲「法義非難」的實質意趣，不僅是注家們依於學養的闡述，更是藉機提醒眾生注意經論中相關法義內涵與實踐方法的權宜之計。如同戲劇中的「衝突情節」，往往在觀眾的心中烙下深刻的印象。因此本章將針對法義「非難」的相關案例加以分析，藉由明代《楞伽經》注疏的「非難」案例釐清，試圖去了解明代《楞伽經》注家們所諍議的焦點，以及法義詮釋的豐富內涵與相關現象。在法義「非難」的選材上，討論了「經題解釋」、「七種性自性」、「淨除自心現流」等議題。

第七章　結 論

本章總結研究成果，並對本文的研究侷限提出反省，以及未來的發展。

綜觀上述七章大要，除了首章緒論和末章結論，在五章主要正文的安排上，第二章是背景討論，從《楞伽經》的內容概說、歷代流傳、文本自身的限制與難題，到明代《楞伽經》注疏的興盛。第三章是明代九家《楞伽經》注疏的概況分析，從形式與內容特色、成書時間、成書動機、注疏者的學養背景等相關考察。以上兩章基本上仍屬法義外的研究，傾向於文獻的整理。從第四章到第六章，這三章就屬於法義詮釋的研究。爲了掌握同一主題的共同討論，在第四章的選題上，以明代《楞伽經》注疏中「諸識生滅門」爲深入對象。因爲「諸識生滅門」的經義不僅具有代表性，更是歷來諸注家們解釋最爲歧異的經文段落。至於第五章「轉依」的討論，仍是以主題範疇來觀察明代注家們的詮釋特色。由於《楞伽經》的經文特色融攝了大乘三系的思想，同時瑜伽、如來藏學都重視「轉依」的安立，亦各具特色，因此分析明代注家們對於「轉依」的詮釋，目的在呈現明代注家們的「轉依」特質，同時也可以發現注家們對於《楞伽經》「轉依」思想的運用與創新。第六章「非難」的主題，目的則在呈現明代注家們彼此之間的互動以及法義討論。

二、研究方法

本文的研究方法，主要受到印順導師的影響。由於本文所選擇的主題是佛學，因此採「以佛法研究佛法」的態度來進行論文。印順認爲研究佛法應該把握三個原則，如：

一、諸行無常法則：佛法在不斷的演變中……現代的佛法研究者，

> 每以歷史眼光去考證研究。如沒有把握正確的無常論，往往會作出極愚拙的結論……在每一階段中，還都有新的確立，舊的廢棄。從個別觀察到整體，是異樣複雜的。愈古愈眞者，忽略了眞義的在後期中的更爲發揚光大。愈後愈圓滿者，又漠視了畸形發展與病態的演進。我們要依據佛法的諸行無常法則，從佛法演化的見地中，去發現佛法眞義的健全發展與正常的適應……二、諸法無我法則：……研究佛法，應有無我的精神。無我，是離卻自我（神我）的倒見，不從自我出發去攝取一切。在佛法研究中，就是不固執自我的成見，不存一成見去研究。……一般宗派的學者，固執他所宗的行解爲標準，在研究講說時，不問經的內容如何，只將自己所學的那一套湊上去。等於不問對方的頭大頭小，就拿自己頭上的帽子去套……在研究一經一論時，切莫自作聰明，預存見解；也莫偏信古說，大翻註釋。最好，在這一經一論的本身上去尋求解說，前後互相發明……三、涅槃寂靜法則：涅槃，是學佛者的歸趣所在……凡是佛法的研究者，不但要把文字所顯的實義，體會到學者的自心，還要了解文字語言的無常無我，直從文字中去體現寂滅……依緣起三法印去研究佛法，也就是依一實相印——法空性去研究。我以爲這才是以佛法來研究佛法，這才能把握合於佛法的佛法。〔註12〕

印順所提出的三種原則，就是佛法的核心教義「三法印」。以此「三法印」來研究一切佛法，才能「把握合於佛法的佛法」。簡要的說，「諸行無常法則」是要研究者尊重每個階段不同因緣所出現的佛法；「諸法無我法則」是要研究者揚棄個人的主觀偏見，如實的還原各種階段中佛法的不同風貌，以及立論意趣。「涅槃寂靜法則」則是希望研究者在研究的熏習過程中，進而體現寂滅之樂。

關於這三種原則，就是本文研究方法的基本態度。儘管「涅槃寂靜法則」仍有待努力，亦無法展現在論文中，但「諸行無常法則」、「諸法無我法則」則是本文進行過程中，時時指引方向的北極星。因此在本文主要正文的五章中，第二、三章傾向於文獻的爬梳與整理；第四到六章，這三章屬於法義詮釋的研究，本文的基本態度，謹守於客觀的分析文獻，如實的呈現注家們的法義詮釋。由於注家們個人學養背景的差異，必然呈現不同的詮釋風貌。因

〔註12〕印順：《以佛法研究佛法》（台北：正聞出版社，1982），頁3～14。

此本文對於法義的討論，不僅分析注家們的詮釋重點，更試圖去發現注家們的詮釋動機與法義立場。對於法義詮釋的內容，本文沒有高下對錯的評判，只有特質的展現與理解。

本文在整體上是個綜合性的研究，若以現代學術具體的研究方法來說，本文運用了文獻學方法、考據學方法、哲學方法、思想史方法等等。〔註 13〕本文希望藉由明代九家《楞伽經》注疏的背景、法義詮釋等諸多考察，對於這個研究主題能有更深入的認識。

〔註 13〕請參考吳汝鈞：《佛學研究方法論》（台北：台灣學生書局，1983），頁 91～180。

第二章　《楞伽經》的流傳與明代《楞伽經》注疏的興盛

本章首先介紹《楞伽經》的內容概說、翻譯、歷代注疏，接著簡要考察明代以前《楞伽經》的流傳興替，進而分析《楞伽經》文本自身的限制與難題，「法義幽微、迴文不盡、段落結構的差異性」，是造成《楞伽經》流傳上產生阻礙的現實因素。

最後提出明代《楞伽經》注疏發達的原因，是由於明初政治的推動與明末佛教的興盛。本章整體的呈現，除了提供《楞伽經》的相關背景知識，更欲突顯出明代《楞伽經》注疏有値得被關注的研究價値。

第一節　《楞伽經》的內容概說

《楞伽經》（Lankavatara-Sutra），全名《楞伽阿跋多羅寶經》，根據學界的研究，都將它歸類爲後期的大乘經典〔註 1〕。《楞伽經》的經文內容包含了初期大乘的般若空義，以及後期大乘的唯識、如來藏思想，因此依其經文特質，更明確的被判定爲「融唯識而成的眞常唯心論」〔註 2〕，屬於如來藏系統的經典。

〔註 1〕「後期的大乘經，雖也是部類眾多，而以如來藏 tatha^gata-garbha、佛性 buddha-dha^tu，tatha^gata-gotra，及與如來藏思想接近的佛菩提 buddha-bodhi、涅槃 nirva^n!a 功德的闡揚，爲後期大乘經的一般傾向。……後期大乘經，從西元三世紀起，到五世紀末，大多已經傳出。」見於印順：《印度佛教思想史》（台北：正聞出版社，2005），頁 153。

〔註 2〕印順：《印度佛教思想史》：「興起於南印度的，眞實常住的如來藏 tatha^gata-garbha 爲依說；起於北方的，虛妄無常的阿賴耶識 a^layavijn~a^na

《楞伽經》說法的緣起，是佛陀在龍宮說法七日後，從大海而出，受到羅刹眾的請求，來到楞伽島中，說出自證之境界。唐代實叉難陀譯本《大乘入楞伽經》〈羅婆那王勸請品〉中提到：

> 爾時世尊，於海龍王宮說法，過七日已從大海出，有無量億梵釋護世諸天龍等，奉迎於佛。爾時如來，舉目觀見摩羅耶山楞伽大城，即便微笑而作是言：「昔諸如來應正等覺，皆於此城說自所得聖智證法，非諸外道臆度邪見及以二乘修行境界，我今亦當爲羅婆那王開示此法。」〔註3〕

劉宋時期求那跋陀羅所譯的四卷本，經題名爲《楞伽阿跋多羅寶經》，若分析經題涵義，可知：

> 「楞伽」，此云「不可往」，即今錫蘭島之別名。……楞伽位南印度大海中，隔保克海峽，與大陸相望。在昔航海乏術，爲狂風、駭浪、暗礁、洄流所障，確爲難往難入之鄉，而況傳爲（夜叉或）羅刹鬼國乎？楞伽島之得名，以此。「阿跋多羅」，此云「入」。……佛自龍宮出，受羅刹眾之請，入楞伽島中，說自證境界。〔註4〕

從劉宋譯本的經題《楞伽阿跋多羅寶經》，亦可以略知此經說法的緣起。

劉宋譯本《楞伽阿跋多羅寶經》四卷，內容爲〈一切佛語心品〉之一至四。經中以大慧菩薩摩訶薩爲當機者，代替眾生向佛陀請示教法，藉由佛陀與大慧菩薩的往來問答，開展出楞伽法義。由於此經所涉及的法義內容相當廣泛，因此歷來諸注家對於經文的科判與分類各有不同的見解。今本文就《楞伽阿跋多羅寶經》劉宋譯本〈一切佛語心品〉之一至四卷，各卷經文內容所提到相關議題，簡單提要如下：

卷一：大慧菩薩讚佛偈、一百八問、諸識生住滅、七種性自性、七種第一義、藏識境界、聖智三相、聖智事分別自性經、淨除現流、三

爲依說：二者是恰好是對立的。傳入中印度（北方人稱之爲「東方」），因接觸而有了折衷與貫通。（頁295）……『楞伽』與『密嚴經』，是在如來藏我的基石上，融攝了瑜伽學——阿賴耶識爲依止的唯識學，充實了內容，成爲「眞常（爲依止的）唯心論」（頁308）」。

〔註3〕見《大正新修大藏經》第十六冊，頁587。宋譯本並無此段經文，而魏譯本《入楞伽經》〈請佛品〉與唐譯本《大乘入楞伽經》〈羅婆那王勸請品〉都有提到這段經文，魏、唐二譯經文略同。

〔註4〕印順：〈楞伽阿跋多羅寶經釋題〉，《華雨集（一）》（台北：正聞出版社，2005），頁153～154。

佛（法、依、化）說法、聲聞乘通分別相、常不思議、一切法不生、五無間種性、一闡提、三自性、五法、二無我、建立誹謗、空無生無二離自性相、七種空。

卷二：如來藏心（無我如來藏）、成就四法、意生身、諸法因緣、四種言說妄想相、離於四句、四種禪、涅槃境界、二種自性相、如來二種神力、常聲如幻、四果差別、二種覺、善觀名句形身相、四種記論、外道涅槃、妄想自性分別通相、自覺聖智一乘相。

卷三：意生身分別通相、五無間業、佛之知覺、四等密意、不說一字、法離有無、宗通與說通、不實妄想相、當善語義、善分別智識相、相續解脫義、智不得境、勿習世論、涅槃差別。

卷四：如來覺性、大德多聞、不生不滅、揀別無常、滅正受次第相續、非常非無常、陰界入生滅（如來藏）、五法自性識二種無我分別趣相、佛如恆沙、諸法刹那、六波羅密滿足、如來變化、遮斷食肉。

綜觀上列議題，這部自古以來公認艱深難讀的《楞伽經》，其經文內容所涉及的議題實在相當廣泛。但其中主要的法義內容，仍不出於大乘三系中觀、唯識、如來藏的思想，如：

中觀：大慧菩薩讚佛偈、空無生無二離自性相、法離有無、離於四句……

唯識：諸識生住滅、藏識境界、三自性五法、五法自性識二種無我分別趣相……

如來藏：如來藏心、陰界入生滅（如來藏）、如來覺性、佛如恆沙、諸法刹那……

佛陀在《楞伽經》中開示生死的流轉還滅、修行次第、凡聖差別等種種法義，其中經文的內容橫跨了中觀、唯識、如來藏等大乘三系的思想，由於所涉及的議題實在相當廣泛，因此歷代諸注家對於此經的結構科判、法義分類也各有不同的看法。如憨山德清《觀楞伽阿跋多羅寶經記》：「正宗分二：初直指一心眞如以顯三界唯心、次曲示一心生滅以顯萬法唯識」〔註5〕；蕅益智旭《楞伽經義疏》：「總明一百八句、別明三十九門」〔註6〕；太虛《楞伽阿跋多羅寶經義記》：「分兩大科：初、空遍計執以顯一切法眞如，二、辨境行果以成一

〔註5〕德清：《觀楞伽阿跋多羅寶經記》，《卍新纂續藏》第二十五冊，頁724。
〔註6〕智旭：《楞伽經義疏》，《卍新纂續藏》第二十六冊，頁103。

切法唯識。」〔註7〕；印順〈楞伽阿跋多羅寶經釋題〉:「楞伽正宗為二：一、『總問略答直示佛心』，即百八句。二、『隨問廣答漸入自心』……隨問廣答中，依楞伽義次而分為四門：一、入勝解行地；二、入心量地；三、入無所有地；四、入最勝地。」〔註8〕

如上所舉，各家所關注的重心及切入點均有所不同。如：德清是以《大乘起信論》中，一心開眞如、生滅二門來判攝；智旭則在一百八句後，依其內容屬性，就經文順序分為三十九門；太虛以境、行、果的唯識角度來統攝全經；印順則著眼於「入」，如何得聞自覺聖智、證如來藏心，而解入楞伽法門的道次第。諸注家們所關注的重心及切入點有所不同，更反映了《楞伽經》法義豐沛、奧蘊難窮的多元面貌。

雖然《楞伽經》展現了法義豐沛的多元面貌，但若依其經文的法義脈絡可以發現，佛陀在此經所欲突顯的是「性相融通」的特色。如法藏在《入楞伽心玄義》中的「顯教差別」第四「實相宗」，以及「能詮教體者，通論教體，略辨十門」中的第九「性相融通門」中說到：

> 四、實相宗：會前教中所立法相，莫不皆依如來藏緣起稱實顯現，如金作嚴具。如此楞伽……明前八識皆是如來藏隨緣所成，亦生滅亦不生滅，性相交徹，鎔融無礙。〔註9〕
>
> 九、性相融通門者，謂虛相盡而不礙存；眞性現而不妨用。是則相即眞而相不壞；眞即相而眞不變，性相雙融二而無二。〔註10〕

「亦生滅亦不生滅」、「虛相盡而不礙存；眞性現而不妨用」，正是性、相二門的相互融通。「性相雙融」可視為楞伽法門的修行大綱，其具體的實踐次第，則是欲使行人從了解四門、頓離四門，直到如來自覺聖趣。如成觀說：

> 了四門——五法、三自性、八識、二種無我。
>
> 離四門——覺自心現量，離心意意識。……言「離心意意識」即是總言離四門，因為五法、三自性、八識、二種無我皆是心意意識之所變現故。因此若離心意意識，即得頓離一切相，亦即是「忽然超出世出世間」。

〔註7〕太虛：《楞伽阿跋多羅寶經義記》,《太虛大師全書》第十二冊，頁1130。
〔註8〕印順：〈楞伽阿跋多羅寶經釋題〉,《華雨集（一）》，頁160～161。
〔註9〕法藏：《入楞伽心玄義》,《卍新纂續藏》第二十五冊，頁411。
〔註10〕法藏：《入楞伽心玄義》,《卍新纂續藏》第二十五冊，頁414。

到自覺聖趣——入如來地〔註 11〕

從學習四門、頓離四門，到自覺聖趣，楞伽法門的主旨是以「自覺聖趣」而入於如來之地。如印順所言：

「自覺聖智所行」，爲（楞伽）一經眼目〔註 12〕

作爲《楞伽經》的「眼目」、法門的核心教義，「自覺聖智」的確是極其重要的法義關鍵，如經文所說：

大慧，是故欲得如來隨入身者，當遠離陰界入心因緣所作方便，生住滅妄想虛僞，唯心直進，觀察無始虛僞過，妄想習氣因，三有思惟無所有，佛地無生，到自覺聖趣，自心自在，到無開發行，如隨眾色摩尼，隨入眾生微細之心，而以化身隨心量度，諸地漸次，相續建立。是故，大慧，自悉檀善，應當修學。〔註 13〕

菩薩摩訶薩獨一靜處，自覺觀察，不由於他，離見妄想，上上昇進，入如來地，是名自覺聖智相。〔註 14〕

整個轉凡成聖的過程，是遠離五陰、十八界、十二入、各種因緣和合所成之方便，及遠離心識所現的妄想虛僞分別，而能「唯心直進」，以「自覺聖智」離於能見所見，離於能所之妄想，直到如來境界。

「自覺聖智」爲《楞伽經》的「眼目」，但在層層深入「自覺聖智」當中，佛陀仍不忘提醒行人諸多具體要門，如：親近善知識、多聞熏習、善於語義、善加修學五法、三自性、八識、二無我、般若、如來藏等諸教義，作爲增加自修與度人的資糧與能力。

第二節　《楞伽經》的翻譯及注疏

目前存世的《楞伽經》有梵本、藏本、漢譯本及英文本〔註 15〕等四種語

〔註 11〕釋成觀：《楞伽阿跋多羅寶經義貫》（台北：財團法人佛陀教育基金會，2008），頁 11～14。

〔註 12〕印順：〈楞伽阿跋多羅寶經釋題〉，《華雨集（一）》，頁 154。

〔註 13〕求那跋陀羅譯：《楞伽阿跋多羅寶經》，《大正新修大藏經》第十六冊，頁 483～484。

〔註 14〕求那跋陀羅譯：《楞伽阿跋多羅寶經》，《大正新修大藏經》第十六冊，頁 497。

〔註 15〕英文譯本是由日本學者鈴木大拙於 1932 年在倫敦出版，台北南天書局於 1991 年原版重印。書名 The Lankavatara sutra : a Mahayana text, translated for the first time from the original Sanskrit, 書中的前言提到：The present English translation

言的譯本。本文主要是以漢譯《楞伽經》的明代注疏為研究題目，因此對於漢譯《楞伽經》的諸家譯本及歷代注疏加以簡要介紹。

一、《楞伽經》的四種譯本

漢譯《楞伽經》的譯本，根據胡適的考據，有下列四種譯本：

> 此經凡布四種譯本：
>
> （1）北涼時中天竺沙門曇無讖（Dharmaraksha）譯四卷本（約在412至433年之間）。此本不傳。
>
> （2）劉宋時中天竺沙門求那跋陀羅（Gunabhadra）譯四卷本（在元嘉二十年，443）。此本存。
>
> （3）北魏時北天竺沙門菩提流支（Bodhiruci）譯十卷本（在延昌二年，513）。此本存。
>
> （4）唐武后末年（704）于闐沙門實叉難陀（Sikshananda）譯七卷本。此本存。〔註16〕

漢譯的《楞伽經》，歷來有「四種」與「三種」譯本兩種看法，主要差別是對於第一種曇無讖譯本〔註17〕的判定。雖然此譯本早已不存，有些學者認為在中國歷史上應有「四種」譯本，如：胡適、鈴木大拙〔註18〕；而有些學者並不認同，如：呂澂〔註19〕。曇無讖的譯本早已失傳，故亦難以去比較或證明。因此許多學者在介紹《楞伽經》漢譯本時，都僅以現存三種譯本來說明，如印順：

---

is based on the Sanskrit edition of Bunyu Nanjo's published by the Otani University Press in 1923. 說明此英文譯本是以南條文雄1923年在大谷大學所出版的梵文本為根據。

〔註16〕見於胡適：〈楞伽宗考〉，收於《胡適全集》（合肥市：安徽教育，2003）第4卷，頁226。

〔註17〕此譯本的出處，源自於《歷代三寶紀》卷九，在介紹西秦北涼的譯經師曇無讖的譯作中，列有：「楞伽經四卷……晉安帝世。中天竺國三藏法師曇摩讖。」見於費長房：《歷代三寶紀》，《大正新修大藏經》第四十九冊，頁84。

〔註18〕日人鈴木大拙認為在西元420年到704年之間漢譯《楞伽經》共有四種的譯本，並對曇無讖的譯本提出推測考證。鈴木大拙認為曇無讖很可能是在譯出《大般涅槃經》後，約412至433年之間譯出此經。見於郭忠生譯，鈴木大拙著：〈簡論楞伽經之研究〉，收於《菩提樹雜誌》第367期，頁13。及鈴木大拙日文原出處《鈴木大拙全集（增補新版）》（東京：岩波書局，2000），第五卷，頁514。

〔註19〕呂澂：「或云北涼・曇無讖先譯此經，不可信。」見於見於《入楞伽經講記》，《學院五科經論講要》（台北：大千出版社，2003），頁677。

> 劉宋元嘉中，求那跋陀羅初譯，名《楞伽阿跋多羅寶經》，凡四卷，總爲一品，題作「一切佛語心品第一」。元魏延昌年中，菩提留支再譯，名《入楞伽經》，凡十卷，分十八品。除第一「請佛品」，第十七「陀羅尼品」，第十八「總品」外，餘十五品與宋譯相當。唐久視年，實叉難陀第三譯，名《大乘入楞伽經》，凡七卷，作十品；內容與魏譯相當，僅品目開合之異。三譯中，宋譯依梵文直出，語多倒綴，不易句讀；魏譯文繁而晦；唐譯乃譯義始暢。然宋譯早出，雖質直亦間勝於唐譯。〔註20〕

現存的三種譯本，其經題及內容都稍有不同。就其譯文特色而言，歷來諸注家對這三種譯本的看法大致相同：劉宋譯本「語多倒綴，不易句讀」；魏譯本「文繁而晦」；唐譯本「句義暢達」。雖然唐譯本的譯文句義曉暢，但歷來諸注家仍較偏愛「質直」的劉宋譯本，以上三種譯本經文皆可見於各大藏經中。〔註21〕

二、《楞伽經》的歷代注疏及流傳

中國禪宗的初祖菩提達摩，他傳授《楞伽經》與二祖慧可禪師，從此之後，出現研習《楞伽經》的風氣，甚至形成以《楞伽經》爲主要教義的宗派——「楞伽宗」，如胡適說：

> 菩提達摩叫人持習《楞伽經》，傳授一種堅忍苦行的禪法，就開創了楞伽宗，又稱爲「南天竺一乘宗」。達摩死後兩百年間，這個宗派大行于中國，在八世紀的初年成爲一時最有權威的宗派。〔註22〕

當某部經典爲多數人所研習，奉作修行印證的寶典，而形成一股風氣時，必然會出現許多解釋經典的注疏，以便利於學習者的理解。以下便概略介紹《楞伽經》的歷代注疏。

（一）唐

根據胡適的考據，在唐代時《楞伽經》的注疏曾經多達十二家之多〔註23〕。

〔註20〕印順：〈楞伽阿跋多羅寶經釋題〉，《華雨集（一）》，頁149。
〔註21〕如《大正新修大藏經》第十六冊，就收有三種譯本的經文。
〔註22〕見於胡適：〈楞伽宗考〉，《胡適全集》第4卷，頁212～213。
〔註23〕胡適：「當七世紀後期（664～665）時，楞伽宗的勢力已很大了，《楞伽經》的疏和抄（抄也是疏的一種，往往筆疏更繁密）已有十二家七十卷之多。」

但現存的資料，唐代《楞伽經》的注疏僅剩下三部：

（1）《入楞伽心玄義》〔註24〕一卷，爲唐代賢首大師法藏所撰。此注疏是以唐代（704）實叉難陀所譯《大乘入楞伽經》七卷十品爲本。在《入楞伽心玄義》中，法藏以華嚴宗的注經方法來注疏，以「十門玄義」來縱論全經，如：

> 將釋此經，十門分別：一、教起所因，二、藏部所攝，三、顯教差別，四、教所被機，五、能詮教體，六、所詮宗趣，七、釋經題目，八、部類傳譯，九、義理分齊，十、隨文解釋。〔註25〕

在《入楞伽心玄義》中，詳加論述了十門中的前九門。但就第十門「隨文解釋」的標題看來，法藏應有另一部針對《楞伽經》經文的注疏本，而今已經亡佚；或者法藏原有此構想，卻沒有完成。因此嚴格說來，《入楞伽心玄義》並非完整的注疏，僅能算是一篇《楞伽經》的提要。

（2）《楞伽經註》全名《註楞伽阿跋多羅寶經》

（3）《楞伽經疏》全名《楞伽阿跋多羅寶經疏》

以上二本均爲殘本〔註26〕，相傳是唐代智嚴所註，但並沒有確切的證據，只知在《楞伽經註》文末附有日本聖武天皇（A.D.701～756）的願文，而日本僧人徹定在願文上加註：「此注原本筆跡爲聖武天皇宸筆」〔註27〕，因此應爲唐代注疏本。《楞伽經疏》一書文末，記有此書爲日本僧人徹翁亨和尚（A.D.1295～1369）的抄本，從殘本的內容看來，書中採以「平箋、格箋、智箋」等多人不同的意見，應爲唐代某一不知名尊宿的集註。雖然學界都認爲此書爲唐代注本，但嚴格上來說，若以日本僧人徹翁亨和尚（A.D.1295～1369）的生卒年來判斷，《楞伽經疏》似乎應爲元代以前的作品。

除了上述三部注疏外，在唐以後的五代時期，永明延壽禪師著有一百卷的《宗鏡錄》，其中對於《楞伽經》的法義也有諸多討論，常被後代的注家所引用。

（二）宋

現存的宋代《楞伽經》注疏共有四部：

見於胡適：〈楞伽師資記序〉，《胡適全集》第4卷，頁261。

〔註24〕此經於《大正新修大藏經》第三十九冊及《卍新纂續藏》第二十五冊均有收錄。

〔註25〕法藏：《入楞伽心玄義》，見於《卍新纂續藏》第二十五冊，頁409。

〔註26〕二本皆收於《卍新纂續藏》第九十一冊。

〔註27〕《楞伽經註》，《卍新纂續藏》第九十一冊，頁276。

（1）《註大乘入楞伽經》〔註 28〕：宋朝東都沙門寶臣所著，共十卷。此書是以唐實叉難陀所譯《大乘入楞伽經》七卷十品爲本而注疏。也是民國以前唯一的唐譯本注疏〔註 29〕。此書又名《新說》，如序言所說：

（寶臣）輒集數注之舊書，移作七軸之新説。補苴罅漏，考實闕疑，正爲農馬知專，敢効珍珠自衒，庶學道之士盡觀其致焉。〔註 30〕

因此宋以後諸注家所提的《新說》，便是指寶臣所著的《註大乘入楞伽經》。

（2）《楞伽經纂》〔註 31〕宋朝楊彥國著。全書共四卷，依劉宋譯本四卷作註，每卷之下各分章節，共七十一章。楊彥國自號太姥野人，其「徧閱內典，獨於楞伽，自有所得。若夙緣所契，研窮咀味，凡數十年，乃作此論」〔註 32〕。

（3）《楞伽經通義》〔註 33〕宋朝四明沙門柏庭善月所著。全書共六卷，依劉宋譯本作註。善月有感於此經之重要，及當時諸多流弊，因而促使他有此作，如序言：

中下根器，幾不能句，而望崖焉！注釋之家，非無發明，往往昧於教意，暗於文旨，正邪莫辨，其説混淆，無上至教幾息于時。余竊患之，試摭一二，徐思而得，欲罷不能。於是究一經始末，節句義起盡，按吾台宗規矩，大體申述其旨目，曰通義。〔註 34〕

從序言裡可知，善月是以「台宗規矩」——天台家的教義來解釋經文。

（4）《楞伽阿跋多羅寶經集註》〔註 35〕爲宋朝胥臺沙門雷菴正受所集註。全書共四卷，依劉宋譯本作註。此書既名爲集註，便知集諸家之註，其凡例曰：

所集諸家註則唐遺名尊宿、周元翁於廬山古經藏中所得本、宋沙門寶臣新説、閩人楊彥國所纂及諸經論、宗鏡錄等。〔註 36〕

除了上述四部注疏外，宋朝還有其他注本，如宋濂於《楞伽阿跋多羅寶經集

〔註 28〕此經於《大正新修大藏經》第三十九冊及《卍新纂續藏》第九十一冊均有收錄。

〔註 29〕民國以後，歐陽竟無的《楞伽疏決》及呂澂的《入楞伽經講記》，師徒二人都以唐實叉難陀所譯《大乘入楞伽經》七卷本而注疏。

〔註 30〕寶臣：《註大乘入楞伽經》，《卍新纂續藏》第九十一冊，頁 450。

〔註 31〕收於《卍新纂續藏》第九十一冊。

〔註 32〕楊彥國：《楞伽經纂》，《卍新纂續藏》第九十一冊，頁 387。

〔註 33〕收於《卍新纂續藏》第二十五冊。

〔註 34〕善月：《楞伽經通義》，《卍新纂續藏》第二十五冊，頁 428。

〔註 35〕收於《卍新纂續藏》第二十五冊。

〔註 36〕正受：《楞伽阿跋多羅寶經集註》，《卍新纂續藏》第二十五冊，頁 615。

註》的題詞中：

> 予幼時頗見正平張戒集三譯之長，采諸家之註，成書八卷以傳，大意略同，惜雷菴不及見之。〔註37〕

可知宋人張戒也曾經集諸家之註，完成八卷的《楞伽經》注疏，可惜已經失傳。

（三）明

有明一代的《楞伽經》注疏是本文研究的重點，由於前有明初政治因素的推動；後有明末的佛學興盛，促使有明一代研讀《楞伽經》的風氣，對比於宋、元兩代都較爲盛行。相同的，針對於《楞伽經》的注疏亦較爲發達。現存的注疏就有九部之多，此九部《楞伽經》注疏，將在本文的第三章〈明代《楞伽經》注疏的成因及形式特色〉中再詳加介紹。除此九部注疏之外，明代諸儒也研讀《楞伽經》，如羅整菴在〈讀佛書辨〉〔註38〕中大談《楞伽經》，甚至用儒家的術語來解釋《楞伽經》，如：

> 惟《楞伽經》有所謂「眞識、現識及分別事識」三種之別，必如高論，則良知乃眞識，而知覺當爲分別事識無疑矣。〔註39〕

羅整菴用儒家慣用的「良知」、「知覺」來對照《楞伽經》中的「眞識」及「分別事識」；而歐陽南野也曾以儒家的觀點來比較《楞伽》中的法義〔註40〕。凡此種種，皆代表著《楞伽經》在明代所盛行的研讀風氣。

（四）清、民國

現存的清代《楞伽經》注疏有兩部，相對於前朝（明代）的九部注疏，《楞伽經》的研究似乎又回到原本的冷清。其兩部爲：

（1）《楞伽經心印》〔註41〕清代雷峰沙門函昰所著。全書共八卷。函昰爲清初的僧人，於康熙年間完成了八卷的《楞伽經心印》，其注疏《楞伽經》之目的，如函昰之嗣法門人今無在該書序言所說：

〔註37〕正受：《楞伽阿跋多羅寶經集註》，《卍新纂續藏》第二十五冊，頁615。

〔註38〕羅整菴之〈讀佛書辨〉，見於黃宗義：《明儒學案》〈卷四十七　諸儒學案〉（北京，中華書局，2008），頁1125～1136。

〔註39〕羅整菴：〈論學書〉，《明儒學案》〈卷四十七　諸儒學案〉，頁1139。

〔註40〕如：「曰『不慮而知』者其良知，猶之曰『不待安排』者其良心，擴而充之，以達之天下，則仁義不可勝用，《楞伽》之眞識，宜不得比而同之矣。」見於歐陽南野：〈南野論學書〉，《明儒學案》〈卷十七　江右王門學案〉，頁361。

〔註41〕收於《卍新纂續藏》第二十七冊。

> 雷峯老人之疏是經也，以宗門爪牙，入性相窟宅。慨義學之荒蕪，悲禪門之儱侗。……故凡疏內，有入理深談，得經文肯綮。即文義而見宗乘，會宗乘而融文義，敢僭點出，以示來學。〔註 42〕

雷峰沙門函昰「慨義學之荒蕪；悲禪門之儱侗」，因此發心注經，其注經特色在於「即文義而見宗乘；會宗乘而融文義」。

（2）《楞伽心印》〔註 43〕一卷，清代佷亭淨挺著。事實上，此書僅算是《楞伽經》的一篇提要，摘錄《楞伽經》的心法大略，全文約五千餘字，收於《佷亭和尚閱經十二種》書中。

其實，清代的《楞伽經》注疏不止有現存的兩部，如清代華嚴宗的中興人物慈雲續法，曾著有《楞伽記》三十八卷、《楞伽圓談》十卷〔註 44〕，可惜都已失傳，如今僅留有〈楞伽經大乘性宗頓教四十一法門〉〔註 45〕，這是他對於《楞伽經》的內容性質做分門研究的一篇綱要。

民國以來《楞伽經》的研究曾經興起一股風潮，從胡適、湯用彤、錢穆、印順導師及日人鈴木大拙、柳田聖山對於禪宗的研究，到歐陽竟無的支那內學院與太虛的武昌佛學院之佛法爭議〔註 46〕，因此也促發了許多《楞伽經》的注疏。其中如：太虛《楞伽經義記》、歐陽竟無《楞伽疏決》、呂澂《入楞伽經講記》、印順〈楞伽阿跋多羅寶經釋題〉及《楞伽經親聞記》（印海整理）等。延續至近幾十年來，也有諸多《楞伽經》的注疏本，如：白雲《楞伽經決疑》、南懷瑾《楞伽大義今釋》、唐一玄《四卷楞伽經注箋》、普行《楞伽經今文譯註》、成觀《楞伽阿跋多羅寶經義貫》、談錫永《楞伽經導讀》等等。

第三節　明代以前《楞伽經》流傳的興替考察

一部經典的流傳興替，一定有其原因。或許因爲某人的提倡；或許因爲眾生的根器；或者因應時代的需求；或者基於政治的推動等等。本節將考察

〔註 42〕函昰：《楞伽經心印》，《卍新纂續藏》第二十七冊，頁 140。

〔註 43〕收於《卍新纂續藏》第五十九冊。

〔註 44〕見於《伯亭大師傳記總帙》，《卍新纂續藏》第一百五十冊，頁 200。

〔註 45〕見於南懷瑾：《楞伽大義今釋》（台北：老古文化事業股份有限公司，2007），頁 1～2。

〔註 46〕支那內學院與武昌佛學院的佛法爭議有很多，但最有名的是「法義眞假」、「佛經眞僞」的討論，其中《大乘起信論》曾被熱切的討論，而《大乘起信論》又與《楞伽經》有諸多關聯。

明代以前《楞伽經》流傳的興替，以便更清楚了解《楞伽經》在明代以前的流傳概況，並分析《楞伽經》經文本身的困難度，其意義相對的也在突顯明代《楞伽經》注疏研究的重要性。

一、達摩與慧可——「囑咐說」與「預言說」

（一）菩提達摩的「囑咐說」

《楞伽經》在漢地的流傳，從劉宋元嘉二十年（443）求那跋陀羅譯出四卷本《楞伽阿跋多羅寶經》後，有力的提倡者，首推中國禪宗的初祖菩提達摩。其有名的「囑咐說」，更爲人熟知：

> 達摩禪師以四卷《楞伽》授可，曰：「我觀漢地惟有此經，仁者依行自得度世。」〔註 47〕

初祖菩提達摩託付四卷《楞伽經》給二祖慧可，基於菩提達摩的指定「漢地惟有此經」，更強調出四卷《楞伽經》的重要性。此四卷《楞伽經》被看重後，出現了專研《楞伽經》的楞伽師及禪宗門人的重視，但也在慧可的「預言說」中逐漸式微。

（二）楞伽師的出現與禪宗的重視

從菩提達摩的「囑咐說」之後，出現了一大批研讀《楞伽經》的修行人，甚至自命以專研《楞伽經》爲家〔註 48〕。他們不但針對《楞伽經》的內容法義來深入研究，更具體的實踐在日常生活的行爲當中，形成一種特殊的形象，當時稱爲「楞伽師」，如呂澂說：

> 他們對於《楞伽經》的共同認識是：在翻譯上，「文理克諧，行質相貫」；在思想內容上，「專唯念慧，不在話言」，就是說，不重語言，而重在觀想。用這種思想作指導，他們禪法的宗旨即是「忘言、忘念、無得正觀」，「貴領宗得意」，絕不拘守于文字。所以他們的傳授著重口說，不重文記。這樣，就獨成一派，被稱爲「楞伽師」。〔註 49〕

〔註 47〕道宣：《續高僧傳》，《大正新修大藏經》第五十冊，頁 552。

〔註 48〕如《續高僧傳》〈兗州法集寺釋法沖傳三十九〉中：「沖公自從經術，專以楞伽命家，前後敷弘將二百遍。」見於道宣：《續高僧傳》，《大正新修大藏經》第五十冊，頁 666。

〔註 49〕呂澂：《中國佛學思想概論》（台北：天華出版事業股份有限公司，1997），頁 159。

當時的「楞伽師」，除了研讀《楞伽經》外，更重在以《楞伽經》中的法義思想作爲指導禪法的主要依據，而且彼此之間強調的是「不拘守于文字」，甚至是「口耳相傳」的。

對於「楞伽師」的相關紀錄，禪宗五祖弘忍的弟子玄賾曾著有《楞伽人法志》〔註 50〕，玄賾的弟子淨覺，依《楞伽人法志》而寫出《楞伽師資記》〔註 51〕。該書詳加介紹「楞伽師」的傳承，淨覺將「楞伽師」的初祖上溯到劉宋時期四卷《楞伽經》的翻譯者求那跋陀羅，接著菩提達摩、慧可……直到唐代。「起自宋求那跋陀羅三藏，歷代傳燈，至于唐朝總八代。得道獲果，有二十四人也。」〔註 52〕《楞伽師資記》寫出了劉宋到唐朝，八代二十四人的「楞伽師」行誼。

事實上根據《續高僧傳》的記載，倘若詳加分析，從菩提達摩託付四卷《楞伽經》以後，研讀《楞伽經》的情形大約可分爲幾種：

> 達磨禪師後，有惠可、惠育二人。育師受道，心行口未曾說；可禪師後，粲禪師、惠禪師、盛禪師、那老師、端禪師、長藏師、眞法師、玉法師（已上並口說玄理不出文記）。可師後，善師（出抄四卷）、豐禪師（出疏五卷）、明禪師（出疏五卷）、胡明師（出疏五卷）；遠承可師後，大聰師（出疏五卷）、道蔭師（抄四卷）……；不承可師自依攝論者，遷禪師（出疏四卷）、尚德律師（出入楞伽疏十卷）。
>
> 〔註 53〕

從菩提達摩以後，研讀《楞伽經》的傳承大約可分爲以下四種：

（1）「心行口未說」：默默身體力行。

（2）「口說玄理不出文記」：講述玄理、不做書面紀錄。

（3）「承自可師的疏抄」：以承續二祖慧可思想爲主所寫的《楞伽經》疏抄。

（4）「不承可師自依《攝論》的疏抄」：不依照慧可所傳遞的思想，而參照《攝大乘論》的法義來解讀《楞伽經》，所寫出的《楞伽經》疏抄。

從史傳上看來，當時研習《楞伽經》的風氣應是相當興盛的。從注疏的類別，還分有「依慧可」、「依《攝論》」等兩大流派。

求那跋陀羅翻譯四卷本的《楞伽經》後，基於禪宗初祖菩提達摩的指定，

〔註 50〕此書以亡佚，只有片段文句被淨覺的《楞伽師資記》所引用。

〔註 51〕收於《大正新修大藏經》第八十五冊，頁 1283～1290。

〔註 52〕淨覺：《楞伽師資記》，《大正新修大藏經》第八十五冊，頁 1290。

〔註 53〕道宣：《續高僧傳》，《大正新修大藏經》第五十冊，頁 666。

《楞伽經》開始被人重視，出現了專研《楞伽經》的「楞伽師」；尤其禪宗門人更奉爲聖典，從初祖菩提達摩以下，二祖慧可、三祖僧粲、四祖道信、五祖弘忍，直到六祖慧能及神秀等，這一百九十餘年裡〔註54〕，《楞伽經》在禪宗門庭中，都有著極其重要的影響力。

（三）「預言說」——四世後翻為名相

所謂的「預言說」就是「懸記」，事先說出將來可能發生的事。由於《楞伽經》的經文艱澀難解，若無明師口耳相傳、重點提要，只是諷誦經文而強解法義者，最後僅爲知解宗徒，甚至被名相所綁，因此二祖慧可有見於此經流傳的因緣條件，常發出深切的感慨：

> 每可說法竟曰：「此經四世之後變成名相，一何可悲。」〔註55〕

姑且不論慧可的「預言說」眞假與否，但《楞伽經》卻在六祖慧能之後，研習者相對的大量減少。

二、禪宗經典的轉移與南宗的盛行

在六祖慧能之後，由於南宗的盛行，禪宗門人所流行的經典也從《楞伽經》轉爲《金剛經》與《六祖壇經》。此段禪宗主要經典轉移的公案，近代學者出現各種不同的研究結論，本文舉出具有代表性的胡適、湯用彤及印順等三家說法。如胡適的「革命說」：

> 神會的語錄以及神會一派所造的《壇經》裏，都處處把《金剛般若經》來替代了《楞伽經》。……神會很大膽的全把《金剛經》來替代了《楞伽經》。楞伽宗的法統是推翻了，楞伽宗的「心要」也掉換了。所以慧能、神會的革命，不是南宗革了北宗的命，其實是一個般若宗革了楞伽宗的命。〔註56〕

〔註54〕根據日本學者忽滑古快天的說法，將達摩東來到慧能之歸寂，大約一百九十餘年。可名之爲「純禪」時代。也是《楞伽經》最有影響力的時代。如：「神秀特以《楞伽》心要，然則《楞伽》是達摩以來師資相承，以爲心要之處。非至弘忍以《金剛般若》代《楞伽》。《法寶壇經》中有于黃梅東山之壁間使畫《楞伽》變相之記事。征之神秀亦用《楞伽》，則達摩之法門純乎六代相傳可知矣。從達摩東來至慧能之歸寂，大約一百九十餘年。可名之爲純禪時代。」見於朱謙之譯，忽滑古快天：《中國禪學思想史》（上海：上海古籍出版社，2002），頁135。

〔註55〕道宣：《續高僧傳》，《大正新修大藏經》第五十冊，頁552。

〔註56〕見於胡適：〈楞伽宗考〉，《胡適全集》第4卷，頁255～256。

胡適站在一種宗派鬥爭的立場來處理問題；而湯用彤則認爲經典的轉移，反而是宗門精神的復興，他提出「中興說」：

> 達摩原以《楞伽經》能顯示無相之虛宗，故以授學者，其後此宗禪師亦皆依此典說法。然世人能得意者少，滯文者多。是以此宗後裔每失無相之本義，而復於心上著相……《金剛般若》者言簡意深。意深者謂其賅括虛宗之妙旨。言簡者則解釋自由而可不拘於文字。故大鑒禪師捨《楞伽》而取《金剛》，亦是學問演進之自然趨勢。由此言之，則六祖謂爲革命，亦可稱爲中興……中興者上追達摩，力求「領宗得意」而發揚「南天竺一乘宗」本來精神也。〔註 57〕

印順則站在「法義相容」的角度來分析問題，如：

> 近代學者每以爲：達摩以四卷《楞伽經》印心，慧能改以《金剛經》印心。因而有人說：禪有古禪與今禪的分別，楞伽禪與般若禪的分別。達摩與慧能的對立看法，是不對的。依道信的「入道安心要方便門」，可以徹底消除這一類誤會。……達摩禪從南朝而到北方，與般若法門原有風格上的共同。到了道信，遊學南方，更深受南方般若學的影響。在吉州時，早已教人誦念「摩訶般若波羅蜜」了。等到在雙峰開法，就將《楞伽經》的「諸佛心第一」，與《文殊說般若經》的「一行三昧」融合起來，制爲「入道安心要方便門」，而成爲《楞伽》與《般若》統一了的禪門。〔註 58〕

印順的「法義相容說」否認了胡適宗派鬥爭的「革命說」，也呼應湯用彤的「中興說」，並詳析了《楞伽》與《般若》合一的起因。

此三家的說法，其立論都各有所據，姑且不論哪家正確，而禪宗經典的轉移與南宗的盛行，卻是個不爭的事實。從唐代南宗禪盛行以後，《楞伽經》就被束諸高閣了。到了宋代，蘇軾曾感慨此經「寂寥於世，幾廢而僅存」〔註 59〕。但在宋代《楞伽經》還出現了四、五部注疏，到了元代《楞伽經》就眞的乏人問津了。直到明代，由於明初朱元璋的提倡與明末佛學的興盛，《楞伽經》出現了歷史上最豐富的解讀。

〔註 57〕湯用彤：《漢魏兩晉南北朝佛教史》（台北：台灣商務印書館，1998），頁 790～791。

〔註 58〕印順：《中國禪宗史——從印度禪到中華禪》（台北：正聞出版社，2005），頁 54～55。

〔註 59〕蘇軾：〈楞伽阿跋多羅寶經序〉，《大正新修大藏經》第十六冊，頁 479。

三、《楞伽經》文本自身的限制

《楞伽經》素稱難讀，由於《楞伽經》文本自身的限制，也造成《楞伽經》流通上的阻礙。此經由於法義幽微，加上譯文的艱澀，經義段落排列難明，不但是沒有佛學根底的遊僧難以讀懂，即使是高級知識份子也難以弄通。從宋代大學士蘇軾為《楞伽經》所寫的序言便可知：

> 楞伽義輒幽眇，文字簡古。讀者或不能句，而況遺文以得義；忘義以了心者乎。此其所以寂寥於世，幾廢而僅存也。〔註60〕

法義幽微已經是一個難題，必須借助經文字句來深入法義；但是經文文句的奧古，更是添了一道關卡，在這《楞伽經》的外表布上一層迷障。因此「寂寥於世，幾廢而僅存」，禪宗經典的轉移，從《楞伽經》轉為《金剛經》也是有實際原因的。就《楞伽經》文本自身的限制而言，以下從法義幽微、迴文不盡與段落結構的差異性等三方面來加以說明。

（一）法義幽微

這部自古以來公認艱深難讀的《楞伽經》，從禪宗將它視為「印心」的經典以來，各宗派都將它列為重要的經典。基於《楞伽經》經文內容涉及了大乘三系中觀、唯識、如來藏等思想，因此關於法義的判攝也隨著各宗而有所不同，各家都試圖以其家法來看待此經。唯識家將它列為「六經十一論」之一，如窺基在《成唯識論述記》中說：

> 今此論爰引六經，所謂華嚴、深密、如來出現功德莊嚴、阿毗達磨、楞伽、厚嚴；十一部論：瑜伽……等為證。〔註61〕

但認為《楞伽經》經義接近中觀思想的，則反對《楞伽》同於唯識，而將其歸類「義近於三論」，如印順在《淨土與禪》說：

> 《楞伽經》，被瑜伽唯識學者，列為六經之一。當然《楞伽經》到處都有與唯識宗義（與《攝大乘論》更相近）相合的，但根本大義，也許恰恰相反。……所以曾被唯識學者，評為：「楞伽體用未明」。其實，《楞伽》法門是另有見地的，只是與唯識學不同吧了！〔註62〕
>
> 《楞伽經》的如來藏禪，與緣起即空的般若宗小異；但著重離名離

〔註60〕蘇軾：〈楞伽阿跋多羅寶經序〉，《大正新修大藏經》第十六冊，頁479。
〔註61〕窺基：《成唯識論述記》，《大正新修大藏經》第四十三冊，頁229。
〔註62〕印順：《淨土與禪》，頁167～168。

> 想的自證眞性，超脫名相，在大乘三系中，實在比較與三論一學相近。〔註63〕

如來藏行者則將《楞伽經》奉爲自家聖典，如談錫永：「本經的主旨實在是說『如來藏』（Tathagata garbha）的法義。」〔註64〕更從經義中找到修行的圭臬，如太虛在註解《楞伽經》卷二中「如來藏心」說到：

> 如來藏心，是破執顯性最後之一門。了達唯識現，即一切法非一切相，既無可執之相，亦無能取之執。若執唯識，亦同法執，故以破爲顯，執之破處即性之顯處。〔註65〕

綜觀上述案例，當《楞伽經》出現多種的詮釋，或各宗以自家所擅長熟悉的法義來判攝時，從其解讀的歧異性，可見其內容的豐富性，更想見此經法義的幽微深遠。

（二）迴文不盡

近人歐陽竟無的《楞伽疏決》中，提到了研讀《楞伽經》有四大難處〔註66〕，其中的第二大難處「文字不便難」中又分爲三種，這三種「難」，便具體的說出研讀《楞伽經》第一層的障礙：

> 名相代有不同，與慣見異則易生誤，難一。
>
> 句法顚倒，虛字全無，文既改觀，義無從得，難二。
>
> 句義略極，文少義多，隱晦澀艱，思索不得，難三。〔註67〕

從歐陽竟無所提出的「文字不便難」這三種「難」，我們更可以發現閱讀《楞伽經》經文時，首先可能面對的難題。其實四卷《楞伽經》的文字艱澀難懂是自古有名的，古代大德早已發現問題的癥結，如唐代法藏在《入楞伽心玄義》中說：

> 其四卷（《楞伽經》）迴文不盡，語順西音，致令髦彥英哲措解無由，愚類庸夫強推邪解。〔註68〕

〔註63〕印順：《淨土與禪》，頁177～178。

〔註64〕談錫永：《楞伽經導讀》（台北：全佛文化事業有限公司，1999），頁45。

〔註65〕太虛：《楞伽阿跋多羅寶經義記》，《太虛大師全書》第十二冊，頁1260。

〔註66〕此四大難處爲：一、百八句銓難；二文字不便難；三、啓滕無鑰難；四雜廁無敘難。見於歐陽竟無：《楞伽疏決》（南京：金陵刻經處，1925），頁1～3。

〔註67〕見於歐陽竟無：《楞伽疏決》，頁1～2。

〔註68〕法藏：《入楞伽心玄義》，《卍新纂續藏》第二十五冊，頁418。

法藏說出了四卷《楞伽經》文字上的障礙主要來自於「迴文不盡，語順西音」。所謂「迴文不盡，語順西音」，從現代的語言學文法來看，就是翻譯者是採用直譯的方法，當經文文句從梵文翻成漢文時，有些句子仍依照梵文的句法排列，並沒有依漢文的語法將句子重新組合，因此這樣的句子就變得艱澀而難懂。〔註 69〕其實關於這個問題，近代俄國學者舍爾巴茨基提出不同的看法：

> 《楞伽經》（Lankavatara-sutra）一類的經典，他們是模仿《奧義書》而寫成的，在風格上有意地迴避概念的精確性。〔註 70〕

舍爾巴茨基認爲《楞伽經》的文字問題並不在於「迴文不盡」或「語順西音」，重要的是經文的原本（梵本），原意就是想「有意地迴避概念的精確性」。「迴避概念的精確性」其主要之目的，是希望讀者不要執著於文句名相，而轉從心靈及生活實踐中去契入法義。由此亦可以推知，這應是後人在《楞伽經》的三種譯本中，特別重視劉宋譯四卷本的主要原因。

（三）段落結構的差異性

四卷《楞伽經》的法義內容是相當豐富的，從本文第一節《楞伽經》的內容概說中，可以看到四卷的《楞伽經》裡，每卷幾乎都涵蓋了十幾個主題。正因爲它的主題相當豐富，也導致讀者在歸納段落、分類法義時難以下手。如日本學者鈴木大拙在看待《楞伽經》段落的差異性時，他判定此經像是把一些零散的思想拼湊在一起〔註 71〕；而歐陽竟無甚至乾脆將經文割裂並重新組合，他在讀《楞伽經》四大難處的第四點「雜廁無敘難」中說：

> 雅頌失所，琴瑟不調，增安繁蕪，安能純繹。讀雜亂書，倍阻機穎……

〔註 69〕如會性法師說：「如何迴文不盡？因爲印度話，與中國語法往往相反，例如我們說吃飯，日本人說『飯吃』，印度話亦有此情形，如波羅蜜到彼岸，直譯應是『彼岸到』。」見於會性：《菩薩戒本經講記》（台中：青蓮出版社，2007），頁 240。

〔註 70〕宋立道譯，舍爾巴茨基：《大乘佛學：佛教的涅槃概念》（台北：圓明出版社，1998），頁 75～77。

〔註 71〕鈴木大拙說：「本經實是把一些零散的思想強扯在一起。而且坦白的說，想要用特定的名目來標章分節，也是無補於事。有些爲本經寫注疏的學者嘗試組織本經的思想，以使前後一貫。可是吾人可以清楚的看出仍然還有一些實在無法消解的矛盾，而且與他們預定的目標相去太遠。……這種改編似乎僅限於把散在本經的同性質的段落重組而已。」見於郭忠生譯，鈴木大拙：〈簡論楞伽經之研究（二）〉，收於《菩提樹雜誌》第 368 期，頁 25。及鈴木大拙日文原出處《鈴木大拙全集（增補新版）》，第五卷，頁 524。

割裂全部，以義類萃，凡得六聚。〔註 72〕

針對此中說法及做法，當然引起許多人反對，如印順提出反擊而說道：

然三藏中，「修多羅次第所顯」。作者精研論典，而不能善識摩訶衍經體例，乃竟雜亂視之。讀之而苦無條貫，是情可諒，如視爲雜亂，割裂全經，則不免疑誤後學！〔註 73〕

讀不懂、弄不通，本來尚可諒解，然而怪經文有問題，並且加以重新排列組合，變成自己認爲的《楞伽經》，這樣的做法實在是危害甚大。因爲如此一來，當人們碰上讀不懂的經典時，都可以憑著自己的意思加以更變經文，那豈非佛法大亂。

其實本經是有次第可循的，從古人的注疏中就可以發現各種不同的科判、分章，只是看讀者是否認同。本文認爲：就算《楞伽經》存在著段落主題差異性的問題，其實也沒什麼大礙，不需要割裂經文而重新排列組合，因爲那正好符合佛陀說法的實況，如同教學的現場——佛陀是老師，大慧菩薩是學生。大慧隨眾生心念而問，佛陀依其所問而答。眾生心念此起彼落，其問題差異性在所難免，事實上，更反映了佛陀說法的實際現況。

第四節　明代《楞伽經》注疏發達的原因

《楞伽經》的相關研究，在有明一代出現了空前的盛況，目前所存留下來的《楞伽經》注疏就有九部之多。爲何《楞伽經》到了明代會有較多的注疏呢？本文認爲主要的背景原因有兩點：一、明初政治的推動；二、明末佛教的興盛。以下將針對此兩點加以說明。

一、明初政治的推動

《楞伽經》的注疏在明代會出現空前的研習盛況，其主要的原因，首推明太祖朱元璋的提倡，因爲他曾詔諭天下的沙門研讀《楞伽經》，如：

丁巳洪武十年，詔天下沙門，講心經、金剛、楞伽三經。命宗泐、如玘等註釋頒行，御制演佛寺住持玘太璞字說。〔註 74〕

明太祖朱元璋得天下後，對於佛教的管理，曾有某些具體的政策，如：成立

〔註 72〕歐陽竟無：《楞伽疏決》，頁 3。

〔註 73〕印順：〈楞伽阿跋多羅寶經釋題〉，《華雨集（一）》，頁 160。

〔註 74〕幻輪：《釋鑑稽古略續集》，《大正新修大藏經》第四十九冊，頁 928。

僧官制度、禮遇高僧、重視寺院財產管理、加強度牒及僧籍的管理等等，而在思想上，朱元璋也詔諭天下的沙門指定研讀《心經》、《金剛經》、《楞伽經》三部經典，這樣的政策是否有何政治目的我們無法得知，但它確實引發了《楞伽經》重新被重視的契機，更促使天下的僧人研讀《楞伽經》。

朱元璋不僅爲天下僧人指定教科書，更嚴格的規範僧人行爲、劃分僧伽的組織結構，如：

> 辛未洪武二十四年……「申明佛教榜冊」……令一出禪者禪、講者講、瑜伽者瑜伽。各承宗派，集眾爲寺。有妻室願還俗者聽；願棄離者聽。僧錄司一如朕命，行下諸山，振揚佛法，以善世仍條于後。〔註75〕

將天下僧人分爲「禪、講、瑜伽」三類，其目的除了易於管理之外，從正面的意義看來，它能有效的讓僧人們安心辦道、各司其職，進而達到教化世俗的具體成效，如：

> 於見有佛到處，會眾以成叢林，清規以安禪。其禪者務遵本宗公案，觀心目形以證善果；講者務遵釋迦四十九秋妙音之演，以導愚昧；若瑜伽者，亦於見佛刹處，率眾熟演顯密之教，應供是方足孝子順孫報祖父母劬勞之恩。以世俗之說，斯教可以訓世；以天下之說，其佛之教陰翊王度也。〔註76〕

朱元璋希望天下僧人們都能各司其職，「禪者」專心修行，以求證道；「講者」研究教義，演說佛法；「瑜伽者」法事經懺，廣修普渡。這樣的三分法，雖然有其利弊，但「講者務遵釋迦四十九秋妙音之演，以導愚昧」，卻也促進了僧人們研讀、講說《楞伽經》的必要。其次「禪者務遵本宗公案，觀心目形以證善果」，而《楞伽經》自初祖菩提達摩以來就公認是「印心」的經典，因此「禪者」也必讀《楞伽經》。換言之，朱元璋的天下僧人三分法，也相對的促使「禪者」、「講者」研讀、講說《楞伽經》的風氣。

二、明末佛教的興盛

所謂「明末」的具體時期，學界泛指的是以明代神宗萬歷年（A.D.1573）

〔註75〕幻輪：《釋鑑稽古略續集》，《大正新修大藏經》第四十九冊，頁936。
〔註76〕幻輪：《釋鑑稽古略續集》，《大正新修大藏經》第四十九冊，頁928。

以後，結束的時間則可推延至清初。〔註 77〕

明代從開國以來，直到正德、嘉靖、萬歷，當時的社會已是經濟繁榮的景況。由於印刷業的發達，更促使各類文化交流的便利。佛學也在這樣的背景下，出現了蓬勃的景況。明末佛教的興盛，從陳垣先生的一段話可以略知端倪：

> 明季心學盛而考證興，宗門昌而義學起。人皆知空言面壁，不立語文，不足以相攝也。故儒釋之學，同時丕變，問學與德性並重，相反而實相成焉。然前此藏經，率皆梵莢，印造不易，請施尤難，宇內叢林，有藏經者十不得一，遐陬僻壤，更終年莫睹一經矣。迨運會既開，流風遂扇，宮廷既有全藏之頒，林下復有方冊之刻，……當時佛教之盛，非偶然也。〔註 78〕

從這一大段文字中，我們可以看出明末佛教興盛的兩個要點：一、義學講習的興起；二、藏經的刊刻與經書的普及。這兩點，無疑的也成爲促使《楞伽經》注疏發達的背景條件。

明末的佛教，不管宗門或教下都出現著昌盛的局面。如唯識學的興起就是一個典型的案例，明末由於魯菴普泰法師的《八識規矩補註》，掀起了明末研習唯識學的熱潮。〔註 79〕更値得一提的是禪宗，如聖嚴說：

> 從禪宗史上看，凡是一流的禪士輩出的時代，幾乎也是禪宗典籍的豐收之際，尤其到了明末的中國，禪僧及禪宗的居士們，凡是傑出而有影響力者，幾乎都有相當份量及數量的著述，流傳於後世。最難得的是，他們不僅重視禪宗的語錄及史書的創作和編撰，而且從事禪宗以外的經律論的注釋疏解。所以我們若將明末視爲中國佛教

〔註 77〕「所謂明末，主要是指明神宗的萬曆年間（西元 1573～1619），可是，有些人生於萬曆之前，活躍於萬曆初年，有些人生在萬曆年間，活躍於萬曆年間，有些人生於萬曆末期，卻活躍於萬曆之後。……則自西元 1500 至 1702 年，最遲的時代雖及清代，仍是生於萬歷年代的人。」見於聖嚴：《明末佛教研究》（台北：法鼓文化事業股份有限公司，2000 年），頁 12。

〔註 78〕陳垣：《明季滇黔佛教考（外宗教史論著八種）》（河北：河北教育出版社，2002），頁 303。

〔註 79〕「魯菴普泰法師，於明武宗正德年間（西元 1506～1521 年），從一位無名老翁處，以月餘的時間，盡傳其唯識學之後，便爲《八識規矩頌》及《百法明門論》作註。即此二書，推動了明末諸家研究並宏揚唯識學的熱潮。」見於聖嚴：《明末佛教研究》，頁 204～205。

復興的時代，亦不爲過。〔註 80〕

從聖嚴的這一段話中，我們注意到了「禪宗典籍的豐收」、「經律論的注釋疏解」，這些「相當份量及數量的著述」正象徵著明末中國佛教的復興。

《楞伽經》本爲禪宗自家聖典，自不待言說；而唯識家也將《楞伽經》視爲「六經」之一。以上所舉，凡此禪宗、唯識學的蓬勃發展，卻也正是促使《楞伽經》注疏發達的有利條件。

〔註 80〕聖嚴：《明末佛教研究》，頁 12。

第三章　明代《楞伽經》注疏的形式與內容特色等問題

本章內容的安排上，首先定義注疏的意義與種類，接著依序介紹明代《楞伽經》九家注疏的形式與內容特色。第三節是九家注疏的相關考察，從分析九家注疏的共同點——均以劉宋譯四卷本為經文底本，找出劉宋譯四卷本受重視的主因。並依九家注疏的成書時間、成書動機，以及注疏者的學養背景等，從這三個面向來加以觀察明代《楞伽經》九家注疏背後所蘊含的各種現象。

第一節　注疏的意義與種類

所謂「注疏」，簡單的說就是對於經典的闡明或解釋。詮釋經典最初之目的，原是將難懂的經典，藉由簡明的詮釋而讓人容易了解。後來詮釋經典的方法、觀念逐漸增加，更累積成為一種學問。從古至今，詮釋經典的方式及相關學問，都曾經是引導人們去理解經義的主要途徑。

在中國，從漢儒以降的古今經學、宋明儒的注疏之學等案例，實在不勝枚舉。我們甚至可上溯到春秋時期，如孔子就曾經取西周時期的典章制度，對門徒解釋經義：

> 三代之衰，治教既分，夫子生於東周，有德無位，懼先聖王法積道備，至於成周，無以續且繼者而至於淪失也，於是取周公之典

章，所以體天人之撰而存治化之迹者，獨與其徒，相與申而明之。〔註 1〕

孔子擔心周公的聖法「無以續且繼者而至於淪失也」，因此「獨與其徒，相與申而明之」。孔子對於經典詮釋的態度，《論語》中也曾記載：

子曰：「夏禮，吾能言之，杞不足徵也；殷禮，吾能言之，宋不足徵也。文獻不足故也，足則吾能徵之矣。」〔註 2〕

從現今的的角度看來，孔子是相當具有學術精神的。他對於詮釋經典的態度，是相當嚴謹而實事求是的，當「文獻不足」時，決不任意發揮。

在西方，詮釋經典的學問被稱爲——「詮釋學」（Hermeneutik）〔註 3〕，如同德國哲學家加達默爾（Gadamer，Hans-Georg）所說：

詮釋學（Hermeneutik）即宣告、口譯、闡明和解釋的技術。……詮釋學的基本功績在於把一種意義關係從另一個世界轉換到自己的世界。〔註 4〕

爲什麼說「詮釋學」的基本目的是「把一種意義關係從另一個世界轉換到自己的世界」呢？其實在西方「詮釋學」最早被運用在「神學」的解釋當中，它被認爲是一門「正確解釋《聖經》的技術」，如：

詮釋學表示一種正確解釋《聖經》的技術。這種本身相當古老技術早在教父時代就被用到方法的思考上，這首先表現在奧古斯丁的《論基督教學說》裡，因爲基督教教義學的任務就是由於猶太民族的特殊歷史（如「舊約《聖經》」從救世史方面對它的解釋）和「新約《聖經》」中耶穌的泛世說教之間的緊張關係而被提出的，在這裡詮釋學

〔註 1〕 章學誠著，葉瑛校注：《文史通義校注》（北京：中華書局，2005），頁 93。

〔註 2〕 朱熹：《四書章句集注》（北京：中華書局，2005），頁 63。

〔註 3〕 詮釋學（Hermeneutik）一詞來源於赫爾默斯（Hermes），赫爾默斯本是希臘神話中諸神的一位信使的名字……赫爾默斯不但有雙足，而且足上有雙翼，因此也被人稱爲「快速之神」……赫爾默斯的任務就是來往於奧林匹亞山上的諸神與人世間的凡夫俗子之間，迅速給人們傳遞諸神的消息和指示。因爲諸神的語言與人間的語言不同，因此赫爾默斯的傳達就不是單純的報導或簡單重複，而是需要翻譯和解釋，前者是把人們不熟悉的諸神的語言轉換成人們自己的語言，後者則是對諸神的晦澀不明的指令進行疏解，以使一種意義關係從陌生的世界轉換到我們自己熟悉的世界。見於洪漢鼎：《詮釋學史》（台北：桂冠圖書股份有限公司，2003），頁 1～2。

〔註 4〕 加達默爾著，洪漢鼎譯：《眞理與方法》（上海：上海譯文出版社，2004），頁 726。

必須幫助並且做出解答。〔註5〕

「詮釋學」除了解釋經典中的內容，還負責回應經典本身所帶來各方面的相關問題。它如同「神的代言人」，不僅是將諸神的語言轉換爲人間的語言，更必須針對經典中隱晦幽微的諸多難題提出解答，甚至還要對經典周圍無法揭曉的迷霧撥出曙光。

佛教經論中的「注疏」，同樣具有解釋教義、傳遞佛陀正法的功能。佛陀在菩提樹下成道後，說法四十九年，由於說法的環境、對象、條件各有不同，因此每部經典的法義亦有所差別。當後人對於經典的解讀出現了各種困難與問題時，於是開始了詮釋佛教經論的「注疏之學」，如湯用彤說：

佛典的譯本，或卷帙太多，研讀不易。或意義深奧，或譯文隱晦，了解甚艱。不藉注疏，普通人士，曷能通達。道安以前，雖有註經，然注疏創始，用功最勤，影響甚大者，仍推晉之道安。《高僧傳》曰：「條貫既序，文理會通，經義克明，自安始也。」安公而後，注疏亦多。蓋我國佛法地域時代上之變遷，要當於撰述中見之。而研究注疏出之先後，地點之不同，尤可了然其遞嬗之狀況。〔註6〕

佛經的翻譯，有些多達百卷，有些法義深奧，普通常人是難以閱讀的。這時需要有修證經驗及專業佛學知識的人來加以解釋或引導。從晉代的道安〔註7〕以後，對於經論的「注疏」亦開始增多，甚至逐漸成爲「中國佛教典籍之要項」。因此研究經論「注疏」的時間先後、成書的地點分布、比對「注疏」的法義內容等等，都是深入探察佛法在流傳中遞嬗轉變的直接方法。

關於「注疏」經論的形式，由於宗趣各有所別，其行文的繁簡也略有不同。若粗分約有兩大類：

（一）則隨文釋義，謂之曰注，此即普通之所謂章句。

（二）則明經大義，不必逐句釋文。〔註8〕

「隨文釋義」是經論「注疏」中最重要、也是最普遍的一種。通常「隨文釋義」的「注疏」，行文較爲豐富，相對的，只是「明經大義」的「注疏」，行

〔註5〕加達默爾著，洪漢鼎譯：《眞理與方法》，頁727。

〔註6〕湯用彤：《漢魏兩晉南北朝佛教史》（台北：台灣商務印書館，1998），頁546～547。

〔註7〕釋道安（312～385），爲中國佛教史上傑出的高僧，亦爲淨土宗初祖慧遠之師，重視《般若經》的研究。著有《安般注序》、《陰持入經序》、《道行經序》、《合放光光讚略解序》等。

〔註8〕湯用彤：《漢魏兩晉南北朝佛教史》，頁547～549。

文則較為簡略。其實除了上述所粗分的兩大類，湯用彤又根據「注疏」的內容性質來加以區分，如：

> 注疏名目各殊，而性質亦不同：其專分一經之章段曰科文；其隨文解釋字句者曰文句；其隨文解釋義理者曰義疏；而此中因師口授，筆記所得，則謂之述記，其總論一經之大義，恒不隨文出疏，而分門以釋全書之內容，則常曰玄義；其集前賢注疏而成一書者曰集注，……其疏之注釋常曰疏抄；其字音之訓釋，則稱為音義或音訓，凡此名目繁多，不能具列。〔註 9〕

在湯用彤的分類舉例下，可以分為以下八種：

（一）「科文」〔註 10〕：專分一經之章段，又稱「科判」。

（二）「文句」：隨文解釋字句。

（三）「義疏」：隨文解釋義理。

（四）「述記」：因師口授，筆記所得。

（五）「玄義」：總論一經的大義，不隨文出疏。

（六）「集注」：集前賢注疏而成一書者。

（七）「疏抄」：針對「注疏」內容的解釋。

（八）「音義」：字音的訓釋，或稱為「音訓」

當然佛教經論中「注疏」的各種形式並不只八種，但上述八種，大體上已可概括「注疏」的諸多樣貌。「注疏」的原則，基本上是依於經典「文本」為主的，因此對於「注疏」中法義討論的發揮範疇，勢必有其基礎必須遵循。倘若離開經典「文本」，只針對某些特殊問題加以研究，或標明自宗法門，或綜論各種法義，這樣的作品則稱為「專論」或「通論」，而不是「注疏」了。

佛法的意義，原是引領著所有的眾生能遠離痛苦而得到安樂。佛教的經論代表著佛陀的教法，佛教經論的傳遞與注疏的詮釋，無非是要讓人們藉由這些語言文字更有效的契入佛陀的知見，達到「離苦得樂」的結果。佛法本是以修證為目的，適切的經論注疏能有利於學人迅速的掌握佛法中的正義。在《佛遺教經》中，佛陀告誡比丘：「是故汝等，當以聞、思、修慧而自增益」

〔註 9〕 湯用彤：《隋唐及五代佛教史》（台北：財團法人台北市慧炬出版社，1997），頁 94。

〔註 10〕 震旦諸師開分科門實始於釋道安，而道安則稱「科分」為「起盡」。見於湯用彤：《漢魏兩晉南北朝佛教史》，頁 549～551。

〔註 11〕，藉由聽聞、思維、修持，來幫助自己安住於正定、啓發智慧、斷除煩惱而證得眞理；但過量的經論「注疏」有時教人不知所措，由於諸家的說法分歧，造成學人在聽聞法義時無所適從，思維抉擇時又倍感困惑，更遑論實際的修證了。從某種角度看，佛教經論的「注疏之學」到後來轉變成「經師之學」〔註 12〕，從正面的意義來解讀，它象徵著法義發揮的豐富性與佛法的興盛。從反面的意義來思考，大量的經論注疏，對於有心深入精研法義的學人而言，加添了消化瀚典的壓力與苦惱；至於那些無法運用大量時間來研讀的學人，更是徒增望洋興嘆的遺憾了。

第二節　明代《楞伽經》九家注疏的形式與內容特色

在歷代所流傳的《楞伽經》注疏中，明代的《楞伽經》注疏是最爲豐富的。目前所存有的注疏，就有九家之多。其九家注疏依序爲：

（一）宗泐、如玘《楞伽阿跋多羅寶經註解》（A.D.1378）
（二）德清《觀楞伽寶經記》、《楞伽補遺》（A.D.1599）
（三）陸西星《楞伽要旨》（A.D.1602）
（四）廣莫《楞伽經參訂疏》（A.D.1609）
（五）曾鳳儀《楞伽經宗通》（A.D.1612）
（六）普眞貴《楞伽科解》（A.D.1613）
（七）焦竑《楞伽經精解評林》（約 A.D.1620）
（八）通潤《楞伽經合轍》（A.D.1621）
（九）智旭《楞伽經義疏》、《楞伽經玄義》（A.D.1652）

每一部經典的注疏，都有它獨特的形式特色與內容風格。隨著注疏者的學養背景不同，對於經典內容的重點分配、法義詮釋亦各有所差異。了解某部經典其各種注疏的形式特色及內容風格，不僅能多元的理解此經典的豐富詮釋，更可發現此經典在法義上可能引起爭論的各種主題。以下將針對明代《楞伽經》的九家注疏的形式與內容特色來詳加介紹。

〔註 11〕語出鳩摩羅什譯：《佛垂般涅槃略說教誡經》，《大正新修大藏經》第十二冊，頁 1112。
〔註 12〕「後來注經之密，而佛教義學頗轉爲經師之學。」見於湯用彤：《漢魏兩晉南北朝佛教史》，頁 552。

一、宗泐、如玘《楞伽阿跋多羅寶經註解》(A.D.1378) [註13]

《楞伽阿跋多羅寶經註解》成書的緣起，是在洪武十年時，明太祖朱元璋詔諭天下的沙門研讀《心經》、《金剛經》、《楞伽經》三部經典，並命宗泐、如玘等註釋頒行。

宗泐、如玘成書於洪武十一年(A.D.1378)。以劉宋時期求那跋陀羅譯四卷本爲注疏底本，並收錄全部經文，根據經文的內容順序，隨文分段注釋。全書共有四卷，每卷各分上下。書前有〈欽錄〉與宗泐、如玘的〈進新註楞伽經序〉，內容交代宗泐、如玘二人從接受皇命到注疏此經的緣由；書末有如玘的終語，其中如玘比較《楞伽經》三種譯本的品目差別；後又有宋濂的一篇〈新刻楞伽經後題〉，該文是對明太祖朱元璋推廣此經及宗泐、如玘二人注疏《楞伽經》的讚嘆。文中記載，此書完成後，明太祖覽後大悅而說：「此經之註，誠爲精確，可流布海內使學者講習焉。」[註14]讚嘆之餘，宋濂也比較了前朝的注疏，他說：

> 東都沙門寶臣嘗爲之訓詁，援據雖若該博，而於經意多邈然不相入；胥臺雷菴受公，徒襲寶臣之緒論，自不能伸一喙。二者咸無取焉。惟柏庭法師善月，依天台教旨著爲通義，夐然絕出常倫，茍以經文顯白者證之，亦未免有遺憾，他尚何望哉。(如玘)以辯博無礙之智，遊戲毘盧藏海，台衡之書無不融攝，故其論著雖有徵於柏庭，反復參驗務不失如來說經本意；(宗泐)又能裁度旨趣，約繁辭而歸精當，遂使數百載疑文奧義，煥然明暢。[註15]

宋濂指出了宋代三家《楞伽經》注疏的缺點，而褒讚宗泐、如玘的注疏。他認爲東都寶臣的《註大乘入楞伽經》「援據雖若該博，而於經意多邈然不相入」，雖然旁徵博引，但卻與經文格格不入；雷菴正受的《楞伽阿跋多羅寶經集註》「徒襲寶臣之緒論，自不能伸一喙」，只是轉引寶臣的看法，自己毫無創見；柏庭善月的《楞伽經通義》「茍以經文顯白者證之，亦未免有遺憾」，雖然能以天台教義善加發揮，但只是針對經文較淺顯處做說明，實在有些遺憾。相對於宋代三家《楞伽經》注疏，宋濂認爲宗泐、如玘的注疏排除了上述的缺憾。宗泐、如玘二人各顯所長，宗泐是天界善世禪寺住持，本爲禪宗

[註13] 此書收於《大正新修大藏經》第三十九冊。
[註14] 宗泐、如玘：《楞伽阿跋多羅寶經註解》，《大正新修大藏經》第三十九冊，頁425。
[註15] 宗泐、如玘：《楞伽阿跋多羅寶經註解》，《大正新修大藏經》第三十九冊，頁425。

傳承；如玘是演福講寺住持，為天台宗體系，二人合作而成的注疏「使數百載疑文奧義，煥然明暢」。由於宗泐、如玘二人的佛學背景，一為禪宗，一為天台，因此該注疏在法義的詮釋上，常見有禪宗、天台二家的教義。

宗泐、如玘的《楞伽阿跋多羅寶經註解》為明代第一部《楞伽經》注疏，而且曾被明太祖讚譽註解「精確」，並「流布海內使學者講習」，因此對於明代研習《楞伽經》的學人，還有後來諸家《楞伽經》的注疏都造成重要的影響。

二、德清《觀楞伽寶經記》、《楞伽補遺》（A.D.1599）〔註 16〕

明代第二家注疏《楞伽經》是憨山德清的《觀楞伽寶經記》與《楞伽補遺》。《觀楞伽寶經記》全名《觀楞伽阿跋多羅寶經記》，從書末的〈觀楞伽寶經閣筆記〉得知此書命名的特色：

> 觀楞伽寶經記，蓋為觀經而作也。以此經直指眾生識藏即如來藏，顯發日用現前境界，令其隨順觀察自心現量，頓證諸佛自覺聖智，故名佛語心，非文字也，又豈可以文字而解之哉。故今不曰注疏，而曰觀經記，蓋以觀游心，所記觀中之境耳。〔註 17〕

德清將注疏命名為「觀經記」，其目的在強調「觀」。他的注疏，不僅是依隨著經文字句做解釋，更能「以觀游心，所記觀中之境」，亦即是德清的注疏中含有體證經文法義的實修經驗。

從〈觀楞伽寶經閣筆記〉得知，此二書大約完成於萬曆己亥年（A.D.1599）。《觀楞伽寶經記》全書共八卷，以求那跋陀羅譯四卷本為注疏底本，除收錄全部經文外，也在某些經文中加有魏、唐二譯本經文以便於對照法義。全書根據經文的內容順序，隨文分段注釋。書前有〈觀楞伽記略科題辭〉交代分科的緣由：「而其所以科節之，蓋以經文簡古，血脈幽潛，不得其門而入。故特提其綱領，使知問答來源，融會一貫，了然心目。」〔註 18〕隨其題詞後的〈觀楞伽阿跋多羅寶經記略科〉則是德清對於整部《楞伽經》的「提其綱領」與分科判攝。書後有〈觀楞伽寶經閣筆記〉及其門人一書的短文。文中讚揚此書「可謂中原絕唱、虛壤玄根，誠義學之司南，亦詮經之正

〔註 16〕二書收於《卍新纂續藏》第二十五、二十六冊。

〔註 17〕德清：《觀楞伽阿跋多羅寶經記》，《卍新纂續藏》第二十六冊，頁 71。

〔註 18〕德清：《觀楞伽阿跋多羅寶經記》，《卍新纂續藏》第二十五冊，頁 723。

軌也」〔註 19〕。

在經文內容上，德清以《大乘起信論》一心開眞如、生滅二門來判攝，如「正宗分二：初直指一心眞如以顯三界唯心、次曲示一心生滅以顯萬法唯識」〔註 20〕。德清在注疏《楞伽經》的法義參考，主要是以《大乘起信論》爲主的，如：

> 以一心爲眞宗；以摧邪顯正爲大用。……即所引證。咸以《起信》、《唯識》提挈綱宗，務在融會三譯，血脈貫通。若夫單提向上，直指一心，枝詞異説，刷洗殆盡。冥契祖印，何敢讓焉！〔註 21〕

除了以《大乘起信論》及唯識經典爲主要參考外，德清在注疏《楞伽經》時也「融會三譯」。對於這部注疏，德清是相當具有信心的，他認爲這部注疏詳明了《楞伽經》的要義，足以洗盡前人對於此經誤解，所謂「冥契祖印，何敢讓焉」，是何等的氣魄。

《楞伽補遺》從其題名可知，應是德清在完成《觀楞伽寶經記》後，對於法義的補充。全書只有一卷，恰好分爲四部份，針對四卷《楞伽經》的重點，寫出提要與補充。

德清的《楞伽經》注疏不但具有實修體證的特色，又基於德清是明代的四大高僧，名聲遠播。因此德清的《觀楞伽寶經記》、《楞伽補遺》，也是倍受後人重視。不僅是後來諸家《楞伽經》注疏的重要參考，亦對於往後研習《楞伽經》的學人形成重要的影響。

三、陸西星《楞伽要旨》（A.D.1602）〔註 22〕

《楞伽要旨》，全名《楞伽經句義通說要旨》，又名《楞伽經句義》。從書前〈請註楞伽要旨來書〉的答函得知，此書出版於壬寅年（A.D.1602），從成書的時間點來看，它是明代《楞伽經》注疏的第三家。

陸西星自幼學儒，但多次參加鄉試皆未如意，於是轉向道術，學習內丹之法。晚年又精研佛理。一生先後接觸儒、道、釋三家，其著作種類也涉獵三家。《楞伽要旨》是陸西星八十三歲時的作品，此書寫作的緣起，紀錄在書

〔註 19〕德清：《觀楞伽阿跋多羅寶經記》，《卍新纂續藏》第二十六冊，頁 72。
〔註 20〕德清：《觀楞伽阿跋多羅寶經記》，《卍新纂續藏》第二十五冊，頁 724。
〔註 21〕德清：《觀楞伽阿跋多羅寶經記》，《卍新纂續藏》第二十六冊，頁 72。
〔註 22〕此書在《大正新修大藏經》與《卍新纂續藏》均未收錄，本文所用版本爲台北新文豐出版股份有限公司影印「金陵刻經處」的木刻本。

前復齋居士的〈請註楞伽要旨來書〉，如：

> 僕於《南華副墨》中已知老丈才識之非常矣。比讀《楞嚴述旨》簡明暢達，間出新語，雖古德如環師，猶當斂手敬服……《楞嚴》之外，更有《楞伽》一經，難讀難解。雖有古今註疏，不精不詳，後學何觀。更望老丈研精覃思，直寫所得，成此一部度世全書。〔註 23〕

推動該書形成的主要原因是復齋居士的請託。由於復齋居士見到其父親寶幢居士往生時的瑞相，因此對佛法升起信心。當他學習佛法時，也對《楞伽經》產生興趣，因為他曾讀過陸西星所寫的《南華眞經副墨》與《楞嚴述旨》，非常仰慕陸西星的才識，所以請託陸西星注疏《楞伽經》。

《楞伽要旨》全書共有四卷，書前收有復齋居士的〈請註楞伽要旨來書〉及陸西星所寫的答函，答函後有〈楞伽經句義通說要旨絜言八則〉、〈性道絜言三則〉。此十一則絜言，主要在提點研讀《楞伽經》時應注意的觀念及方法。如：

> 是經中句義，有可讀可解者，試先讀之，平其心、易其氣，而不求甚解，優而柔之，厭而飫之，少得趣味已，再進難者，則見曩所謂艱深而詰曲者，皆成平順。〔註 24〕

除了提點研讀《楞伽經》時應注意的方法，陸西星也常以儒家用語來比照《楞伽經》中的相關觀念，如：

> 所言妄想，即儒書中之意、必、固、我也。……《楞伽》力辨外道，如孟子之闢楊墨……《楞嚴》致廣大；《楞伽》盡精微。〔註 25〕

陸西星將儒家《中庸》的「致廣大，盡精微」〔註 26〕與佛教中《楞嚴》、《楞伽》兩部經典相互對比，更以孔子的「子絕四：毋意，毋必，毋固，毋我。」〔註 27〕來解釋佛教所謂的「妄想」。

在四卷《楞伽要旨》的正文中，陸西星以求那跋陀羅譯四卷本為注疏底本，但省略全部經文，只針對四卷經文的內容順序，分章注釋。第一卷有 20 章；第二卷有 20 章：第三卷有 18 章；第四卷有 12 章，合計共有 70 章，每章各依主題而立章名，如：「大慧讚佛章」、「百八句義章」、「淨除現流頓漸章」

〔註 23〕陸西星：《楞伽要旨》（台北：新文豐出版股份有限公司，1993），頁 2。

〔註 24〕陸西星：《楞伽要旨》，頁 7。

〔註 25〕陸西星：《楞伽要旨》，頁 7～9。

〔註 26〕《中庸》的原文為「故君子尊德性而道問學，致廣大而盡精微，極高明而中庸。」見於朱熹：《四書章句集注》，頁 35。

〔註 27〕朱熹：《四書章句集注》，頁 109。

等，以便於讀者對照經本原文研習。

四、廣莫《楞伽經參訂疏》（A.D.1609）〔註 28〕

《楞伽經參訂疏》全名爲《楞伽阿跋多羅寶經參訂疏》，全書共八卷。書前有廣莫自己所寫的〈楞伽經阿跋多羅寶參訂疏敘〉，還有禮部尚書葉向高、兵部職方司主事袁黃及李大生等三篇序文。序文後有〈疏經凡例〉、〈所引經論目錄〉；八卷正文注疏的末尾有廣莫的〈閣筆偈〉與〈楞伽經參訂疏後跋〉。

《楞伽經參訂疏》的成書時間，從廣莫的〈楞伽經參訂疏後跋〉來判定應在萬曆三十七年（A.D.1609）〔註 29〕。書前葉向高、袁黃及李大生等三篇序文，多爲讚譽之詞。在廣莫所寫的〈楞伽經阿跋多羅寶參訂疏敘〉中，可以看到廣莫當初注疏此經的動機，如：

> 第此經文義奇奧，讀解良難，望崖而退者有之。所幸古遺註釋，學者因之得入，然猶不能深詣而遠尋宗旨，緣舊註未詳故也。如經云：「五法、三自性、八識、二無我。」即八識一種，與《雜華》、《密嚴》等經，《唯識》、《瑜伽》等論，相爲符證。舊註往往略之，不亦惜乎。（廣莫）思欲闡明大道，不揣已愚，乃尋經論，及諸古註，并魏唐二譯，參訂成疏。於經之隱而難解者，會彼二譯，附於其下，俾可意會得之。註已明者摭之，其晦者明之，題名曰參訂疏。蓋不貴竄句游心，以亂人之聰明，務令本文無滯則已矣。疏成，壽梓以布諸方，志在就正同業。〔註 30〕

廣莫認爲此經「文義奇奧，讀解良難」，雖有前人所遺留的注釋，但仍無法「深詣而遠尋宗旨」，其主要原因在於「舊註未詳」。基於前人的注釋不夠詳盡、引證不夠豐富，廣莫「乃尋經論，及諸古註，并魏唐二譯，參訂成疏。」他提出「註已明者摭之，其晦者明之」，舊註已經清楚暢達者便直接引用，

〔註 28〕收於《卍新纂續藏》第二十七冊。

〔註 29〕此書前面三人序文的時間點與廣莫的序文、後跋時間點頗有差異。廣莫序文的時間在萬曆三十年（A.D.1602），後跋的時間在萬曆三十七年（A.D.1609），其他三人序文依序爲：葉向高萬曆癸丑年（1613）；袁黃萬曆三十四年（1606）；李大生萬曆三十七年（A.D.1609）。本文認爲此書第一出版時間應以廣莫〈楞伽經參訂疏後跋〉的萬曆三十七年來（A.D.1609）判定，其禮部尚書葉向高的序文爲後來所加。

〔註 30〕廣莫：《楞伽經參訂疏》，《卍新纂續藏》第二十七冊，頁 2。

有隱晦不明之處則令其明白易曉，所以題名為「參訂疏」。他甚至強調「蓋不貴竄句游心，以亂人之聰明，務令本文無滯則已矣。」此處的「不貴竄句游心，以亂人之聰明」，恰好與憨山德清的「以觀游心，所記觀中之境」形成強烈對比。〔註 31〕此處廣莫是否暗中影射或批評德清，實難以判定，但他所謂的「志在就正同業」，似乎就有些火藥味了。

在序文後的〈所引經論目錄〉中，廣莫詳加羅列了他所引用經論的名目共 79 種。除了「廣引經論」的注疏特色外，在〈疏經凡例〉與〈楞伽經參訂疏後跋〉裡，廣莫都再三強調他「明白暢達」的注經心願，如：

> 茲疏也，其言切，其旨平。無支離汗漫之習，直明本經，使諸學者，過目了然，會文歸己，恍若披雲霧而見青天，吾願足矣。〔註 32〕

他希望每一位閱讀這部注疏的人，都能夠「過目了然」；甚至能「會文歸己」，有所體會的運用在自己身上。

在《楞伽經參訂疏》八卷注疏的正文中，經文底本以求那跋陀羅譯四卷本為主，亦常出現魏譯與唐譯本經文，以便於對照法義。注疏的方式，依四卷本全部經文的內容，隨其順序而分段、分節或分句隨文注釋。

五、曾鳳儀《楞伽經宗通》（A.D.1612）〔註 33〕

《楞伽經宗通》全名《楞伽阿跋多羅寶經宗通》，全書共八卷。書前有曾鳳儀所寫的〈楞伽宗通緣起〉及廬陵劉日升的〈楞伽宗通題辭〉；書後有孫明善的〈楞伽宗通後序〉。根據〈楞伽宗通後序〉的時間記載，此書出版於萬曆（A.D.1612）壬子年。

在〈楞伽宗通緣起〉中，曾鳳儀寫出了注疏此經的緣由，他自稱曾於夢中至兜率天面見彌勒菩薩，如：

> 余甲申自長洲歸，暫憩嘉禾，遘達觀，密藏二衲……一夕夢履兜羅綿界，覩慈尊容貌甚偉，肅躬伏謁，欽承教語，語曰：「分別是識，無分別是智」。旦起問二衲，此語當出何經？僉曰：「似《楞伽》語」

〔註 31〕此處廣莫是否暗中影射或批評德清，實難以判定。但在廣莫的注疏中，確實有直接與德清注疏針鋒相對之處。詳見於本文第六章〈明代《楞伽經》注疏中的法義非難〉。

〔註 32〕廣莫：《楞伽經參訂疏》，《卍新纂續藏》第二十七冊，頁 133。

〔註 33〕收於《卍新纂續藏》第二十六冊。

〔註 34〕
彌勒菩薩對曾鳳儀所說「分別是識，無分別是智」，讓他對《楞伽經》種下因緣。後來曾鳳儀閱讀憨山德清的《觀楞伽寶經記》後，便觸發他撰著《楞伽經宗通》的動機，如：

> 余於憨山稱莫逆，自癸巳造訪牢山後，音問寥寥。得筆記讀之，不啻面潭，始讀之灑然，再讀之則疑，三讀之則有所更定，不覺盈紙，復取三譯覈之，宋譯雋永有餘味，故不可易，至棘句倒語，非證之魏唐二譯則不可曉。筆記節分條列，燦如指掌，令讀者易於參訂。余亟取之，更爲斟酌舊注，融會三譯，間出胸臆或前人所未道，要於申暢簡奧，不使有楞伽難讀之嘆而已。〔註 35〕

曾鳳儀和憨山德清是好朋友，在拜訪德清後，曾鳳儀讀了德清的《觀楞伽寶經記》，卻發現有許多疑問或意見不同之處，於是決定「斟酌舊注，融會三譯」，不但寫出自己的心得，更要寫得明白暢達，「不使有《楞伽》難讀之嘆」。

在〈楞伽宗通緣起〉中，曾鳳儀也寫出了此注疏命名爲的《楞伽經宗通》的原因，他說：

> 竊計宗門證入自覺境界，一期垂語，未必不與楞伽符。乃謬取尊宿機緣綴附章末，與其以經明經之爲通也，毋寧以宗明經之爲通也。以經明經，僅以意爲分別；以宗明經，似當分別於無分別者。分別則說通，無分別則宗通。宗通則心一經也、經一心也，庶幾無違於初祖印心之義。〔註 36〕

曾鳳儀指出「以經明經」還不如「以宗明經」；用經文來佐證經義，乾脆用祖師的公案法語來印證《楞伽經》更爲直接。因爲「以宗明經，似當分別於無分別者」，曾鳳儀認爲「無分別則宗通」。於是「宗通」不但是此注疏命名的基礎，更成爲此注疏的詮釋特色。因爲在《楞伽經宗通》中，曾鳳儀「取尊宿機緣綴附章末」，幾乎在每一段經文注疏的末尾都會附上一、二則祖師的公案或法語，讓讀者可以依此對照經文而悟入如來心地。

《楞伽經宗通》書前的〈楞伽宗通題辭〉與書後的〈楞伽宗通後序〉，多爲讚譽之詞。正文共有八卷，注疏底本是以求那跋陀羅譯四卷本爲主，但曾鳳儀強調「融會三譯」，因此，在劉宋譯本之前，加附唐譯本的〈羅婆那

〔註 34〕曾鳳儀：《楞伽經宗通》，《卍新纂續藏》第二十六冊，頁 333。
〔註 35〕曾鳳儀：《楞伽經宗通》，《卍新纂續藏》第二十六冊，頁 333。
〔註 36〕曾鳳儀：《楞伽經宗通》，《卍新纂續藏》第二十六冊，頁 333。

王勸請品第一〉全文及注疏；在劉宋譯本之後，加附唐譯本的〈陀羅尼品〉、〈偈頌品〉全文，但無注疏〔註 37〕。全書中並時常出現魏譯與唐譯本經文，以便於對照法義。注疏的方式，依四卷本全部經文的內容，隨其順序而分段注釋。

六、普眞貴《楞伽科解》（A.D.1613）〔註 38〕

《楞伽科解》全名《楞伽阿跋多羅寶經科解》，全書共十卷。書前收有宋代蔣之奇、蘇軾的序言〔註 39〕，緊接著的是〈楞伽阿跋多羅寶經科解并序〉與〈楞伽阿跋多羅寶經科解科〉，這兩篇是普眞貴所寫的序文及對此經的科判。根據普眞貴序文的記載，此書完成於萬曆癸丑年（A.D.1613）。

在普眞貴的序文裡，他寫出了此書命名「科解」的緣由，還有注疏《楞伽經》的主要依據，如：

> 竊觀今經，教攝圓頓，故立科稍合《華嚴》，科非煙颸之細；理唯藏性，故釋義多援《起信》，義無塵飛之雜。務在疏通詞致，達乎本有眞心。既義依論立，科准經成，名實俱彰，輒名「科解」。〔註 40〕

書名爲「科解」的緣由，是因爲「立科稍合《華嚴》」、「釋義多援《起信》」，以《華嚴經》的思想爲主要分科判攝的基礎，在解釋義理上多引用《大乘起信論》來參照法義。此段說明，普眞貴不但交代書名「科解」的原因，也表達了他注疏《楞伽經》的基本立場。在法義的詮釋上，普眞貴是以《華嚴經》和《大乘起信論》的思想爲主的。

普眞貴提筆注疏《楞伽科解》的原因，除了以華嚴宗思想來闡發《楞伽經》的法義之外，在他的序文裡，普眞貴也說出他對於前人注疏的不滿，如：

> 信知歷代流傳，雖易升堂之美盛，其實多端詮旨，少通入室之眞玄。……雖二師尊御詰以箋釋，諸藩副上命以梓行。但玘公圖早腹

〔註 37〕〈陀羅尼品〉和〈偈頌品〉的全文，在《卍新纂續藏》的版本中交代：「原本載唐譯卷末〈陀羅尼〉、〈偈頌〉之兩品而無宗通故省之。」因爲沒有曾鳳儀的解釋，所以省略而未錄。

〔註 38〕此書在《大正新修大藏經》與《卍新纂續藏》均未收錄，本文所用版本爲台北新文豐出版股份有限公司所影印安徽省「蕪湖佛經流通所」的木刻本。

〔註 39〕此兩篇序言原載於《大正新修大藏經》第十六冊劉宋譯四卷本原文之前。

〔註 40〕普眞貴：〈楞伽科解序〉，《楞伽科解》（台北：新文豐出版股份有限公司，1997），頁 16。

於綸音；故泐師欠詳斟於眾典。致令閱文，似通通無滯；及乎求義，全隱隱未明。是以貴（普眞貴）竭覃思，歷多寒暑，凝神討論，直理釋經。藉此用報太祖敕註頒行之洪恩；少酬如來附囑勸修之大德。〔註41〕

此段序文中，普眞貴明確的表達他對於宗泐、如玘注疏的遺憾——「玘公圖早腹於綸音；故泐師欠詳斟於眾典」。普眞貴認爲：如玘是因爲想要及早完成注疏以便回覆皇命，宗泐也未能善加參考諸多經典。因此造成《楞伽阿跋多羅寶經註解》的缺點是「及乎求義，全隱隱未明」，對於法義的闡發隱晦難明。於是普眞貴下定決心，「歷多寒暑，凝神討論，直理釋經」。以此來報答「如來附囑勸修」與「太祖敕註頒行」的恩德。

在《楞伽科解》十卷的正文中，第一卷是〈懸談〉。普眞貴本著華嚴宗注經的基本形式，先在注疏經文前立「十門」、「十懸談」，如：

將釋經義，先啓十門：一、教起因緣；二、藏乘分攝；三、權實對辨；四、分齊幽深；五、所被機宜；六、能詮教體；七、宗趣通別；八、地位異同；九、述意分科；十、正解義文。〔註42〕

在第一卷〈懸談〉之後的九卷注疏，經文底本仍以劉宋譯四卷本爲主，但書中亦常出現魏譯與唐譯本經文，以便於對照法義。注疏的方式，依四卷本全部經文的內容，隨其順序而分段注釋。

七、焦竑《楞伽經精解評林》（約 A.D.1620）〔註43〕

《楞伽經精解評林》全名爲《楞伽阿跋多羅寶法經精解評林》，全書共一卷。焦竑爲明代有名的文人，其思想及著作橫跨儒、道、釋三家。目前收在大藏經中屬名爲焦竑的佛學注疏有四種，分別爲：《法華經精解評林》、《楞嚴經精解評林》、《圓覺經精解評林》以及《楞伽經精解評林》等。以上四部注疏，均未交代成書的時間。雖然《法華經精解評林》有眞德秀的〈序〉、《楞嚴經精解評林》有王畿〈釋教總論〉與行簡〈後序〉，但也沒有留下注疏確實的時間線索。而《楞伽經精解評林》，這部注疏更是前後均無序言或跋語。在焦竑的其他作品中，亦未交代此注疏的確切時間。倘若《楞伽經精解評林》

〔註41〕普眞貴：〈楞伽科解序〉，《楞伽科解》，頁 15。
〔註42〕普眞貴：《楞伽科解》卷一，頁 1～2。
〔註43〕收於《卍新纂續藏》第九十一冊。

確實爲焦竑的作品，若以焦竑（A.D.1540～1620）的生卒年來推算，此書的出版的時間最遲應在（A.D.1620）年左右。

在一卷《楞伽經精解評林》的正文中，注疏的經文底本是求那跋陀羅的劉宋譯四卷本，但焦竑只摘錄四卷本中部分的經文；其注疏的內容，焦竑幾乎完全引用宗泐、如玘《楞伽阿跋多羅寶經註解》中的注疏。他將宗泐、如玘的注疏文句完全採用、或是節錄、或是調整前後順序而重新組合。因此，實際上焦竑在《楞伽經精解評林》中，自己發揮的地方並不多。換言之，焦竑的《楞伽經精解評林》可算是宗泐、如玘《楞伽阿跋多羅寶經註解》的縮小版。

八、通潤《楞伽經合轍》（A.D.1621）〔註44〕

《楞伽經合轍》，全名《楞伽阿跋多羅寶經合轍》，全書共八卷。書前有王志堅的〈楞伽楞嚴合轍序〉及通潤的〈楞伽合轍自序〉。此書出版的時間，根據通潤的序文得知應在天啓辛酉年（A.D.1621）。

《楞伽經合轍》命名的緣由及此注疏的內容特色，可由通潤的〈楞伽合轍自序〉文中看出端倪，如：

> 從上諸師解此經者，或依性以解相，而宗相者則執相以難性；或依相以解性，而宗性者則執性以破相。故主馬鳴者，賓護法；宗護法者，詆馬鳴。所謂操戈入室、禍越蕭墻，此皆不達唯心、唯識之宗「一而二、二而一」者也。故凡值經之性相分途處，雙引性相併釋之。皎如星月，各有指歸。務令性相二宗，如車兩輪並行不悖，此余之深意也。故命名「合轍」。若由此轍而登路，由此路而登不可往之楞伽山頂，則一蹉可到，尚何艱險之有哉。〔註45〕

通潤指出自古以來性相二宗的矛盾，所謂「執相以難性」或「執性以破相」，甚至於「主馬鳴者，賓護法；宗護法者，詆馬鳴」，佛門之內相互詆毀。通潤認爲此現象主要的問題癥結，全是因爲不了解「唯心、唯識」是「一而二、二而一」的。因此他在注疏此經時，「凡值經之性相分途處，雙引性相併釋之」。這是《楞伽經合轍》的一大特色，在每段經文注疏時，通潤同時寫出馬鳴、護法對於該段經文有可能所作出的詮釋或理解，通潤甚至去釐清性相二宗的思維模式，找出彼此合理的思考切入點，企圖消弭性相二宗的爭執。

〔註44〕收於《卍新纂續藏》第二十六冊。
〔註45〕通潤：《楞伽經合轍》，《卍新纂續藏》第二十六冊，頁734。

化解性、相二宗的誤會，一直以來都是通潤所抱持的任務，如王志堅的〈楞伽楞嚴合轍序〉中說：

> 師生平持論，在于矯二宗之偏鋒；驅顢頇之狂慧。觀其所述，蓋詳哉。〔註46〕

通潤平素的說法、著作的風格，主要在「矯二宗之偏鋒；驅顢頇之狂慧」，矯正性相二宗裡偏狹的思維侷限，降服盲目無知卻自以為是的狂慧。在注疏《楞伽經》時，通潤也本著相同的理念，他將此注疏命名為「合轍」，其象徵意義更希望「性相二宗，如車兩輪並行不悖」，但願性相二宗如同車子的兩輪，不但能互相合作，更可以讓人搭乘而通往「不可往之楞伽山頂」——無上正等正覺。

在《楞伽經合轍》八卷注疏的正文中，以求那跋陀羅譯四卷本為經文底本，注疏的方式，依四卷本全部經文的內容，隨其順序而分段注釋。

九、智旭《楞伽經義疏》、《楞伽經玄義》（A.D.1652）〔註47〕

《楞伽經義疏》全名《楞伽阿跋多羅寶經義疏》，共九卷，書前加上一卷的《楞伽經玄義》，合計共為十卷。書後有蕅益智旭所寫的〈閣筆後序〉及靈晟〈跋語〉。從〈閣筆後序〉裡得之，此注疏完成於永曆壬辰年（A.D.1652），但靈晟〈跋語〉中記載：「甲午夏，遣（靈晟）同堅兄赴留都募梓，且命印行流通」〔註48〕，因此，《楞伽經義疏》確實的出版時間為永曆甲午年（A.D.1654）。

在《楞伽經玄義》中，蕅益智旭本著天台宗「五重玄義」的注經慣例，以此來對《楞伽經》的概要略作說明：

> 將申經義，例開五重。第一釋名；第二顯體；第三明宗；第四辨用；第五教相。〔註49〕

智旭以五個面向來提點《楞伽經》裡重要的觀念，也以天台宗的思想來分析《楞伽經》法義。明末四大師之一的蕅益智旭，他注疏《楞伽經》的態度是十分謹慎的，在〈閣筆後序〉裡智旭自述：

> 猶憶初發心時，便從事於禪宗。數年之後，涉律、涉教，著述頗多。獨此《楞伽》，擬於閱藏畢後方註。〔註50〕

〔註46〕通潤：《楞伽經合轍》，《卍新纂續藏》第二十六冊，頁731。
〔註47〕二書皆收於《卍新纂續藏》第二十六冊。
〔註48〕智旭：《楞伽經義疏》，《卍新纂續藏》第二十六冊，頁330。
〔註49〕智旭：《楞伽經玄義》，《卍新纂續藏》第二十六冊，頁86。
〔註50〕智旭：《楞伽經義疏》，《卍新纂續藏》第二十六冊，頁330。

《楞伽經》的艱澀難解是歷來公認的，智旭不敢貿然作解。他一生著述豐富，卻惟獨這部《楞伽經》「擬於閱藏畢後方註」。智旭要等到閱讀大藏中所有的經論，有所把握之後才來動筆。

由於《楞伽經》的名相繁雜、法義幽深、艱澀難解，向來令人「敬而遠之」。智旭有感於時人「趨易避難」之弊，對於這些現象，他發出深切的感慨：

> 悲夫！先哲既逝，後學膚承。畏墮名相窠臼，翻爲名相所縛，莫究端倪；喜談直捷法門，遂爲直捷所拘，終成淺陋。旭（智旭）慚薄怙，未踐眞修，幸遇上乘，聊窺一線。〔註51〕

智旭認爲「畏墮名相窠臼」、不去了解名相，反而會被名相所干擾，而無法掌握佛法中的各種法義；喜歡簡易、「直捷法門」，最後會陷入「淺陋」的危機。智旭的睿智觀察與深切感慨，也推引他注疏《楞伽經》的動機。

在《楞伽經義疏》九卷的正文中，經文底本以求那跋陀羅譯四卷本爲主，書中亦常引用魏譯、唐譯本經文，以便於對照法義。注疏的方式，依四卷本全部經文的內容，隨其順序而分段注釋。並且智旭還在一百八句的經文後，依其內容屬性、經文順序而分爲三十九門，如〈第一諸識生住異門〉、〈第二藏識境界門〉、〈第三聖智事分別自性門〉等，以利於法義的理解與歸納。

最後値得一提的，是在劉宋譯四卷本經文注疏末尾，智旭特別摘錄了唐譯本〈偈頌品〉中有關「龍樹菩薩授往生記」的經文，並加以注疏，如：

> （唐譯）未來世當有，持於我法者，南天竺國中，大名德比丘，厥號爲龍樹，能破有無宗，世間中顯我，無上大乘法，得初歡喜地，往生安樂國。
>
> 疏曰：龍樹爲禪宗、台宗之祖，佛已先授往生記矣。淨土法門，一切佛祖之所歸極，至圓至頓，即凡心而見佛心，捨此豈別有向上事哉。願有智者，深信堅願以導萬行，同觀阿彌陀佛滿菩提願。〔註52〕

智旭的《楞伽經義疏》除了本著天台宗的思想來注疏，在這段文字中，可以見到智旭的另一個特色，那就是「歸宗淨土」。在唐譯本〈偈頌品〉「龍樹菩薩授往生記」的經文裡，智旭以龍樹菩薩爲典範，身爲禪宗、天台宗共同祖

〔註51〕智旭：《楞伽經玄義》，《卍新纂續藏》第二十六冊，頁86。
〔註52〕智旭：《楞伽經義疏》，《卍新纂續藏》第二十六冊，頁330。

師的龍樹菩薩，最後所歸趣的是「淨土法門」。智旭深切的勸戒禪宗、天台宗的學人，「即凡心而見佛心，捨此豈別有向上事」，智旭不僅肯定了「淨土法門」的眞意，更全力的鼓勵所有的學人——「深信堅願以導萬行，同觀阿彌陀佛滿菩提願」。

第三節　明代《楞伽經》九家注疏背景之考察

一部經典注疏的形成必定有其原因，從時代的橫切面來考察，了解某部經典各種注疏的成書時間、成書動機，能從中發現該時代重視此經典的主因，以及主因背後所蘊藏的相關現象；掌握注疏者的學養背景，不但能了解此經典在該時代中佛學與社會文化的交涉與互動，也能對於經典詮釋的分歧解讀發出同情的理解。本節將繼續明代《楞伽經》九家注疏中的相關考察，分別以：一、九家注疏的共同點——均以劉宋譯四卷本爲經文底本；二、九家注疏的成書時間；三、九家注疏的成書動機；四、注疏者的學養背景等。依此四方面來加以說明。

一、九家注疏的共同點——均以劉宋譯四卷本爲經文底本

從上述所介紹的九家注疏中，每家注疏都各有其不同的注疏風格與特色。有重視「以觀游心，所記觀中之境」，具有實證經驗的德清《觀楞伽寶經記》；有提倡以「公案或祖師法語」來印證經義的曾鳳儀《楞伽經宗通》；有強調「廣引經論」、「解釋明白暢達」的廣莫《楞伽經參訂疏》；有以華嚴宗思想來闡發經義的普眞貴《楞伽科解》；有本著天台宗思想來注疏又倡導「歸宗淨土」的智旭《楞伽經義疏》；有禪宗、天台宗共同合作的宗泐、如玘《楞伽阿跋多羅寶經註解》；還有主張性相共弘，強調「性相二宗，如車兩輪並行不悖」的通潤《楞伽經合轍》；及具有儒、道、釋三家學養背景的陸西星《楞伽要旨》、焦竑《楞伽經精解評林》等等。

在九家的注疏中，雖然各有不同的特質，但也有相同之處。本文發現，明代九家《楞伽經》注疏所選用的經文底本，都是採用求那跋陀羅的劉宋譯四卷本。《楞伽經》現存的漢譯本有劉宋譯、魏譯及唐譯三種。菩提流支的魏譯本歷來並無注疏；實叉難陀的唐譯本曾有法藏《入楞伽心玄義》、寶臣《註大乘入楞伽經》這兩部注疏。除此之外，在清代以前《楞伽經》的注疏，經文底本都是採用求那跋陀羅的劉宋譯四卷本。在明代九家《楞伽經》注疏採

用劉宋譯四卷本的理由，大致如下：

> 今釋從宋譯四卷者，以此本首行於世，習誦者眾。況達磨大師授二祖心法時，指《楞伽》四卷可以印心，而張方平嘗書此本，蘇子瞻為序其事，是知歷代多從此本也。〔註53〕
>
> 宋譯雋永有餘味，故不可易。〔註54〕
>
> 時所崇尚，皆弘宋本。是以名賢手書而廣布；初祖指此以印心。加以詞峰難仰，義海無涯。〔註55〕

根據上面的引文來歸納，明代九家《楞伽經》注疏採用劉宋譯四卷本的理由可分為下列六種：。

（一）「首行於世」——最早譯出的版本。

（二）「習誦者眾」——最多人研讀的版本。

（三）菩提達磨所指定的是四卷《楞伽經》的版本。

（四）張方平、蘇子瞻等名賢文士的推廣

（五）「雋永有餘味」——文句質直，耐人尋味。

（六）「詞峰難仰，義海無涯」——不能單純依賴經文字面上的片面解釋，它蘊藏了豐富的法義內容，讓學人不斷的實踐與體會。

從以上這六點的理由，我們了解到劉宋譯四卷本受歡迎的原因，除了祖師的指定、文士名賢的推崇之外，原本劉宋譯四卷本「文字奧古艱澀」、「句讀難分」的文本限制，卻反而成為「雋永有餘味」、「詞峰難仰，義海無涯」的文本優勢。這樣理解經文的看法，實與俄國學者舍爾巴茨基所提出的「有意地迴避概念的精確性」有不謀而合之處。在上一章討論到《楞伽經》的文本限制時，已有提到俄國學者舍爾巴茨基發現《楞伽經》的文本和《奧義書》的寫成都有「迴避概念精確性」的特質。這樣的特質，主要的目的是希望讀者不要執著於文字表層的片面意義，要感受文字背後所蘊藏豐富的法義內容，藉由心靈及生活實踐中去體證。明代九家《楞伽經》的注疏者，應該沒有研究過《奧義書》，更無從得知《奧義書》的編寫特色。但他們能從劉宋譯四卷本「文字奧古艱澀」、「句讀難分」的經文特質，體會出「雋永有餘味」、「詞峰難仰，義海無涯」的寬廣思考，實在令人讚嘆激賞。

〔註53〕宗泐、如玘：《楞伽阿跋多羅寶經註解》，《大正新修大藏經》第三十九冊，343頁。

〔註54〕曾鳳儀：《楞伽經宗通》，《卍新纂續藏》第二十六冊，頁333。

〔註55〕普眞貴：《楞伽科解》卷二，頁10。

二、九家注疏的成書時間大多集中在明末

明代《楞伽經》注疏的成書時間，在本章第二節介紹「九家注疏的形式與內容特色」時，均已分別提及。以下將針對這九部注疏的成書時間加以列表歸納，除了便於對照，也試圖從中發現成書時間背後所蘊藏的相關現象，附表請參閱下表。

明代《楞伽經》九家注疏的成書時間一覽表

作者與書名	成書時間	成書時間之出處
宗泐、如玘《楞伽阿跋多羅寶經註解》	A.D.1378	〈進新註楞伽經序〉
德清《觀楞伽經記》、《楞伽補遺》	A.D.1599	〈觀楞伽寶經閣筆記〉
陸西星《楞伽要旨》	A.D.1602	〈請註楞伽要旨來書〉
廣莫《楞伽經參訂疏》	A.D.1609	〈楞伽經參訂疏後跋〉
曾鳳儀《楞伽經宗通》	A.D.1612	〈楞伽宗通後序〉
普眞貴《楞伽科解》	A.D.1613	〈楞伽經科解并序〉
焦竑《楞伽經精解評林》	約 A.D.1620	以焦竑的卒年來預設
通潤《楞伽經合轍》	A.D.1621	〈楞伽合轍自序〉
智旭《楞伽經義疏》、《楞伽經玄義》	A.D.1652	〈閣筆後序〉

關於九家注疏成書的時間點分布，從此列表中可以發現一個非常特殊的現象。就是除了第一部宗泐、如玘《楞伽阿跋多羅寶經註解》是在明初 A.D.1378 年，其後的八家注疏全部都集中在明末。面對這樣的現象，本文認爲可能有兩方面的理由可以解讀：一、呼應明末佛教的興盛；二、欽定頒行的負面影響。

首先是「呼應明末佛教的興盛」：明末佛教義學的興盛及出版業的發達，促進佛經的流通普及，在本文第二章裡第四節〈明代《楞伽經》注疏發達的原因〉中已有諸多說明，此處不多贅述。但從九家《楞伽經》注疏的成書時間來觀察，其分布點都集中在明末，除了呼應明末佛教義學、出版的興盛之外，也足以證明《楞伽經》在中國歷代的流傳中，曾經在明末引起佛學界的相當重視。

其次是「欽定頒行的負面影響」：明太祖朱元璋御令宗泐、如玘註釋所頒行的《楞伽阿跋多羅寶經註解》，此書是明代第一部的《楞伽經》注疏。但從第一部（A.D.1378）的頒行，到第二部（A.D.1599）德清《觀楞伽寶經記》的出現，中間卻橫跨了 220 餘年。面對這樣的現象，本文認爲主要是因爲「欽

定頒行的影響」。

政治的力量雖然推動了《楞伽經》的流通，但基於明太祖朱元璋的讚譽褒揚，卻也造成另一種影響。在〈欽錄〉裡記載：

> 御覽當日欽奉。聖旨：這經好生註得停當，可即刊板印行，教天下眾僧每講習。欽此。〔註 56〕

明太祖朱元璋看完此注疏的評語是「好生註得停當」，並且下令「教天下眾僧每講習」。朱元璋「好生註得停當」之語，宋濂也曾轉述爲「此經之註，誠爲精確」。明太祖這樣的讚美，似乎指定了宗泐、如玘之註解爲研習《楞伽經》的最佳範本。如此一來，「教天下眾僧每講習」，宗泐、如玘的《楞伽阿跋多羅寶經註解》猶如儒家朱熹的《四書章句集注》，地位逐漸鞏固。這樣「定於一尊」的現象，也許是明太祖朱元璋推廣《楞伽經》的美意，但卻也在短期之內形成負面發展。如：此注疏受到不同法義解讀者的冷落，或是此注疏抑制了其他詮釋《楞伽經》的相關注疏出現。儘管如此，在明初時期，礙於「欽定頒行」的政治考量，不贊同或是反對宗泐、如玘注疏的聲音，是難以浮出檯面的。

在 220 餘年後，第二部《楞伽經》注疏出現了，在德清《觀楞伽寶經記》中也提到這個問題，他說：

> 聖祖以廣大不二眞心御寰宇，修文之暇，乃以《楞伽》《金剛》《佛祖》三經，以試僧得度如儒科。特命僧宗泐等注釋之，頒布海內，浸久而奉行者亦希。〔註 57〕

雖然宗泐、如玘的註釋頒布海內，但是「浸久而奉行者亦希」，眞正精研《楞伽阿跋多羅寶經註解》又加以實踐奉行者並不多。足見此注疏可能受到不同法義解讀者的冷落。

針對此注疏的負面意見，後來明末的諸家註疏，也都曾明言或暗示對於宗泐、如玘注疏的不滿。最有代表性的，是 235 年後普眞貴的《楞伽科解》，其中指出：「玘公圖早腹於綸音；故泐師欠詳斟於眾典。致令閱文，似通通無滯；及乎求義，全隱隱未明。」這樣直接針對聖諭頒定的注疏而陳述負面意見，倘若在明初時期，恐怕是不敢提出的。

〔註 56〕宗泐、如玘：《楞伽阿跋多羅寶經註解》，《大正新修大藏經》第三十九冊，頁 343。

〔註 57〕德清：《觀楞伽阿跋多羅寶經記》，《卍新纂續藏》第二十六冊，頁 71。

「浸久而奉行者亦希」是否是因爲諭旨「定於一尊」所造成的結果，似乎不可輕易武斷。但在220餘年內，沒有《楞伽經》的相關注疏；220餘年內，精研奉行宗泐、如玘的《楞伽阿跋多羅寶經註解》的學人又稀少的情況下，從「欽定頒行」的角度來思考，明太祖朱元璋當初推廣《楞伽經》的美意，也因爲「定於一尊」而造成意想不到的負面影響。基於「欽定頒行的影響」，《楞伽經》的相關注疏要等一段時間之後，甚至百年之後，才又出現不同的解讀。

三、九家注疏的成書動機

明代《楞伽經》注疏的成書動機，在本章第二節介紹「九家注疏的形式與內容特色」時，已分別略作交代。以下將針對此九家注疏的成書動機加以歸納、整理並分析其原因，試圖從中發現注疏動機背後所蘊含的社會現象，以及明代重視《楞伽經》的主因。依據本文的觀察，明代《楞伽經》注疏的成書動機大致可分爲下列四種：一、御令；二、自我發心；三、不滿前人所注；四、受人請託。以下將針對此四種原因加以說明。

（一）御令——讓佛教界重新注意到《楞伽經》

《楞伽阿跋多羅寶經註解》是明太祖朱元璋御令宗泐、如玘註釋頒行的。此書是明代第一部的《楞伽經》注疏，完成於洪武十一年（A.D.1378）。任何事情若加諸於政治力量的推動，其發展實在難以預測，有時常會出現正負兩面的影響。關於明太祖朱元璋御令宗泐、如玘註釋頒行的負面影響，在本文前一段「欽定頒行的影響」已有論述。此處將延續討論「御令」對於明末諸註家的正面影響，以及明末諸註家對於「御令」的態度。

政治的推動，讓明初的佛教界重新注意到《楞伽經》。儘管「欽定頒行」可能出現某些負面的影響，如《楞伽經》的注疏，在宗泐、如玘的百年之後，才又出現不同的解讀。但是能夠讓整個佛教界重新注意到《楞伽經》，明太祖朱元璋推廣《楞伽經》的政策，實在是功不可沒。在明末諸註家及其序文中，也都常提及朱元璋推廣的功勞。如德清：「聖祖以廣大不二眞心御寰宇，修文之暇，乃以《楞伽》《金剛》《佛祖》三經，以試僧得度如儒科」；又如普眞貴：「貴（普眞貴）竭覃思，歷多寒暑，凝神討論，直理釋經。藉此用報太祖敕註頒行之洪恩。」等等。

換個角度思考，如果明太祖朱元璋當初所推廣的不是《楞伽經》，而是其他某部經典，或許這部素稱難讀的《楞伽經》，有可能持續的被束諸高閣，如此一來，也就不會有明代的九家《楞伽經》注疏出現了。

（二）受人請託——《楞伽經》的研習已形成風氣

在諸家注疏的成書動機中，「受人請託」也是一種主因。如：陸西星《楞伽要旨》書前復齋居士所寫的〈請註楞伽要旨來書〉：

> 《楞嚴》之外，《楞伽》一經，難讀難解。雖有古今註疏，不精不詳，後學何觀。更望老丈研精覃思，直寫所得，成此一部度世全書，實大幸也，請毋以難自諉。〔註58〕

基於《楞伽經》的艱澀難讀，又苦於古注的「不精不詳」，這時唯有請託自己認為能夠明晰法義的善知識來注疏此經。從「受人請託」這樣的成書動機來觀察，也可以直接的感受到研讀者的需求。由明初的政治推動，到了明末，《楞伽經》的研習儼然已形成一股風氣。當某人想研讀《楞伽經》時，在「欽定頒行」的宗泐、如玘注疏中，無法領悟法要；在其他古德的注疏中，也找不到適當的詮釋時，若能找到自己所認同的善知識來詳述法義，那是最大的福報了。

從「受人請託」的成書動機，可以看出研讀《楞伽經》的風氣。或許《楞伽經》的精深法義不見得普及大眾，但至少《楞伽經》的經名，在佛教界及當時社會文化環境，已成為眾人耳熟能詳的經典了。

（三）不滿前人所注——法義解讀的歧異性、宗派不同的詮釋立場

對於前人注疏《楞伽經》的內容有所不滿意或是疑問，而想要提出其他看法或不同意見時，就推動了另一部注疏的形成。著書的動機，主要是基於宗派不同的詮釋立場，或是法義解讀的歧異性。關於此部分，將於本文第六章〈明代《楞伽經》注疏中的法義非難〉中論述，在此先不贅述。

（四）自我發心——發揚甚深法義、續佛慧命

《楞伽經》的重要，讓有心想要續佛慧命的佛弟子不惜苦讀鑽研，其目的就是想將自己精研《楞伽經》的心得，藉由注疏流傳，發揚甚深法義。如「擬於閱藏畢後方註」，態度嚴謹的智旭；重視實證經驗的德清；性相二宗共弘、消弭二宗爭執的通潤；廣引經論，強調解釋明白暢達的廣莫；「以宗明經」

〔註58〕陸西星：《楞伽要旨》，頁2～3。

才能「無違於初祖印心之義」的曾鳳儀等等。從智旭〈閣筆後序〉的一段敘述中，更能讓人感受到自我發心注疏《楞伽經》的可貴，如：

> 僅閱七旬，而佛事魔事、病障外障，殆無虛日，易三地而稿始脫。嗟嗟！《梵網》、《佛頂》、《唯識》、《法華》、《占察》、《毗尼》諸述，何其順且易；《楞伽》一疏何其逆且難也。得無自覺聖智法門，正破末世流弊，有以激波旬之怒耶！然波旬能俾予席不暇煖，而不能撓予襟期，亦不能阻予筆陣。則予必當化彼波旬，同成佛道。維摩所謂「邪魔外道皆吾侍者」，豈不信哉。〔註59〕

根據智旭的敘述，相較於注疏其他經典，他在注疏《楞伽經》時遇到諸多障礙。「佛事魔事、病障外障，殆無虛日」，但他並不氣餒，他認爲縱使是魔王的阻擾，也不能打斷他注疏《楞伽經》的決心。他甚至還要度化魔王，共成佛道。

「自我發心」的成書動機，這樣的行徑與發心，令人敬佩與感動。論其注疏者的眞正目的，無非是希望能發揚《楞伽經》的甚深法義、續佛慧命。

四、注疏者的學養背景

《維摩詰所說經》云：「佛以一音演說法，眾生隨類各得解。」〔註60〕不同的眾生，即使是聽到同樣的佛法，隨著各人的根基不同，所得到的體會也有所不同。相同的，對於佛經的理解，基於注疏者學養背景的差異，所得到的領誤也必然有所區別，對經典的詮釋甚至出現分歧的解讀。若能掌握注疏者的學養背景，不但能了解此經典在該時代中佛學與社會文化的交涉與互動，也能對於經典詮釋的分歧解讀發出同情的理解。以下將從「僧俗」、「宗派」兩方面大略的來窺探明代諸家《楞伽經》注疏者的學養背景。

（一）僧多於俗

「禪悅，明季士夫之風氣也。」〔註61〕明代的文人士夫們都愛談禪講佛。換言之，佛學已成爲明代社會文化的一種風氣。但是在明代《楞伽經》九家注疏者的僧俗狀況，還是僧多於俗的。如：

> 僧人：宗泐、如玘、德清、廣莫、普眞貴、通潤、智旭等七人。
>
> 俗家：陸西星、曾鳳儀、焦竑等三人。

〔註59〕智旭：《楞伽經義疏》，《卍新纂續藏》第二十六冊，頁330。
〔註60〕鳩摩羅什譯：《維摩詰所說經》，《大正新修大藏經》第十四冊，頁538。
〔註61〕陳垣：《明季滇黔佛教考（外宗教史論著八種）》，頁333。

在明代《楞伽經》九家的注疏者中，僧人有七人，俗家有三人。雖然《明儒學案》裡羅整菴、歐陽南野都曾在作品中大談《楞伽經》的法義，也曾以《楞伽經》來比較儒家的觀點。但他們兩人並沒有系統性或組織性的寫出《楞伽經》的注疏。其實「僧多於俗」的注疏者背景，就佛學的發展來說，這應是正常的現象。因爲僧人本是三寶中的「僧寶」，身上肩荷著弘護正法、續佛慧命的使命。

（二）宗派分布

在九家的注疏者的宗派分布中，有些人的特色相當鮮明，如宗泐是天界善世禪寺的禪宗；如玘是演福講寺的天台宗；普眞貴是京師慈慧寺的華嚴宗。但有些人其實是很難加以歸類的，如德清、通潤、智旭等都是遍學各宗各派的，因此以下的歸類，只是就普遍佛學界所認知者，或是其人主要的學養特色、法義歸趣，來做簡單的區別。分類如下：

禪宗：宗泐、曾鳳儀

天台宗：如玘、智旭（兼學各宗）

華嚴宗：德清（兼學各宗）、普眞貴

唯識宗：通潤（有華嚴宗血統，又兼學各宗）

淨土宗：廣莫（本學天台，後皈依雲棲蓮池）

其他（兼學儒、道、釋）：陸西星、焦竑

從上列的分類中，可以大致看出九家注疏者的宗派分布，它幾乎涵蓋了所有的宗門教下。這樣概略的分類，可以反映出明代九家《楞伽經》注疏的法義詮釋，含有諸多宗派的學養背景，同時也象徵著《楞伽經》有著多元的法義詮釋。從正面的方向來思考，在不同立場的宗派歸趣、不同學養的詮釋角度中，多元的法義詮釋應該能激盪出更深刻而豐富的《楞伽經》解讀，讓各類眾生都能「隨類各得解，同證無上道」。

第四章　明代《楞伽經》注疏中「諸識生滅門」的討論

本章所論述的主題，是關於明代《楞伽經》注疏中「諸識生滅門」法義的討論。從「流注」、「相」二種生、住、滅，到「三相」（轉相、業相、眞相）與「三識」（眞識、現識、分別事識）等名詞的界說與相關法義的推展，以及「覆彼眞識」的詮釋。爲了突顯明代《楞伽經》注疏的成果，將針對上述的主題內容，各別依其重點來詳加考察。從問題的提出、明代以前注家的解釋、明代諸注家的詮釋，最後提出明代《楞伽經》注疏對於前人的繼承發展，以及超越與反思。

第一節　「諸識生滅門」的內容概說

在《楞伽經》第一卷開頭，大慧菩薩總問「百八句」之後，緊接著的經文是有關「諸識生滅」的討論。「識」是佛學中的專有名詞，梵語爲 vijn~a^na，本義爲分析後認知之作用。在浩瀚的佛學領域中，「識」有許多種類，其法義內容亦略有不同。在十二支緣起中，第三支就是「識」，如《佛說稻芉經》說：

> 無明緣行，行緣識，識緣名色……生緣老死愁歎苦憂惱而得生起，如是唯生純極大苦之聚。此中無明滅故行滅，行滅故識滅，識滅故名色滅……生滅故老死愁歎苦憂惱得滅，如是唯滅純極大苦之聚。此是世尊所說因緣之法。〔註1〕

〔註 1〕《佛說稻芉經》（闕譯者），《大正新修大藏經》第十六冊，頁 823。

在十二支緣起裡，「識」是生命流轉還滅中一個重要的關鍵。《貝多樹下思惟十二因緣經》說：「何以故有識？亦何因緣復有識？」〔註 2〕既然「識」是生命流轉還滅中的重要關鍵，那麼「識」是怎麼出現的，「識」又有哪些種類，如何把握「識」的眞正內含，如何運用「識」特質來達到修行解脫的目的呢？在佛學的發展中，就出現了許多有關「識」（心）的法義或宗派。

原始佛教有眼、耳、鼻、舌、身、意等「六識」，還有聚集諸識的「識蘊」，如《阿毘達磨俱舍論》說：

> 識謂各了別……各各了別彼彼境界，總取境相故名識蘊。〔註 3〕

基本上「識」所指的內涵是「了別」的意思。但「識」有時又常與「心」、「意」等相互運用或通用，如《阿毘達磨俱舍論》說：

> 心意識體一，心心所有依，有緣有行相，相應義有五。論曰：集起故名心，思量故名意，了別故名識……故心意識三名所詮，義雖有異而體是一。〔註 4〕

「心、意、識」三者，雖有不同，但「體是一」。在部派佛教的發展中，除了前六識，又出現了「本識」思想，如上座部中分別說部的「有分識」、說轉部的「勝義補特伽羅」、犢子部的「不可說補特伽羅」；大眾部的「根本識」、「細意識」等等〔註 5〕；到了大乘佛教，在印度有唯心（識）論的眞心派與妄心派二大流，傳入中國有地論宗、攝論宗、唯識宗三派。地論、唯識宗在前六識上有第七末那識與第八阿賴耶識；攝論宗則於八識外另立第九阿摩羅識等等。以上各家所說的「識」，其法義的內容特質亦稍有差異。

《楞伽經》中的「諸識生滅門」，也是對於「識」法義內容特質的探討，這段經文可說是《楞伽經》中重要的主題。如通潤說：

> 大慧先以百八句仰諮，世尊總以「非」字遣之，以直顯如如之體，而三界唯心之旨朗如星月矣！大慧豈不知寂滅一心大總相法門，體中纖毫不立乎，乃復遽問「諸識有幾種生住滅者」，何故？良以眞如之體，不變不壞，迥超生滅，而眞如相用全在生滅識中顯示，唯佛一人圓證眞如不生滅性。次自等覺至凡夫地，若望聖賢階級，懸如

〔註 2〕支謙譯：《貝多樹下思惟十二因緣經》，《大正新修大藏經》第十六冊，頁 826。
〔註 3〕世親：《阿毘達磨俱舍論》，《大正新修大藏經》第二十九冊，頁 4。
〔註 4〕世親：《阿毘達磨俱舍論》，《大正新修大藏經》第二十九冊，頁 21。
〔註 5〕以上部派佛教「本識」思想參見印順：《唯識學探源》（台北：正聞出版社，1998），頁 48～124。

> 胥壞；若約異熟不空，生滅尚在。即等覺菩薩類皆坐在無明窟中，若不請如來詳說，則儱侗眞如，無智妄稱一切智說。故大慧雖領世尊之語，而亟請生滅識者，正欲顯眞如相用差別也。……故世尊先標諸識之用；次出諸識之相；三顯諸識之體，然後立眞唯識比量，以顯萬法唯識之宗，使凡聖邪正絲毫不濫，直令觀察流注，枯渴識情，始得證入眞如平等法性，故詳問之。〔註6〕

大慧菩薩的「百八句」之問，佛陀皆以「非」字來回應，其用意是要直顯眞如。但「眞如相用全在生滅識中顯示」，所以大慧菩薩緊接著提問「諸識有幾種生住滅」。因爲除了佛陀圓證不生滅之眞如，從「等覺至凡夫地」，都尚「坐在無明窟中」，倘若不經佛陀詳說「諸識生滅」的其中差別，則容易「儱侗眞如」、似是而非，甚至「無智妄稱一切智說」。所以大慧菩薩請佛陀開示「諸識生滅」，正是想要了解眞如的「相用差別」。唯有通曉眞如的「相用差別」，才能如理思惟，分辨「凡聖邪正」；至於如法修行，也才有實際用功的下手處，如「直令觀察流注，枯渴識情，始得證入眞如平等法性」。

「諸識生滅門」是《楞伽經》中的重點主題，歷來諸注家對於此段經文，或無科分，或將其科分爲「諸識生滅」（普眞貰、續法、太虛）、「諸識生住滅（異）」（智旭）、「識生住滅」（陸西星）等。雖然諸注家的科分章門中，對於「諸識生滅門」的內容範圍略有差別，但基本上大同小異，本文統以「諸識生滅門」的題目來概括。以下先摘錄經本原文：

> 爾時大慧菩薩摩訶薩復白佛言：「世尊，諸識有幾種生、住、滅？」佛告大慧：「諸識有二種生、住、滅，非思量所知。諸識有二種生，謂流注生及相生；有二種住，謂流注住及相住；有二種滅，謂流注滅及相滅。諸識有三種相，謂轉相、業相、眞相。大慧，略說有三種識，廣說有八相。何等爲三？謂眞識、現識及分別事識。大慧，譬如明鏡持諸色像，現識處現，亦復如是。大慧，現識及分別事識，此二壞不壞，相展轉因。大慧，不思議薰及不思議變，是現識因。大慧，取種種塵及無始妄想薰，是分別事識因。大慧，若覆彼眞識，種種不實諸虛妄滅，則一切根識滅。大慧，是名相滅。大慧，相續滅者，相續所因滅則相續滅；所從滅及所緣滅則相續滅。大慧，所以者何？是其所依故。依者，謂無始妄想薰；

〔註 6〕通潤：《楞伽經合轍》，《卍新纂續藏》第二十六冊，頁 754～755。

> 緣者，謂自心見等識境妄想。大慧，譬如泥團、微塵，非異非不異。金、莊嚴具，亦復如是。大慧，若泥團、微塵異者，非彼所成而實彼成，是故不異；若不異者，則泥團微、塵應無分別。如是大慧，轉識、藏識、眞相若異者，藏識非因；若不異者，轉識滅，藏識亦應滅，而自眞相實不滅。是故大慧，非自眞相識滅，但業相滅。若自眞相滅者，藏識則滅。大慧，藏識滅者，不異外道斷見論議。大慧，彼諸外道作如是論，謂「攝受境界滅，識流注亦滅」，若識流注滅者，無始流注應斷。大慧，外道說流注生因，非眼、識、色、明集會而生，更有異因。大慧，彼因者，說言「若勝妙、若士夫、若自在、若時、若微塵」。……大慧，是故欲得如來隨入身者，當遠離陰、界、入心因緣所作方便，生、住、滅妄想虛僞，唯心直進，觀察無始虛僞過、妄想習氣因，三有思惟無所有，佛地無生到自覺聖趣，自心自在到無開發行，如隨眾色摩尼，隨入眾生微細之心，而以化身隨心量度，諸地漸次相續建立。是故大慧，自悉檀善應當修學。〔註 7〕

從上列的經文中可以看出，「諸識生滅門」主要的內容，是大慧菩薩向佛陀請教「諸識的生住滅」。本文將佛陀的回答，簡要歸納以下幾點：

（1）諸識二種生住滅：流注（生住滅）；相（生住滅）。

（2）諸識有三種相：轉相、業相、眞相。

（3）略說有三種識：眞識、現識、分別事識。

（4）分別事識之因：取種種塵、無始妄想薰。

（5）現識之因：不思議薰、不思議變。

（6）相（生住滅）滅：若「覆」彼眞識，種種不實諸虛妄滅，則一切根識滅。

（7）相續（流注生住滅）滅：滅除無始妄想薰、自心見等識境妄想。

（8）不是「自眞相識」滅，只是「業相」滅；如果自眞相滅，藏識則滅。如果藏識滅了，則同於外道的斷見論。

（9）想要進入如來的境界，要先觀察無始以來的虛僞過患，遠離種種妄想，遠離陰、界、入等因緣所作方便，直到自覺聖趣。若到達「自

〔註 7〕求那跋陀羅譯：《楞伽阿跋多羅寶經》，《大正新修大藏經》第十六冊，頁 483～484。

心自在到無開發行」，就能像摩尼寶珠一樣，照映出所有眾生微細難知的各種心行，隨其根基而予以度化。

從簡單的提要中可以看出，佛陀在「諸識生滅門」的經文中，主要是透過「識」的種類與特質，來開示生命的流轉與還滅。所謂的「流轉」，就是無始以來的生死輪迴；「還滅」則是脫離生死輪迴而達到涅槃解脫。生命的流轉與還滅，一直以來都是佛法的主題，如印順法師說：

> 佛法有二大問題：一是生死輪迴問題，二是涅槃解脫（成佛）問題。一切佛法，可說都是在這二大問題上作反復說明。〔註8〕

「一切佛法，可說都是在這二大問題上作反復說明」，在《楞伽經》的「諸識生滅門」中，也是針對這個問題而加以說明。由於無始以來的妄想薰習、自心所現種種境界妄想，而有了「流注（生住滅）」；種種不實的虛妄境界又結合根識，而有了「相（生住滅）」，這是生命的「流轉門」。至於生命的「還滅門」，則須「滅」（淨化）了「流注（生住滅）」與「相（生住滅）」。在進入「還滅門」之前，佛陀還提醒大慧菩薩，這些「識」有不同的特質與種類，如「三相」——轉相、業相、眞相；「三識」——眞識、現識、分別事識。若能善巧掌握這些「識」的特質，如理思惟，依法修行，才能進而達到「菩薩漸次轉身得如來」，更能「如隨眾色摩尼，隨入眾生微細之心，而以化身隨心量度，諸地漸次相續建立。」達到自度度人的圓滿境界。

「諸識生滅門」是《楞伽經》中重要的主題，歷來諸注家也都相當重視這段經文，如智旭說：

> 夫眾生迷本藏心，妄有八識幻相，則妄見四相、三相、二相還流。生已隨滅，滅已還生，從劫至劫，流轉不已。若達生滅無相，當體即第一義。則生本不生，滅何所滅，自覺聖智，應念圓成矣。迷悟關頭，皆由於此，所以先問之也。〔註9〕

眾生無始以來「從劫至劫，流轉不已」，若想要到達「自覺聖智」，必須先了解「識」的各種生滅狀態、特質，因爲「迷悟關頭，皆由於此」。又如太虛說：

> 眾生無始以來，生死流轉中能染能淨，有迷有悟，皆諸識之緣起。不明諸識之生滅，焉得還滅之功用？即依能變之識，明所變之相，而了知諸識之生、住、滅：此四十一門之第一「諸識生滅門」之所

〔註8〕印順：《以佛法研究佛法》（台北：正聞出版社，1982），頁304。
〔註9〕智旭：《楞伽經義疏》，《卍新纂續藏》第二十六冊，頁116。

以建立也。〔註10〕

「識」是染、淨、迷、悟的根本，想要由迷起悟，轉染成淨，都必須先了解「諸識生滅」的種種差別。所謂「不明諸識之生滅，焉得還滅之功用？」因此「諸識生滅門」這段經文在《楞伽經》中就顯得格外重要，如印順說：

明三識、三相，於《楞伽》之流轉門，思過半矣！〔註11〕

若能明瞭「諸識生滅門」中的「三識」、「三相」，就幾乎掌握了整部《楞伽經》中重要的「流轉門」。通曉了「流轉門」，才具備了進入「還滅門」的基礎，進而依法修行證入眞如平等法性。

「諸識生滅門」，歷來諸注家對於此段經文的解釋多有不同。由於此段經文包含了「諸識二種生注滅」、「三相」、「三識」等諸多重要名詞的界說，如「流注（生住滅）」、「相（生住滅）」、「轉相」、「業相」、「眞相」、「眞識」、「現識」、「分別事識」等名詞的意蘊詮解，更牽涉到該名詞法義的推展，如「若覆彼眞識種種不實諸虛妄滅，則一切根識滅。大慧，是名相滅」、「非自眞相識滅，但業相滅。若自眞相滅者，藏識則滅。大慧，藏識滅者，不異外道斷見論議」等。因此，本章〈明代《楞伽經》注疏對「諸識生滅門」的討論〉，將針對「諸識生滅門」中許多重要的名詞，如「二種生注滅」、「三相」、「三識」等，及其相關法義加以深入。從中比較明代諸注家以及明代以前諸注家各種不同的詮釋，企圖藉由諸注家的法義參照，了解「諸識生滅門」中所蘊含的豐沛法義解讀；並由諸注家的比較，看出明代《楞伽經》諸注家，在「諸識生滅門」這個主題上，對於前代的繼承與超越之處。

第二節　「流注」、「相」二種生、住、滅的討論

一、問題的提出

在「諸識生滅門」中，佛陀首先回答大慧菩薩的是「諸識有二種生、住、滅」。然而這二種生、住、滅的實質內涵「非思量所知」，並非凡夫有漏的思量心所能理解。儘管如此，佛陀還是開示了這二種生、住、滅，即是「流注生、住、滅」與「相生、住、滅」，但佛陀並未進一步解說這二種生、住、滅

〔註10〕太虛：《楞伽阿跋多羅寶經義記》，《太虛大師全書》第十二冊，頁1161。

〔註11〕印順：《印度之佛教》（台北：正聞出版社，1992），頁277。

的實質內涵爲何。因此這一組難解的佛學名相，歷來諸注家所提出的詮釋亦多有分歧，當然也造成研讀者在理解上的困難，如太虛說：

流注及相，諸家所解不易明瞭。〔註12〕

歷來諸注家對於這個問題的處理，或是長文發揮，或是簡筆略釋，然而連精通三藏的太虛大師也感到「不易明瞭」。由於這二種生、住、滅又牽涉到後面經文法義的推展，如「若覆彼真識種種不實諸虛妄滅，則一切根識滅。大慧，是名相滅」、「相續〔註13〕（流注）滅者，相續所因滅，則相續滅；所從滅及所緣滅，則相續滅。」因此如何界說「流注」與「相」這二種生、住、滅，便顯出相對重要的意義。

由於本文要突顯明代九家注疏的成果，因此本節將以三個部分來詳加論述。首先介紹明代以前諸注家對於這個問題的解釋；其次分析明代諸注家各種不同的詮釋；最後提出明代《楞伽經》的九家注疏在這個問題上，對於前代的繼承發展及超越與反思。

二、明代以前的解釋

對於「流注」與「相」這二種生、住、滅，明代以前曾提出解釋的注家共有六位，本文針對注家們重要的注文部份，以列表的方式整理如下：

唐代	《入楞伽心玄義》、《楞伽經註》、《楞伽經疏》等三部並無注文
(唐)法藏《大乘起信論義記別記》	二生滅中，粗者是七識隨境起盡相粗顯故，《楞伽經》中名爲「相」生滅也；二細者。是無明風動淨心成此起滅，是本識相漸隱難知，故名爲細，《楞伽經》中名爲「流注」生滅。〔註14〕
（五代）延壽《宗鏡錄》	古釋云：言「流注」者，唯目第八識。三相微隱，種現不斷，名爲流注。由無明緣，初起業識，故說爲生；相續長劫，故名爲住；到金剛定，等覺一念斷本無明，名流注滅。「相」生住滅者：謂餘七識心境粗顯，故名爲相。雖七緣八望六爲細，具有四惑，亦名麁故。依彼現識自種諸境緣合生七，說名「相生」；長劫熏習，名爲「相住」；從末向本，漸伏及斷，至七地滿，名爲「相滅」。依前生滅，立迷悟依；依後生滅，立染淨依。後短前長，事分二別，即是「流注」生、住、滅；「相」生、住、滅也。〔註15〕

〔註12〕太虛：《楞伽阿跋多羅寶經義記》，《太虛大師全書》第十二冊，頁1162。

〔註13〕「流注」在魏譯本與唐譯本皆譯作「相續」。劉宋譯本此處的「相續」，亦被諸注家們認爲是「流注」之意。

〔註14〕法藏：《大乘起信論義記別記》，《大正新修大藏經》第四十四冊，頁291。

〔註15〕延壽：《宗鏡錄》，《大正新修大藏經》第四十八冊，頁744～745。

(宋)寶臣《註大乘入楞伽經》	全部引用上文《宗鏡錄》的說法。但省略了文前「古釋云」三字；而在「三相微隱」後增加了（即業相、轉相、現相也，如《起信論》所明）〔註16〕等字。
(宋)楊彥國《楞伽經纂》	謂心念緣生，如水流注（流注生）； 謂覩一切色相而生（相生）。〔註17〕
(宋)正受《楞伽經集註》	同寶臣《註大乘入楞伽經》，但略有減文，只摘錄至「至七地滿，名爲相滅。」〔註18〕
(宋)善月《楞伽經通義》	「流注」則識蘊於內，念念相續未始暫停。楞嚴所謂「如急流水，望如恬靜」；以識則第八阿黎耶識；「相」謂相顯於外，寓諸根境起滅遷變，以識則第六意識，兼於五識亦傍收七識，分別雖爾體固不異（餘七識）。〔註19〕

從上面的列表中，針對各注家們注文的重點簡要歸納，大致可分爲以下六點：

（1）法藏《入楞伽心玄義》雖沒有談到「流注」與「相」的問題，卻在《大乘起信論義記別記》中，提及《楞伽經》所謂的「流注」與「相」，即是《大乘起信論》「生滅門」中的二種粗細。粗者是「相」，爲七轉識；細者爲「流注」，是第八識。

（2）延壽的看法，主要是以「流注」爲第八識，種子現行不斷相生相薰，爲迷悟之所依；「相」爲餘七識，爲染淨所依。同時也分別述及二種生、住、滅的內容與實質差別。無明不覺初起業識爲「流注生」；相續長劫爲「流注住」；到金剛定等覺一念斷本無明爲「流注滅」。餘七識與諸境緣合而生爲「相生」；長劫熏習爲「相住」；修行至七地滿爲「相滅」。

（3）寶臣在延壽的基礎上提出了「三相微隱」其中的「三相」所指的即是《大乘起信論》中的「三細」——「業相、轉相、現相」。在此寶臣不僅引用了《大乘起信論》的「三細」來詮釋《楞伽經》的「流注」；同時也區別了此處的「三相」，並非《楞伽經》所指的「三相」（轉相、業相、眞相）。

（4）正受引用了寶臣的看法。

〔註16〕寶臣：《註大乘入楞伽經》，《卍新纂續藏》第九十一冊，頁473。

〔註17〕楊彥國：《楞伽經纂》，《卍新纂續藏》第九十一冊，頁317。

〔註18〕正受：《楞伽阿跋多羅寶經集註》，《卍新纂續藏》第二十五冊，頁624。

〔註19〕善月：《楞伽經通義》，《卍新纂續藏》第二十五冊，頁437。

（5）楊彥國以「水流注」來形容心念的生起；以視覺所感受的爲「相生」。

（6）善月也認爲「流注」爲第八識；「相」爲餘七識。同時以「內」來形容「流注」如同心念的相續不斷；以「外」來表示「相」如同根塵所顯之境。

從上述的列表與重點歸納，本文發現明代以前《楞伽經》中「流注」與「相」的詮釋，關於「流注」爲第八識，「相」爲餘七識的看法，最早由法藏提出，其後延壽、寶臣、正受、善月，共有五人認同這種見解，而楊彥國並沒有提出意見。在六位注家中，大致是以延壽《宗鏡錄》的注文爲主流，寶臣、正受二家幾乎完全採用《宗鏡錄》裡的注文解釋。雖然延壽也是轉引前人所注，但已不可考。延壽的說法，影響著明代以前《楞伽經》中對於「流注」與「相」這個問題的理解。雖然楊彥國與善月各提出了心念如同「流注」相續不斷或「蘊內」、「顯外」的說法，但似乎只是簡要的形容，對於法義的發揮仍然有限。

在此值得注意的，是以《大乘起信論》的「三細」來詮釋《楞伽經》的「流注」。延壽《宗鏡錄》的注文只提出「三相微隱」，並沒有直接說明此三相即是《大乘起信論》的「三細」。明確提出這種詮釋的應是寶臣，其後經由正受的引用，似乎奠定了這種看法的基礎。然而《大乘起信論》的「三細」所指的是什麼呢？《大乘起信論》中：

> 依不覺故生三種相，與彼不覺相應不離，云何爲三？一者無明業相，以依不覺故心動說名爲業，覺則不動，動則有苦，果不離因故；二者能見相，以依動故能見，不動則無見；三者境界相，以依能見故境界妄現，離見則無境界。……一者名爲業識謂無明力不覺心動故。二者名爲轉識。依於動心能見相故。三者名爲現識。所謂能現一切境界。猶如明鏡現於色像。現識亦爾。〔註20〕

眾生無始以來由於一念不覺，而生三種相，所謂「無明業相」、「能見相」、「境界相」。此三相又等同於「五意」中的前「三意」——「業識」、「轉識」、「現識」，因此三相又可稱爲「業相」、「轉相」、「現相」。簡要歸納如下：

（1）「業相」：又名「無明業相」、「業識」，是指清淨眞如因爲無明不覺，識的初動，這還是主客未分時的狀態。

（2）「轉相」：又名「能見相」、「轉識」，是指依「業相」所產生的主觀

〔註20〕眞諦譯：《大乘起信論》，《大正新修大藏經》第三十二冊，頁577。

境地。

（3）「現相」：又名「境界相」、「現識」，是指依「業相」、「轉相」所產生的客觀境地。

所以在明代以前對於《楞伽經》中「流注」的詮釋，寶臣、正受等都認爲此「流注」即是《大乘起信論》的「三細」，就是指眞如因無明不覺後，識的初動之後，繼而由主客未分轉成主客對立的狀態。然而以《大乘起信論》的「三細」來詮釋《楞伽經》的「流注」，卻隱含了一個矛盾。因爲「三細」在《大乘起信論》中，等同於「五意」的前三種，而「五意」所指的是心、意、意識中的「意」，換言之，「三細」應屬於第七末那識。倘若以「三細」來詮釋「流注」，又將「流注」歸屬第八阿賴耶識，這就出現了第七末那識等於第八阿賴耶識的矛盾，那要如何理解這個矛盾呢？

寶臣應該是參考了延壽和法藏的解釋，在延壽「三相微隱」的注文中雖沒有指出「三相」等於「三細」，但延壽曾提出「此是三細，即本識故」〔註21〕，將「三細」判爲第八阿賴耶識。而這樣的觀點應該是出自於法藏的解釋。法藏在《大乘起信論義記別記》中，特別提及「三細」應歸屬第八阿賴耶識而非第七末那識，如：

> 問：三細六粗中，何以不說末那識耶？答：以義不便故。何者？以根本無明，動彼眞如，成於三細，名爲梨耶，末那無此義，故不論。〔註22〕

在法藏的解釋中，他直接將「三細」歸屬第八阿賴耶識，換言之，在法藏的解釋中，「五意」的前三種也歸屬第八阿賴耶識，如《大乘起信論義記》：

> 總辨前五意功能，初住持業果，是前三細功能，屬梨耶；後念已未之境，是後二功能，屬事識細分也。〔註23〕

因此對於這個矛盾的釐清，主要是寶臣參考了延壽和法藏的解釋，判定「三細」應歸屬於第八阿賴耶識，並在延壽「三相微隱」的注文中加以詮釋，此「三相」正是《大乘起信論》中的「三細」，其後正受採用了寶臣的看法。

三、明代諸注家的詮釋

關於明代諸家《楞伽經》注疏對於「流注」與「相」二種生、住、滅的

〔註21〕延壽：《宗鏡錄》，《大正新修大藏經》第四十八冊，頁744。
〔註22〕法藏：《大乘起信論義記別記》，《大正新修大藏經》第四十四冊，頁290。
〔註23〕法藏：《大乘起信論義記》，《大正新修大藏經》第四十四冊，頁265。

重要注文，亦先以列表的方式整理如下：

宗泐、如玘《楞伽阿跋多羅寶經註解》	此諸識生滅之相，唯佛智能明，故云「非思量所知」。言「流注」生、住、滅者，謂識蘊於內念念相續，如水流注未始暫停也；言「相」生、住、滅者，謂相顯於外，根境相對起生、住、滅也。〔註 24〕
德清《觀楞伽寶經記》、《楞伽補遺》	今諦觀經意，諸識之言，蓋謂八箇識中皆有粗細四相也。良以八識皆有思量了別之用，隨見隨即分別，而此行相麤顯，故云「相」生、住、滅。究其源底，皆是第八識精應緣之業用。三相隱微，一類相續，故云「流注」。〔註 25〕
陸西星《楞伽要旨》	「流注生」者，無始之熏因；「流注住」者，對生之緣境；「流注滅」者，修習之轉變。其中各有因相，故言是有三相。〔註 26〕
廣莫《楞伽經參訂疏》	古注獨以「流注」屬第八；「相」屬前七。則於經中「諸識各有」之言相違矣。記者（德清）雖順經文，然曰「究其源底皆是第八識精，一類相續，則流注亦屬第八矣」。以愚意論之，諸識實各有二種，但前七就「相」中論「流注」。望後第八爲粗，亦屬「相」耳。唯第八「流注」乃爲甚細。故經云「阿陀那識甚微細，一切種子成瀑流」此實爲流注耳。〔註 27〕
曾鳳儀《楞伽經宗通》	謂「流注」及「相」，粗細不同，而其生住滅亦先後不一，故曰二也。「流注」細相，依藏性而起，本一眞如性，不生不滅，因無明不覺，忽與生滅和合則變而爲識，名「流注生」；此識念念不停，歷生相續，名「流注住」；直至金剛道後異熟空，證等妙覺，方名「流住滅」，始還不生不滅本體也。……若「流注」粗相，但就「流注住」，中分爲三相，七識初生名爲「相生」；與前境和合相續不斷名爲「相住」；至七地滿心證無漏果名爲「相滅」，其間分齊頭數亦不易知也。〔註 28〕
普眞貴《楞伽科解》	諸識各有二種生、住、滅也……原夫如來藏性，本無生滅。因無明風，動彼靜心而起諸識……此「流注」與「相」，在於諸識初動名（流注）生，對境創緣名「相」生，故名二種生；注念（即流注住）、專緣（即相住），名二種住；念息（即流注滅）、緣斷（即相滅），名二種滅。〔註 29〕
焦竑《楞伽經精解評林》	引用宗泐、如玘《楞伽阿跋多羅寶經註解》之注文，但文稍略。

〔註 24〕宗泐、如玘：《楞伽阿跋多羅寶經註解》，《大正新修大藏經》第三十九冊，頁 350。

〔註 25〕德清：《觀楞伽阿跋多羅寶經記》，《卍新纂續藏》第二十五冊，頁 748～749。

〔註 26〕陸西星：《楞伽要旨》，頁 17。

〔註 27〕廣莫：《楞伽經參訂疏》，《卍新纂續藏》第二十七冊，頁 16。

〔註 28〕曾鳳儀：《楞伽經宗通》，《卍新纂續藏》第二十六冊，頁 386。

〔註 29〕普眞貴：《楞伽科解》卷三，頁 4。

通潤《楞伽經合轍》	言「流注」者，謂第八現識，三相微隱是細中之細，故名「流注」。此「流注」識全是眞如不生滅性因無明不覺，忽與生滅和合，轉而爲識，名「流注生」；長劫相續，名「流注住」；始從正信發心觀察，若證法身，得少分滅，直至金剛道後一念相應慧，頓斷生相無明，名「流注滅」。言「相」者，謂前七種識，三相粗顯，以是細中之粗，粗中之細，又粗中之粗，故名曰「相」。然此粗相但就「流注」住中分爲三相。七識初生名「相生」；即與前境和合相續不斷名「相住」；從信相應地斷執取相是滅粗中粗相，從初地斷相續至七地斷智相是滅粗中細相，自八地斷現相，九地斷轉相是滅細中粗相，名「相滅」也。……故諸識皆有二種生、住、滅也，然粗細雖殊，至於交相熏變，皆莫知其所以然，故非思量所知。以諸眾生從無始來未曾離念故，若得無念，則知心相生、住、異、滅矣。〔註30〕
智旭《楞伽經義疏》、《楞伽經玄義》	八識心心數法，各有現行生住滅相，名爲「相」生、住、滅；各有種子生、住、滅相，名爲「流注」生、住、滅也。此「流注」生、住、滅相，既由種子而起現行，復由現行熏成種子。如炷與燄，展轉生燒，互爲因果，無暫時斷。……八識「相」生、住、滅皆「轉相」也；八識「流注」生、住、滅皆「業相」也；二種生、住、滅無體無性，如波與流，唯一濕性即「眞相」也。〔註31〕

從上面的列表中，針對各注家們注文的重點簡要歸納，大致可分爲以下九點：

（1）宗泐、如玘以「識蘊於內」、「相顯於外」來詮釋「流注」與「相」，其看法法承自善月。

（2）德清不贊同前人所說「流注」單屬第八識；「相」屬前七識。德清認爲「八識皆有粗細二種四相也」，應以「粗細」來分別「流注」與「相」。「細」爲「流注」；「粗」則爲「相」。

（3）陸西星只針對「流注」解釋，從無始之熏因、對生之緣境到修習之轉變。

（4）廣莫贊同德清「八識皆有粗細二種四相」的看法，但提出「相」主要偏重於前七識；「流注」主要偏重於第八識。

（5）曾鳳儀的看法似乎與延壽、寶臣、正受等雷同，認爲「流注」屬第八識，「相」屬前七識，也分別述及二種生、住、滅的內容差別，但仍與正受等有所不同。曾鳳儀並未引用《大乘起信論》的「三細」來詮釋「流注」，而且他認爲「相」的生、注、滅是從「流注住」中分出來的。換言之，「相」的生、注、滅，只在「流注住」當中。

〔註30〕通潤：《楞伽經合轍》，《卍新纂續藏》第二十六冊，頁755。
〔註31〕智旭：《楞伽經義疏》，《卍新纂續藏》第二十六冊，頁117。

(6) 普眞貴認爲「諸識各有二種生、住、滅」，八識都有「流注」與「相」，但在詮釋時則著重於心念面對境界時的剎那變化。剎那心念的初生、停留、息滅，就是「流注」生、住、滅；外境的初起、停留、轉滅，就是「相」生、住、滅。

(7) 焦竑並沒有發揮，只引用宗泐、如玘的注文。

(8) 通潤的看法似乎也承自延壽《宗鏡錄》、寶臣、正受，並分別述及「流注」、「相」二種生、住、滅的內容差別，但與延壽、曾鳳儀又有不同。雖然通潤也認同曾鳳儀「相」的生、注、滅是從「流注住」中分出來的，但通潤更提出「相滅」又分爲三種：一、從信相應地（初住菩薩）斷執取相是「滅粗中粗相」；二、從初地斷相續至七地斷智相是「滅粗中細相」；三、自八地斷現相、九地斷轉相是「滅細中粗相」。並且在「相滅」內容的差別上，延壽、寶臣、正受、曾鳳儀都認爲修行至七地滿爲「相滅」，通潤卻認爲「相滅」應到九地菩薩。

(9) 智旭以「種子」即是「流注」；「現行」即是「相」來詮釋這兩種生、住、滅。由種子起現行，現行熏種子，展轉互爲因果，毫無暫斷。智旭認爲八識各有「流注」、「相」這兩種生、住、滅。並精細的分別論述了「種子」與「現行」在第八識與前七識各種生、住、滅的差別之相，在此可以看到智旭精采的發揮。同時智旭還提出「流注」、「相」二種生、住、滅與《楞伽經》中所指的「三相」之關係。「轉相」即是「相」生、住、滅；「業相」即是「流注」生、住、滅；「眞相」則指理體法性。

從上述的列表與重點歸納，本文發現明代諸注家對於「流注」與「相」二種生、住、滅的詮釋，除了焦竑、陸西星較少發揮之外，其他注家大致上都各有所見。曾鳳儀和通潤都認爲「流注」爲第八識、「相」爲餘七識。曾鳳儀更提出了「相」的生、注、滅，只在「流注住」當中；通潤又在曾鳳儀的基礎上進一步提出「相滅」又分爲三種，並說明達到「相滅」的果位並非七地菩薩，應爲九地菩薩。但是德清、廣莫、普眞貴、智旭則認爲不應侷限「流注」屬第八識、「相」屬前七識。德清、廣莫以「粗細」來分別，「細」爲「流注」，「粗」則爲「相」。然而八識皆各有粗細，所以八識都有「流注」與「相」；智旭以「種子」和「現行」來詮釋「流注」與「相」；普眞貴則強調心念面對境界時的刹那變化。還有宗泐、如玘、焦竑著重在「識蘊於內」、「相顯於外」的理解。在此可看到，明代諸家《楞伽經》注疏對於「流注」與「相」二種生、住、滅的處理，展現了多重面貌的解讀。

倘若以「流注」與「相」二種生、住、滅與八識的配比關係，明代諸注家的看法大致如下：

（1）「流注」爲第八識、「相」爲前七識：曾鳳儀、通潤。

（2）八識都有「流注」與「相」：德清（粗細說）、廣莫（粗細說，但「流注」偏第八、「相」偏餘七）、普眞貴（心念說）、智旭（種子現行說）。

（3）未明確配比：宗泐、如玘、焦竑等（內外說）、陸西星。

明確配比「流注」爲第八識、「相」爲前七識的只有曾鳳儀、通潤兩位注家，其他注家並不局限於這樣的配比關係。當然這樣的詮釋各有所長，明確配比的優點在於法義的確切，除了對於「流注」、「相」這兩種名相的界說，也對於後來經文中「一切根識滅，是名相滅」、「相續（流注）滅者，相續所因滅則相續滅」等，「流注」與「相」的滅除（淨化）提供了確切的解釋對象；不局限於八識配比關係的諸注家們之長處，則在於運用多元的解讀角度，如「內外說」、「粗細說」、「心念說」、「種子現行說」等來豐富法義的詮釋。

四、明代《楞伽經》注疏對於前人的繼承發展及超越與反思

「流注」與「相」二種生、注、滅這一對難解的佛學名相，明代《楞伽經》的諸注家們除了承續前人的法義基礎，也從不同的面向開展出多元的解讀面貌，引導出更豐富的法義詮釋。以下將針對明代諸注家對於前人的繼承發展及超越與反思等兩方面來加以論述。

（一）繼承與發展

所謂的「繼承」，在此指的是針對這個問題前人所曾經提及的觀念或主張；「發展」則是站在前人理論的基礎上，針對某些觀點有不同的發揮。在此可分爲三點加以說明：

1、「內外說」

「識蘊於內」爲「流注」；「相顯於外」即是「相」，這是容易令人明瞭的詮釋，既簡單又合於普通的佛學常識。明代諸注家中持「內外說」者有宗泐、

如玘、焦竑三人。宗泐、如玘繼承宋代善月《楞伽經通義》中以「識蘊於內」、「相顯於外」的看法，這樣的詮釋或許因爲如玘與善月都有著天台宗的淵源有實際的關係。如玘參考了善月的看法，而提出「內外說」。但不同的是善月明確指出「流注」爲第八識、「相」爲前七識；宗泐、如玘卻不採用這樣的詮釋。焦竑的注文則直接引用宗泐、如玘的看法。

2、「流注」為第八識、「相」為前七識

如同上文所提，明確的配比八識與「流注」、「相」的關係，有利於名相界說的確切及法義的推展。在明代諸注家中，有曾鳳儀、通潤二人提出這樣的見解。這種看法顯然是從唐代法藏、五代延壽、宋代寶臣、正受、善月等，一路所承續而來的。

3、《大乘起信論》的運用

以《大乘起信論》的「三細」來詮釋《楞伽經》的「流注」，是從寶臣詮釋延壽《宗鏡錄》的「三相微隱」開始的。其後經由正受的引用，奠定了這種看法的基礎，明代的通潤也接受這樣的觀點。曾鳳儀提出了「相」的生、注、滅，只在「流注住」當中，通潤又在曾鳳儀的基礎上進一部提出「相滅」又分爲三種，而這三種——「滅粗中粗相」斷執取相是；「滅粗中細相」斷相續相、斷智相；「滅細中粗相」斷現相、斷轉相等等，正是《大乘起信論》的「三細六粗」之說。「三細」——「業相」、「轉相」、「現相」前文已交代不再重述，而「智相」、「相續相」、「執取相」則是「六粗」的前三種。如《大乘起信論》中說：

> 一者智相，依於境界心起分別愛與不愛故；二者相續相，依於智故生其苦樂覺，心起念相應不斷故；三者執取相，依於相續緣念境界，住持苦樂心起著故。〔註32〕

「三細」所指的是眞如因無明不覺後，識的初動之後，繼而由主客未分轉成主客對立的狀態。而「六粗」的前三種「智相」、「相續相」、「執取相」所指的則是在主客對立的狀態後，心念現起愛恨分別；心念相續愛恨分別；執取愛恨分別。通潤主張三種「相滅」的第一種「滅粗中粗相」，即是斷「六粗」中的「執取相」，淨化了執取的愛恨分別；第二種「滅粗中細相」，即是斷「六粗」中的「相續相」、「智相」，淨化了心念相續的愛恨分別；即是第三種「滅

〔註32〕眞諦譯：《大乘起信論》，《大正新修大藏經》第三十二冊，頁577。

細中粗相」，即是斷「三細」中的「現相」、「轉相」，淨化了主客對立，來到主客未分的狀態。至於通潤認爲達到「相滅」的果位並非七地菩薩，應爲九地菩薩，主要的理論依據也是《大乘起信論》而來的。嚴格上來說，應該是法藏《大乘起信論義記》中的說法，法藏說：

> 「五意」中「轉識」，「三細」中「能見相」，以根本無明動令能見，上文云「依於動心成能見故」。第九地中善知眾生心行十種稠林，故云心自在。此於他心得自在，又以自得四十無礙智，有礙能緣永不得起，故云心自在地能離也。〔註33〕

通潤採用了法藏看法，認爲要淨化「五意」中「轉識」，即「三細」中「能見相」（轉相），要九地菩薩才能到達這種境界。這有別於延壽、寶臣、正受及曾鳳儀的看法，延壽等人認爲「至七地滿，名爲相滅」，達到「相滅」的果位爲七地菩薩。其中主要的差別是通潤並不嚴格劃分將「三細」歸屬於「流注」；「六粗」歸屬於「相」。然而寶臣、正受均將「三細」歸在「流注」。換言之，寶臣、正受認爲「三細」不屬於「相」的範疇，「相」的領域是「六粗」，而「六粗」的第一種是「智相」，要淨化「智相」正是要達到七地菩薩，如法藏說：

> 「六粗」中「智相」，以能分別世出世諸法染淨，故云智也。是法執修惑，七地已還，有出入觀異，故於境界有微細分別，然地地分除，故云漸離，八地已去，無出觀外緣境，故於七地盡此惑也。〔註34〕

「七地盡此惑也」，法藏認爲七地菩薩能淨化「六粗」中的「智相」，因此也影響著寶臣、正受詮釋「相滅」的標準，必須達到七地菩薩。然而以上種種，不論是「三細」是否歸屬於「流注」；「六粗」是否等同於「相」；「相滅」的果位是否爲七地菩薩或九地菩薩，這些相關的詮釋都可以看出諸注家們在解釋《楞伽經》時，對於《大乘起信論》的運用。〔註35〕

（二）超越與反思

所謂的「超越」，在此所指的並非明代諸注家所提出的觀點勝於前人，或是法義的詮釋比前人精確，而是明代諸注家如何在前人有限的法義解讀中，加上

〔註33〕法藏：《大乘起信論義記》，《大正新修大藏經》第四十四冊，頁267。

〔註34〕法藏：《大乘起信論義記》，《大正新修大藏經》第四十四冊，頁267。

〔註35〕德清也有談到「流注」（生、住、滅）包含「三細」；「相」（生、住、滅）涵蓋「六粗」（智相、相續相、執取相、計名字相、起業相、業繫苦相）見本文下一節〈「三相」、「三識」的討論〉。

各人的學養修持，開展出多元的解讀面貌。所謂的「反思」，是關於這些多元解讀面貌其立論的意義，或是可能產生的相關問題。在此可分爲四點加以說明。

1、「通於八識說」

八識都有「流注」與「相」，不應侷限「流注」屬第八識、「相」屬前七識，這種看法是明代以前注家們未曾有的觀點。到了明代，從德清《觀楞伽寶經記》首先提出後，廣莫、普眞貴、智旭等也採用同樣的觀點。由於「流注」與「相」不侷限於八識的配比關係，跳脫了「流注」屬第八識、「相」屬前七識的固定框架，因此能有更靈活的空間來開展不同的詮釋。

2、「心念說」

普眞貴用心念面對境界時的剎那變化來詮釋「流注」與「相」，強調「心念」與「境界」交映，從初生、停留、息滅的剎那變化，目的要突顯出「心念」是生命流轉與還滅的主要關鍵。強調以「心念」爲主的詮釋，這應該和他身爲華嚴宗的背景有關。華嚴宗以「心」爲本體，如《大方廣佛華嚴經》中說「三界所有，唯是一心」〔註 36〕，認爲三界所有的世出世間一切現象，皆由「一心」所現，又爲「一心」所攝。因此諸識的生滅，正是生命的流轉與還滅，亦在於「心念」。所以普眞貴說：

> 此據現前一念之中，有九十剎那，一剎那中，有九百生滅，則念念念中，生生生滅。此幽隱深細之念，唯得無念者，能知心相生、住、異、滅。〔註 37〕

著重於「現前一念」，以心念面對境界時的剎那變化來詮釋「流注」與「相」，這也是明代以前所未曾有的解讀。

3、「粗細說」

德清所提出的八識都有「流注」與「相」，主要的依據就是「粗細說」。此處的「粗細說」不同於法藏《大乘起信論別記》中所言的「六粗三細」，德清提出「八箇識中皆有粗細」，認爲八識都各有粗細，粗者爲「相」；細者爲「流注」，所以每個識都各有「流注」與「相」。其後廣莫也採用德清的見解，但提出「流注」偏於第八、「相」偏在餘七的說法。然而在德清的「粗細說」中，有一個值得討論的地方，就是德清認爲「八識皆有思量了別之用」，如德清說：

〔註 36〕實叉難陀譯：《大方廣佛華嚴經》，《大正新修大藏經》第十冊，頁 194。

〔註 37〕普眞貴：《楞伽科解》卷三，頁 4～5。

> 良以八識皆有思量了別之用，隨見隨即分別，而此行相麤顯，故云「相」生、住、滅。究其源底，皆是第八識精應緣之業用，三相隱微，一類相續，故云「流注」。雖有八識分位，其實總皆一類微細流注。種子現行，交相熏發，甚深微細，不可思議。〔註38〕

其中「八識皆有思量了別之用」，這種說法並不符合一般的唯識常識。嚴格上說，是不合於以護法、玄奘、窺基爲主的唯識宗正義。依照唯識宗的說法，八識各有不同的功能，不可能「八識皆能思量了別」，如窺基《成唯識論述記》中說：

> 一謂異熟識，即第八識……二謂思量識，即第七識，思謂思慮，量謂量度，思量第八度爲我故，又恒審思量餘識無故，餘之二識不名思量……三了別境識，即餘六識。〔註39〕

> 以了別相粗，簡於七八故……謂第七識恒審思量，此說恒言簡第六識，意識雖審思而非是恒，有間斷故。次審思言復簡第八，第八雖恒，非審思故。恒審思量，雙簡五識，彼非恒起，非審思故。〔註40〕

德清認爲八識都能「思量」和「了別」，但唯識宗的正義是八識各有不同的功能，「思量識，即第七識」；「了別境識，即餘六識」，而且不相混同。以「思量」而言，「審」即是「思量」。第八識是「恒而不審」；第七識是「又恒又審」；第六識是「審而不恒」；前五識是「非恒非審」，因此嚴格上來說「思量」指的是第七識，廣義上來說可指第六識和第七識。以「了別」而言，「了別境識，即餘六識」，「以了別相粗，簡於七八故」，窺基明顯的指出「了別」所指的是前六識，而且不同於第七識和第八識。因此德清認爲「八識皆有思量了別之用」，顯然與玄奘、窺基系統的唯識宗正義有所衝突。關於這個衝突，將在智旭的「種子起現行說」當中一併討論。

4、「種子現行說」

智旭以唯識宗常用的「種子起現行」、「現行薰種子」的觀點來詮釋「流注」與「相」。智旭細密而精闢的觀點，以「種子」、「現行」如何在八識之中交薰作用，來分別論述「流注」與「相」二種生、住、滅的箇中差別。

然而在此處有一點値得提出說明，如智旭所言：「八識心心數法，各有『現

〔註38〕德清：《觀楞伽阿跋多羅寶經記》，《卍新纂續藏》第二十六冊，頁748～749。
〔註39〕窺基：《成唯識論述記》，《大正新修大藏經》第四十三冊，頁238。
〔註40〕窺基：《成唯識論述記》，《大正新修大藏經》第四十三冊，頁298。

行』生、住、滅相，名爲『相』生、住、滅；各有『種子』生、住、滅相，名爲『流注』生、住、滅。」由於智旭認爲「流注」等同於「種子」；「相」等同於「現行」，這兩種各通於全八識，所以「種子」、「現行」也通於全八識。然而這樣的詮釋，在語意上似乎容易令讀者產生誤會，誤認爲智旭的唯識觀點違背了玄奘、窺基系統的唯識宗教義。因爲當「流注」等同於「種子」，又通於全八識時，則表示第八識和前七識都有種子義，但是依照唯識宗的看法，「種子」只能攝於第八阿賴耶識中，前七識是不能執持種子的，如《成唯識論》中「種子六義」的第三義說：

> 三、恆隨轉：謂要長時一類相續，至究竟位方成種子。此遮轉識，轉易間斷與種子法不相應故。〔註41〕

因爲七轉識有變化間斷，與恆隨轉的種子法則不相應，所以七轉識（前七識）是不能執持種子的，如窺基《成唯識論述記》中也提到：

> 述曰：遮七轉識及色等法，不得爲種子。此但言心，實亦遮色；經部六識等能持種子，亦此中破。〔註42〕

窺基在此說得更明白了，「種子六義」的第三義「恆隨轉」，不但遮破七轉識及色不得執持種子，還破除了部派佛教中經部所認爲六識能持種子的說法。

關於這樣的衝突，要如何解決呢？其實智旭應該不至於不理解「前七識是不能執持種子」的定義，況且智旭曾經註解《成唯識論》而有《成唯識論觀心法要》一書，絕對熟悉「八識」與「種子」的種種變化關係。因此智旭在此雖將「流注」等同於「種子」，但是細讀智旭後續的注文就可以發現，智旭所指的並不是前七識能執持種子，如：

> 前七識流注生者，由第八識能受熏故，令彼現行熏成種子；流注住者，由種子識能執持故，令彼種子不失不壞；流注滅者，由無漏道能違彼故，令彼種子永不續生也。〔註43〕

智旭在這段注文中已明顯的詮釋「流注」中前七識和種子的關係，仍是以第八識「種子識能執持」，並非前七識。

其實「種子」理論雖然是唯識宗重要的學說，但是「種子」這一名相，起初被運用於佛學中，原爲一種譬喻，如印順所說：

〔註41〕玄奘譯：《成唯識論》，《大正新修大藏經》第三十一冊，頁9。
〔註42〕窺基：《成唯識論述記》，《大正新修大藏經》第四十三冊，頁310。
〔註43〕智旭：《楞伽經義疏》，《卍新纂續藏》第二十六冊，頁117。

> 引發種子思想的，要算潛在的煩惱與潛存的業力……業是過去了，但還能感果；爲解決這因果不相及而能成爲因果的現象，才採用了種子生果的比喻。〔註44〕

「種子」譬喻的出現，原來是要解決「潛存業力」的問題。從「種子」開始成爲佛學的觀念工具後，自部派佛教到大乘佛教的發展中，曾經出現了許多不同的種子理論，如化地部的「窮生死蘊」、說轉部的「一味蘊」、唯識宗的「種子六義」等，其中的理論難免有互相衝突之處，如部派中「經部等因果異時」〔註45〕，「種子」與「現行」感果之間，因果前後異時；而唯識宗的「種子六義」則強調「果俱有」，意指「種子」與「現行」同時出現，「現行」和熏習「種子」也同時進行，強調因果同時。又如執持「種子」的問題，唯識宗認爲只有第八阿賴耶識能執持「種子」；然而最早提出「種子說」的是部派佛教中的經部，經部最初是將「種子」歸爲「色與心的互持」，如《阿毘達磨俱舍論》說：

> 此中何法名爲種子？謂名與色於生自果，所有展轉鄰近功能，此由相續轉變差別。……故彼先代諸軌範師咸言「二法互爲種子」，二法者，謂心有根身。〔註46〕

「種子」在經部所代表的法義，主要是色與心互爲因緣，能無間生起後果的功能差別；色與心之間「二法互爲種子」。這樣的「種子說」，當然也和後來唯識宗認爲只有第八阿賴耶識能執持「種子」的理論有所差異。

從佛法的立場而言，並不能以「是非對錯」來評論各家不同的法義，因爲佛法本是以利益眾生爲主，各時各地的因緣、眾生的根機條件皆有不同，在不違背佛教基礎核心思想的情況下，法義可隨著不同的因緣改變而有所調整。況且唯識思想的出現、成立，也是基於因緣的改變。由於多數眾生將空義誤解爲虛無主義，爲了引導誤解空義的眾生，在這樣的時代潮流下，唯識思想逐漸興起蓬勃。唯識思想的成立有許多重要的因素，如日本學者橫山紘一所提出的，主要有四點：

> 一、唯心的傾向；二、輪迴主體的探求；三、新的「空」思想的開展；四、瑜伽師對禪定的重視。〔註47〕

〔註44〕印順：《唯識學探源》，頁168～169。
〔註45〕窺基：《成唯識論述記》，《大正新修大藏經》第四十三冊，頁310。
〔註46〕世親：《阿毘達磨俱舍論》，《大正新修大藏經》第二十九冊，頁22、25。
〔註47〕橫山紘一著、許洋主譯：《唯識思想入門》（台北：東大圖書公司，2007），頁

其中的第四點「瑜伽師對禪定的重視」，主要是基於瑜伽師在禪定當中深入觀察，並依據經論來參照自己的深入禪定的體驗，繼而提出對於經論的詮釋，或者因應各種眾生、依於不同個案的身心變化，而提出不同的觀點。如昭慧說：

> 瑜伽禪觀，是產生唯識學極爲重要的因素，所以唯識學派也稱爲瑜伽行派（Yogacara）。唯識學派興起，與西北印瑜伽師的禪觀經驗有非常密切的關係。〔註48〕

換言之，瑜伽師深入禪定後，依照深入觀察的體驗，因應不同眾生而開展出不同的法義，這是理所當然的事。印度的瑜伽師可以「從禪出教」，依禪定的經驗提出指導修證的法義，中國的祖師當然也可以「從禪出教」。因此並不能以某一派、某一時、某一地的唯識理論，當作唯一最高的指導原則；或者用某一派的唯識理論，批判其他唯識理論的錯謬。因爲每一派的理論，在當初施設時必然有其意義，應該予以同情的理解。若能用這樣的態度來善解德清的「八識皆能思量了別」、智旭的「八識各有種子生、住、滅」，如此一來，就不致於困溺於法執中而認爲他們違異了唯識宗的教義。

倘若以善解的角度來看德清與智旭，就不難發現他們立論的目的與意義。德清「八識皆能思量了別」的說法，其實著重在「心」。如德清所言：

> 約生滅門以顯示緣起差別諸法皆唯識所現，故云「萬法唯識」。然識如幻夢，但是一心。心寂而知，眞妄皆離，即名自覺聖智。〔註49〕

德清主要是將「八識」回歸爲「一心」的，因此德清所謂的「八識皆能思量了別」，其實所指的正是「一心能思量了別」。德清將「流注」與「相」通於八識，正是要人體會「流注」與「相」亦是「一心」。若能「心寂而知，眞妄皆離」就能到達《楞伽經》中所謂的「自覺聖智」。

同樣的，智旭的「八識各有種子生、住、滅」，也是「種子現行說」的一種權宜施設方便。因爲「種子說」最早從部派佛教中的經部提出時，原本就是一種詮釋法義的方便譬喻。智旭巧妙的掌握了這一個原則，跳出了嚴格不變的固定框架，隨著自己的權宜施設而略作改變。智旭將「流注」與「相」解釋爲「種子」與「現行」，又通於八識而各有生、住、滅，其目的就是要人注意到不僅是舉心動念，就連六根門頭逢緣歷境都要十分謹慎，因爲「由種

21～31。

〔註48〕昭慧：《初期唯識思想》（台北：法界出版社，1992），頁229。

〔註49〕德清：《觀楞伽阿跋多羅寶經記》，《卍新纂續藏》第二十六冊，頁748。

子而起現行，復由現行熏成種子。如炷與燄，展轉生燒，互爲因果，無暫時斷。」亦即「流注」與「相」這兩種「識」，就如同如燈炷和火燄般的展轉生燒而互爲因果，是沒有一刻暫斷的。

第三節　「三相」、「三識」的討論

一、問題的提出

在「諸識生滅門」中，緊接在「流注」與「相」二種生、住、滅之後的，是「三相」、「三識」的討論。佛陀繼續告訴大慧菩薩：

> 諸識有三種相，謂轉相、業相、眞相。大慧，略說有三種識，廣說有八相。何等爲三？謂眞識、現識及分別事識。〔註50〕

「三相」與「三識」的界說，歷來諸注家多有不同的意見，因此也是值得深入討論的問題。由於此「三相」、「三識」與《大乘起信論》的「三細」——「業相、轉相、現相」及「七種識」——「阿梨耶識、業識、轉識、現識、智識、相續識、意識（又名分離識、分別事識）」的名相互有雷同，注家們也常用這些名相來詮釋《楞伽經》的「三相」與「三識」，因此在法義的詮釋上便出現各種不同的解讀，如印順說：

> 《起信論》之辨心、意、意識，凡七識，術語並出魏譯《楞伽》，而立義全非。《楞伽》明三相（魏譯並作識），則眞常界、妄習界、現行界；明三識，則眞淨心、似眞妄現心、妄心。二者立義既別，更不得隨意增減之。《起信》作者，以魏譯爲依，昧於三相、三識，乃糅合而附益之，成七種識，名同《楞伽》而義異，古人多知之。〔註51〕

依照印順的解釋，《楞伽經》中的「三相」所指的是「眞相」爲眞常界；「業相」爲妄習界；「轉相」爲現行界。「三識」所指的是「眞識」爲眞淨心；「現識」爲似眞妄現心；「分別事識」爲妄心。這六個與《大乘起信論》中「三細」、「七種識」字面相仿的名相，印順認爲它們彼此之間的「立義全非」，雖然這兩部經論使用的名相在字面上相同，但各指不同的法義內容，並不能直接等

〔註50〕求那跋陀羅譯：《楞伽阿跋多羅寶經》，《大正新修大藏經》第十六冊，頁483。
〔註51〕印順：《印度之佛教》（台北：正聞出版社，1992），頁281～282。

同。關於這樣的說法，呂澂的態度則更為強烈，如：

> 曰業識、曰轉識、曰現識、曰智識、曰相續識、曰分別事識，則又出於魏譯《楞伽》（卷一，釋諸識生滅門一段），既誤解名相，而又臆說意義，撲朔迷離，遂至不可究詰。〔註52〕

自古以來，就有人認為《大乘起信論》的論主，應是參考了魏譯菩提流支的十卷《楞伽經》而寫成的，然而由於立義並不相同，而名相互有雷同，因此當注家們引用「三細」、「七種識」來詮釋《楞伽經》的「三相」與「三識」時，有時便會出現扞格不入的狀況。

「三識」與「三相」是《楞伽經》「諸識生滅門」中重要的法義，如同印順所說：

> 明三識、三相，於《楞伽》之流轉門，思過半矣！〔註53〕

若能明瞭「諸識生滅門」中的「三識」、「三相」，就幾乎掌握了整部《楞伽經》中重要的「流轉門」，而通曉了「流轉門」，也就具備了進入「還滅門」的基礎，進而如理作意、依法修行，契入真如法性。

本節同樣以三個部分來詳加論述。首先介紹明代以前諸注家對於這個問題的解釋；其次分析明代諸注家各種不同的詮釋；最後提出明代《楞伽經》的九家注疏在「三識」與「三相」的詮釋，對於前代的繼承發展及超越與反省。

二、明代以前的解釋

關於「三相」、「三識」，明代以前曾提出解釋的注家共有六位，本文針對注家們重要的注文部份，以列表的方式整理如下：

唐代	《入楞伽心玄義》、《楞伽經註》、《楞伽經疏》等三部並無注文
（唐）澄觀《大方廣佛華嚴經隨疏演義鈔》	此三種相通於八識，謂「起心名轉」，八俱起故，皆有生滅故名「轉相」；「動則是業」，如三細中初業相故，八識皆動盡名「業相」；八之眞性，盡名「眞相」。……約不與妄合如來藏心為「眞識」；「現」即第八……餘七皆名分別事識……「眞相」即是「眞識」……既以轉識熏故，眞識隨緣而成藏識。〔註54〕

〔註52〕呂澂：《經論攷證講述》（台北：大千出版社，1993），頁145。
〔註53〕印順：《印度之佛教》（台北：正聞出版社，1992），頁277。
〔註54〕澄觀：《大方廣佛華嚴經隨疏演義鈔》，《大正新修大藏經》第三十六冊，頁234～235。

（五代）延壽《宗鏡錄》	1.（卷五）引用上述澄觀的注文 2.（卷五十七）「眞」謂本覺，「現」謂第八，餘七俱名「分別事識」……「眞」謂本覺者，即八識之性。經中有明九識，於八識外，立九識名，即是「眞識」。若約性收，亦不離八識。〔註 55〕
（宋）寶臣《註大乘入楞伽經》	言「眞相」者，如來藏心在纏不染……動爲業識，即是賴耶極微細相，名爲「業相」……依前「業相」，轉成能緣及所緣境，生七轉識，同名「轉相」。又從靜起動名之爲「業」；從內趣外名之爲「轉」；如來藏心不可增減，名爲「眞相」，亦名「眞識」。然雖三相名殊，同是一心隨緣不變之二義也。謂「眞心不變即隨緣」，故名「轉相」、「業相」；以「隨緣即不變」故名「眞相」……「眞」謂性淨本覺；「現」謂賴耶現識；餘七俱名「分別事識」。〔註 56〕
（宋）楊彥國《楞伽經纂》	「眞相」，即常住眞心也……「業相」，謂「眞相」爲無明所覆，業所由生……「轉相」，謂無明覆故，本來不動者，今轉而受染……如如實相，迥離塵妄，故曰「眞識」；能受所現之色，故曰「現識」，即諸經之第八識。亦謂之藏識也……「分別事識」，即諸經第六意識是也。〔註 57〕
（宋）正受《楞伽經集註》	「轉」則五識該六識之相；「業」則六識該七識之相；「眞」則七識該八識之相。此三相爲生住滅法之樞紐，諸識之媒伐，唯智可明，故云「非思量所知」……眞常淨識與此經「眞識」初無少異，但所宗者不能詳辨此識是賴耶之體。雖有所分，更無別體，須知此經止於八相中略說三種識，不同佗經立九識也，八相亦識耳。〔註 58〕
（宋）善月《楞伽經通義》	「轉相」則六識於諸根境有次第轉現之義，亦謂「分別事識」；「業相」則無明業相，《起信》所謂「以依不覺故心動說名爲業」是也，亦曰「現識」，即八識也。此經不別立第九識，故「眞相」、「藏識」同在第八而有事理體用等異，麤細次第互爲前後者，益本末相顯爾。〔註 59〕

從上面的列表中，針對各注家們注文的重點簡要歸納，大致可分爲以下六點：

（1）澄觀認爲「此三種相通於八識」，八識「起心名轉」故名「轉相」；八識皆動名爲「業相」；八識的體性名爲「眞相」。「眞識」爲不與妄合的如來藏心；「現識」是第八識；「分別事識」是餘七識。「眞相」即是「眞識」，「眞識」隨緣而成藏識。在此澄觀還提出了《楞伽經》的「業相」等同於《大乘起信論》「三細」中的「業相」。

〔註 55〕延壽：《宗鏡錄》，《大正新修大藏經》第四十八冊，頁 742～744。
〔註 56〕寶臣：《註大乘入楞伽經》，《卍新纂續藏》第九十一冊，頁 473～474。
〔註 57〕楊彥國：《楞伽經纂》，《卍新纂續藏》第九十一冊，頁 317。
〔註 58〕正受：《楞伽阿跋多羅寶經集註》，《卍新纂續藏》第二十五冊，頁 624～625。
〔註 59〕善月：《楞伽經通義》，《卍新纂續藏》第二十五冊，頁 438。

（2）延壽的看法，除了引用澄觀的觀點，又提出了「眞識」不但是八識的體性，也是「本覺」。並說明若有立第九識者，只是假名安立，其實所指的仍是八識的體性——「眞識」。

（3）寶臣的詮釋，以「轉相」爲前七識；「業相」爲第八識；「眞相」爲「如來藏心在纏不染」。寶臣不同於延壽、澄觀的觀點之處，還有「從靜起動」名爲「業相」；從內向外名爲「轉相」，以及運用華嚴宗「隨緣不變」的法義來詮釋「三相」的關係，謂「眞心不變即隨緣」，故名「轉相」、「業相」；以「隨緣即不變」故名「眞相」。「眞識」爲性淨本覺；「現識」爲賴耶現識；餘七俱名「分別事識」。

（4）楊彥國的詮釋，較不同的地方，在於他將「眞相」解釋爲「常住眞心」，「分別事識」解釋爲第六意識。

（5）正受的詮釋，以「轉相」爲前六識；「業相」爲前七識；「眞相」爲總八識之相。同時也強調「眞識」實際上是第八賴耶之體，並非別有第九識。

（6）善月將「轉相」詮釋爲諸根境和前六識次第轉現之義，也是「分別事識」；「業相」就是「現識」，即第八識，也是《大乘起信論》「三細」中的「業相」；「眞相」爲第八識之體性，同時說明並非別有第九識。

從上述的列表與重點歸納，本文發現明代以前《楞伽經》中關於「三相」、「三識」的詮釋，大致上各有所看法。從「三相」與八識的配比關係來說，可分爲下列幾種：

（1）認爲「三相」通於八識，有澄觀、延壽。並且他們又將「業相」等同於《大乘起信論》「三細」中的「業相」。

（2）認爲「轉相」爲前七識，「業相」爲第八識，「眞相」爲「如來藏心在纏不染」的爲寶臣。

（3）認爲「轉相」爲前六識；「業相」爲前七識；「眞相」爲總八識的是正受。

（4）認爲「轉相」爲前六識；「業相」爲第八識；「眞相」爲八識體性的是善月。

（5）沒有提出「三相」與八識的配比關係的是楊彥國。

《楞伽經》「三相」與八識的配比關係，在明代以前六位注家中，竟然出現五種說法。若從「三識」與八識的配比關係來說，大致分為下列幾種：

（1）澄觀、延壽、寶臣等認為「眞識」為清淨如來藏心；「現識」是第八識；「分別事識」是餘七識。

（2）楊彥國解釋「分別事識」為第六意識；正受強調「眞識」第八識之體性。

（3）善月認為「分別事識」為前六識，「現識」是第八識。

基本上六位注家們對於「三識」與八識的配比關係，看法是比較集中的。其中最大的分歧處在於「分別事識」的判定。澄觀、延壽、寶臣三人認為「分別事識」是前七識；楊彥國認為是第六意識；善月認為是前六識；正受則未表態。

除了「三相」、「三識」與八識的配比關係之外，在此值得注意的，是以《大乘起信論》「三細」中的「業相」來詮釋《楞伽經》的「業相」，持這種看法者，主要有澄觀、延壽、善月三人。另外還有延壽提出「眞識」不但是八識的體性，也是「本覺」的觀念，以及寶臣運用華嚴宗「隨緣不變」的法義來詮釋「三相」的關係等，都是值得注意的法義詮釋。

三、明代諸注家的詮釋

關於明代諸家《楞伽經》注疏對於「三相」、「三識」的重要注文，亦先以列表的方式整理如下：

注家	注文
宗泐、如玘《楞伽阿跋多羅寶經註解》	「轉相」者，無始熏變覺成不覺也；「業相」者，以不覺故動，則成業也；「眞相」者，隨緣不變體性眞淨也。依《起信論》云「業相、轉相、現相」乃從眞起妄，妄動成業，因動故轉，見有境界，次第發現也。此不言現而言眞者，蓋言此識「隨緣不變」故名眞耳……「眞識」即如來藏識；「現識」即如來藏所轉，亦名識藏，名轉而體不轉；「分別事識」即意根意識及五識身。〔註 60〕
德清《觀楞伽寶經記》、《楞伽補遺》	此釋八識之體相，以明依生滅門有覺不覺義也。「眞相」即本覺眞心；「轉、業」二相，即無明不覺……然此經不同（起信）論意，而以轉為首者，此轉不是三細之轉，乃是釋前諸識各有二種生住滅義。謂依此生滅剎那剎那念念流轉。而此「轉相」即前「流注」生滅，已具論中三細；而此業字，乃業力造業之業，即前「相」生住滅，而六粗相

〔註 60〕宗泐、如玘：《楞伽阿跋多羅寶經註解》，《大正新修大藏經》第三十九冊，頁350。

	皆具此中……若約三性釋者：「轉相」乃依他起，如波浪依海水起；「業相」乃徧計執；如但見波浪洶湧，不知是水；「眞相」則圓成實，唯一海水也……然此中「眞識」即是不生不滅如來藏清淨眞心也，亦即是眞如。然眞如亦云識者，以有照境之用故。而此「現識」即第八識也……即此中「分別事識」乃前七也。〔註61〕
陸西星《楞伽要旨》	「轉相」、「業相」之異爲生住滅之樞紐；二相則有生滅，而「眞相」不滅，「眞相」者，即正智、如如，藏識中轉而成智者也。若「眞相」滅，則「眞識」亦滅，無相續生而成斷相，外道見過正坐於此。〔註62〕
廣莫《楞伽經參訂疏》	轉者，謂遷變，隨境遷變故……名「轉相」也；業者，謂資發，熏變相資，因緣助發，有增上力用……名「業相」也；眞者，謂八種識體，湛然清淨，如波濤雖動，濕性本然……名「眞相」也。（後引延壽《宗鏡錄》注文）……「眞識」者，約「了別」云識；約「無垢」云眞……「現識」者，現謂顯現，根境及自種子是識所現故……「分別事識」者，分別，察取義。事者，根塵苦樂受等也（後引延壽《宗鏡錄》注文）。〔註63〕
曾鳳儀《楞伽經宗通》	「轉相」即「轉識」，下文云「展轉因即八轉爲七、七轉爲六」，《起信》所謂「無明不覺生三細」是也……此三細中原有「轉相」，不必別爲註脚，然三細「業相」居先，而此「業相」居後者何也？此指「現相」之後起惑造業，《起信》所謂「境界爲緣起六麤是也」……此業繫苦相，生死相續爲「業相」之終，一念無明爲「業相」之始。……「轉相」乃依他起，如波浪依海水起；「業相」乃徧計執，如但見波浪，不知是水；「眞相」則圓成實，唯一海水也……「現識」屬前五識，隨其五塵對至即現，但能明了，未入分別；若「分別」事相妄想則屬第六識也；眞如不可言識，而此云「眞識」者盖指藏識而言。依不生不滅則謂之出纏如來藏，名白淨識；依微細生滅，則謂之在纏如來藏，名第八識，此第八識即名「眞識」。〔註64〕
普眞貴《楞伽科解》	八識各有此眞妄三種相也。謂起心名「轉」，以八識俱有念起，皆有生滅之狀，故名「轉相」；動即是業，以八種識皆有動作業用，故名「業相」；「眞」即如來藏，以本無妄染，故名「眞」，由眞隨緣，妄成八識，故八識之性盡名「眞相」……「眞識」者，眞即性淨本覺……「現識」者，及第八識……「事識」只指前六者，謂之「舉強影弱」，意以六識爲第七之強，舉強而含第七之弱，通指前七也。〔註65〕
焦竑《楞伽經精解評林》	引用宗泐、如玘《楞伽阿跋多羅寶經註解》之注文，但文稍略。

〔註61〕德清：《觀楞伽阿跋多羅寶經記》，《卍新纂續藏》第二十五冊，頁749～750。

〔註62〕陸西星：《楞伽要旨》，頁17。

〔註63〕廣莫：《楞伽經參訂疏》，《卍新纂續藏》第二十七冊，頁16。

〔註64〕曾鳳儀：《楞伽經宗通》，《卍新纂續藏》第二十六冊，頁386～387。

〔註65〕普眞貴：《楞伽科解》卷三，頁7～11。

通潤《楞伽經合轍》	「轉相」者，謂前七，名「分別事識」，亦名「轉識」而相名「轉相」，論云：「二者名為『轉識』，依於動心能見相故」，「轉相」有二，若就無明所動轉成能見者，在本識中；若為境界所動轉成能見者，在「事識」中也。言「業相」者謂第八，名「業識」而相名「業相」。論云：「一者依無明力不覺心動故」。不生滅者名「眞識」而相名「眞相」……古釋云：「此三種相通乎八識，謂起心名轉，八識皆起，皆有生滅故；心動是業，八識皆動故；八之眞性，俱名眞相故。」蓋「業相」已統六粗，而「轉相」亦通三細……常清淨無相是眞相也，以眞如寂滅心不變隨緣、不染而染，故有「業、轉」二相；以眞如寂滅心隨緣不變、染而不染，故有「眞相」……論云「現識者，所謂能現一切境界」……「分別事識者」，論中名「意識」，亦名「分離識」，以隨事攀緣分別六塵故；此中「眞識」即如來藏寂滅一心；而此「現識」即賴耶識也。然此「現識」無別自體，即是如來藏心以不覺故與諸妄想有和合不和合義。和合者能含染淨以為藏識；不和合者體常不變以為眞如，即是如來藏……此中三識若約馬鳴，生滅與不生滅和合，非一非異，名阿梨耶識，則是以「眞識」、「現識」、「分別事識」和合為宗；若約護法，唯以「現識」與「分別事識」和合為宗。雖各出手眼，義歸一途……此中但言「現識」及「分別事識」不言末那……舉「現識」、「事識」而末那在其中矣。〔註 66〕
智旭《楞伽經義疏》、《楞伽經玄義》	諸識有三種相者，《宗鏡錄》云「起心名轉，八俱起故，皆有生滅，故名轉相；動則是業，八識皆動，盡名業相；八之眞性，盡名眞相」。當知八識「相」生住滅，皆「轉相」也；八識「流注」生住滅，皆「業相」也。二種生住滅，無體無性，如波與流，唯一濕性，即「眞相」也……所謂「現識」……獨指第八識言……所謂「分別事識」者，通指前七識言……秖一如來藏心「眞識」，舉體而為「現識」及「分別事識」，如舉濕性，而為海水及波浪也。〔註 67〕

從上面的列表中，針對各注家們注文的重點簡要歸納，大致可分為以下九點：

（1）宗泐、如玘將《楞伽經》的「三相」（轉相、業相、眞相）直接等同於《大乘起信論》的「三細」（業相、轉相、現相），並說明「眞相」是指「現相」當中「隨緣不變」的體性。「眞識」為如來藏識；「現識」即如來藏所轉，亦名識藏（第八識），名轉而體不轉；「分別事識」即前七識。

（2）德清不贊同《楞伽經》的「三相」（轉相、業相、眞相）直接等同於《大乘起信論》的「三細」（業相、轉相、現相）。德清認為《楞伽經》的「轉相」等同於「流注」（生、住、滅），應該是包含「三

〔註 66〕通潤：《楞伽經合轍》，《卍新纂續藏》第二十六冊，頁 755。
〔註 67〕智旭：《楞伽經義疏》，《卍新纂續藏》第二十六冊，頁 117～118。

細」，「業相」等同於「相」（生、住、滅），則涵蓋「六粗」（智相、相續相、執取相、計名字相、起業相、業繫苦相）。「轉相」爲依他起性；「業相」爲徧計所執；「眞相」則爲圓成實性。「眞識」是不生不滅如來藏清淨眞心；「現識」即第八識；「分別事識」爲前七識。

（3）陸西星認爲「轉相」、「業相」有生滅，「眞相」沒有生滅。「眞相」所指的是「藏識中轉而成智者也」，亦是「五法」中「正智、如如」，亦是「眞識」。

（4）廣莫的看法雖有一些詮釋上的說明，但基本上和延壽《宗鏡錄》相同，「三種相通於八識」，八識「起心名轉」故名「轉相」；八識皆動名爲「業相」；八識的體性名爲「眞相」。「眞識」爲不與妄合的如來藏心；「現識」是第八識；「分別事識」是餘七識。

（5）曾鳳儀對於「三相」的看法和德清相同，認爲《楞伽經》的「轉相」等同於《大乘起信論》「三細」，「業相」則涵蓋「六粗」。「轉相」爲依他起性；「業相」爲徧計所執；「眞相」則爲圓成實性。但是曾鳳儀對於「三識」卻提出不同的意見，他認爲「現識」屬前五識，「分別事識」爲第六識，「眞識」爲第八識。並說明「眞識」可分爲依不生不滅爲「出纏如來藏，名白淨識」；依微細生滅爲「在纏如來藏，名第八識」兩種。

（6）普眞貴認爲「八識各有此眞妄三種相」，念起有生滅之狀爲「轉相」；動即是「業相」；八識之體性爲「眞相」。「眞識」即性淨本覺；「現識」爲第八識；「分別事識」爲第六識，但「舉強影弱」，舉第六識之強，而包含第七識之弱，因此實爲前七識。

（7）焦竑並沒有發揮，只引用宗泐、如玘的注文。

（8）通潤詮釋「三識」、「三相」，大量的參考了《大乘起信論》的說法。除了提出自己的看法之外，很明顯的在調和《楞伽經》「三識」、「三相」與《大乘起信論》「三細六粗」、「七種識」名相上所可能出現的衝突。通潤贊同「三種相通乎八識」、「業相」統「六粗」，「轉相」通「三細」的說法，但也解釋了「轉相」可爲前七識，又名「分別事識」，亦名「轉識」的說法。通潤認爲《楞伽經》中的「轉相」有兩種：一、因無明所動轉成能見者，在本識（第八）；二、爲境界所動轉成能見者，在「分別事識」（前七識）。「業相」雖通八識，但特指第八識，又名「業識」，「眞相」等於「眞識」；又用「不變隨緣、隨緣不變」來解釋「三相」的彼此關係。「眞識」即如來藏寂滅一心；「現識」即賴耶識；「分別事識者」，爲第六意識，並說明不言第七末那識原因，是因爲提出「現識」、「分別事識」就已經包含第七末那識了。同時通潤也分析了性相兩宗對於「三識」不同的立場：若約馬鳴（性宗），生滅與不生滅和合，非一非異，名阿梨耶識，則是以「眞識」、「現識」、「分別事識」和合爲宗；若約護法（相宗），唯以「現識」與「分別事識」和合爲宗。雖各出手眼，實際上意趣所歸是相同的。

（9）智旭對「三相」的看法主要以《宗鏡錄》爲主，八識都有「三相」，起心名「轉相」；動則是「業相」；八識體性爲「眞相」。並認爲「相」（生住滅）即是「轉相」；「流注」（生住滅），即是「業相」。二種生住滅的體性，即「眞相」。「現識」指第八識；「分別事識」指前七識「眞識」爲如來藏心（體性），「眞識」舉體而爲現識及分別事識，如舉濕性，而爲海水及波浪也。

從上述的列表與重點歸納，本文發現明代諸注家對於《楞伽經》中關於「三相」、「三識」的詮釋，大致上各有所看法。從「三相」與八識的配比關係來說，可分爲兩種：

（1）認爲「三相」通於八識，有德清、廣莫、曾鳳儀、普眞貴、通潤、智旭。

（2）沒有提出「三相」與八識的配比關係的是宗泐、如玘、陸西星、焦竑。

若從「三識」與八識的配比關係來說，大致分爲下列兩種：

（1）認爲「眞識」爲清淨如來藏心；「現識」是第八識；「分別事識」是餘七識，有宗泐、如玘、陸西星、德清、廣莫、普眞貴、焦竑、通潤、智旭。

（2）曾鳳儀認爲「現識」是前五識；「分別事識」爲第六意識。「眞識」爲第八識。

若以《楞伽經》的「三相」與《大乘起信論》的「三細」的配比關係來看，也有兩種：

（1）「轉相」包含「三細」，「業相」涵蓋「六粗」，有德清、曾鳳儀、通潤。

（2）「三相」直接等同於「三細」，有宗泐、如玘、焦竑

從上列的配比關係中，我們可以發現，明代注家的見解相對於以前的注家，看法似乎較爲集中，如「三相」與八識的配比關係，明代以前六位注家有五種看法，而明代的九家注疏，卻僅有兩種看法。當然這些看似集中的見解，也提供了不同的詮釋內容。譬如對於「三自性」、「五法」的引用，如陸西星以「眞相」、「眞識」爲「五法」中的「正智、如如」；德清、曾鳳儀以「三相」配比「三自性」，如「轉相」爲依他起性，「業相」爲徧計所執，「眞相」爲圓成實性等等。另外還有「眞識」爲「本覺」的觀念，以及華嚴宗「隨緣不變」、延壽《宗鏡錄》的法義，都持續的爲明代的注家們所採用。同時本文也發現，明代注家們對於「分別事識」爲第六意識或前七識的「調和說」，以及《楞伽經》與《大乘起信論》之間，對於雷同名相的解釋和法義詮釋的運用，以下將分別加以說明。

四、明代《楞伽經》注疏對於前人的繼承發展及超越與反思

「三相」與「三識」這六個的佛學名相，明代《楞伽經》的諸注家們除了承續前人的法義基礎，也從不同的面向開展出多元的解讀面貌，引導出更豐富的法義詮釋。以下將針對明代諸注家對於前人的繼承發展及超越與反思等兩方面來加以論述。

（一）繼承與發展

關於「三相」、「三識」的討論，明代諸注家對於前人的繼承發展，大致可分爲三點加以說明：

1、「三相」通於八識

關於《楞伽經》中「三相」通於八識的看法，最初是由澄觀《大方廣佛華嚴經隨疏演義鈔》中所提出的，其後延壽《宗鏡錄》引用了這樣的觀點。這樣的觀點也被明代諸注家們所認同。在明代的諸注家中，除了宗泐、如玘、陸西星、焦竑等，沒有提出「三相」與八識的配比關係之外，其他的六位注家（德清、廣莫、曾鳳儀、普眞貴、通潤、智旭）都認同「三相」通於八識的看法。這比起明代以前六位注家中就出現五種觀點的情形，明代注家的見解較爲一致。因此「三相」通於八識的看法，幾乎已成爲明代諸注家的共識。

「三相」通於八識的觀點，似乎較符合經文的原意，如經文所說「諸識

有三種相，謂轉相、業相、眞相」，其中「諸識」所指的應該是所有的「識」。換言之，就是八個「識」都有「轉相、業相、眞相」。如同澄觀所說「起心名轉」、「動則是業」、「八之眞性」，表現了八個識都有這三種特質。這樣的說法，不但簡單而明瞭，也有更大的空間來詮釋法義，不會因爲「三相」固定配比八識中的某個識而侷限了法義的推展。

雖然明代諸注家繼承了澄觀、延壽的看法，但仍有所不同。澄觀、延壽都將《楞伽經》「三相」中的「業相」等同於《大乘起信論》「三細」中的「業相」，這樣的觀點，在明代的注家中，並沒有出現同樣的看法。唯有宗泐、如玘、焦竑直接將「三相」等同於「三細」，似乎較爲接近。關於這點將在下文（二）超越與反思「《大乘起信論》的運用與調和」中一並討論。

2、「真識」為真如（如來藏）；「現識」是第八識；「分別事識」是餘七識

在明代注家中，除了曾鳳儀之外，其他的注家都認爲《楞伽經》的「現識」是第八識；「分別事識」是餘七識；「眞識」爲眞如、如來藏、理體，這幾乎也已成爲明代諸注家的共識。關於這樣的見解，是從澄觀、延壽、寶臣等所承續而來的。相對於明代以前注家們的見解，明代注家的看法是較爲一致的。

「三識」在《楞伽經》的魏譯本和唐譯本，卻只有「現識」、「分別事識」兩種「識」。換言之，「眞識」是劉宋譯本所獨有的。因此「眞識」便成爲値得注意的觀察對象。「眞識」最初由澄觀在《大方廣佛華嚴經隨疏演義鈔》中詮釋爲「不與妄合如來藏心爲『眞識』……『眞相』即是『眞識』」，澄觀所詮釋的「眞識」，不但有「體性」之意，更強調了「不與妄合如來藏心」，清淨心的特質。繼之在澄觀之後的延壽《宗鏡錄》，更將「眞識」詮釋爲「本覺」的觀念。澄觀與延壽的見解，影響著明代注家們的看法。然而明代注家們，也在這樣的基礎上提出更深入的說明。如智旭說：

> 今譯復加「眞識」而云三種，恐非梵文本旨，設欲消釋，應云：秖一如來藏心「眞識」，舉體而爲「現識」及「分別事識」，如舉濕性，而爲海水及波浪也。〔註68〕

智旭以「舉體」的觀念來強調「眞識」與「現識」、「分別事識」的關係，如同濕性與海水、波浪的關係。在此不但解釋了「眞識」爲體性的理由，同時

〔註68〕智旭：《楞伽經義疏》，《卍新纂續藏》第二十六冊，頁118。

也在無形中銷解了《楞伽經》劉宋譯本和魏譯、唐譯本在這個問題上的衝突。另外，通潤也運用性相兩宗不同的立場來銷解這個問題，提出若依性宗，則強調生滅與不生滅和合，是以「眞識、現識、分別事識」等「三識」爲主；若依相宗，則著重於生滅的現象，所以只安立「現識」與「分別事識」。雖然在翻譯的名相上略有差別，但實際上的意義是相同的。

3、「真識」、「真相」的詮釋——「不變隨緣、隨緣不變」

對於以「不變隨緣、隨緣不變」來詮釋《楞伽經》「眞識」、「眞相」與其他「識」、「相」的關係，最早是從澄觀《大方廣佛華嚴經隨疏演義鈔》中「眞識隨緣而成藏識」所提出的，然而這樣的觀點應該是脫胎於法藏的《入楞伽心玄義》，如法藏說：

> 前八識皆是如來藏隨緣所成，亦生滅亦不生滅，性相交徹，鎔融無礙……其眞性有二義：一隨緣義；二不變義。〔註69〕

雖然法藏所注疏的《入楞伽心玄義》爲唐譯七卷本的《楞伽經》，經文中並沒有「眞識」的名相，但他對於如來藏的詮釋卻影響了澄觀、延壽、寶臣及後來的明代諸注家對於這個問題的見解。如普眞貴說「由『眞』隨緣，妄成八識，故八識之性盡名『眞相』」，又如通潤說：

> 常清淨無相是「眞相」也，以眞如寂滅心不變隨緣、不染而染，故有「業、轉」二相；以眞如寂滅心隨緣不變、染而不染，故有「眞相」。〔註70〕

通潤則更清楚明白的說明「不變隨緣、隨緣不變」，事實上就是「眞相」與「業相」、「轉相」之間的體用關係。

（二）超越與反思

針對「諸識生滅門」中「三相」、「三識」的討論，明代諸注家所提出不同於前人的觀點，大致可分爲三點加以說明。

1、曾鳳儀的「三識說」

在明代諸注家中，對於「三識」的詮釋，曾鳳儀可稱爲特例，只有他一人，不同於其他注家認爲「眞識」爲眞如（如來藏），「現識」是第八識，「分別事識」是餘七識的說法。曾鳳儀提出「現識」應爲前五識，「分別事識」爲

〔註69〕法藏：《入楞伽心玄義》，《卍新纂續藏》第二十五冊，頁414。
〔註70〕通潤：《楞伽經合轍》，《卍新纂續藏》第二十六冊，頁755。

第六意識，「眞識」爲第八識。這樣的看法，在明代以前的注家從未曾出現，可說是曾鳳儀的創見。

曾鳳儀提出「眞如不可言識」的看法，但在此處他卻明確的指出「眞妄和合」的特色，如來藏可分爲不生不滅的「出纏如來藏」；有生滅的「在纏如來藏」兩種。然而在此更值得注意的，是曾鳳儀將「現識」判定爲前五識。這樣的觀點，應該也是出自於後續經文「現識及分別事識，此二壞不壞，相展轉因」中的法義推展。曾鳳儀認爲：

> 「現識」屬前五識，隨其五塵對至即現，但能明了，未入分別；若「分別」事相妄想則屬第六識也……以不思議而黏湛發覺觸境即應遂爲「現識」，此「現識」猶未離不思議境界，即是現量，故名之曰「現識」。良由分別事識染法熏變爲之因也……「現識」攝受種種外塵，見取愛取攬爲己有，及無始妄想熏變種子，背覺合塵已非一日，凡外六塵，一入明了即生分別，而妄想計度紛然雜出，起惑造業莫可紀極，是「現識」又爲「分別事識」因也。〔註71〕

曾鳳儀將「現識」判定爲前五識，主要是以五根對五塵所現的「現量」，但能明了而未起分別；若起分別心，則落入「分別事識」之第六意識。而此前五識與第六識之間輾轉相互爲因，五根觸境而分別；分別而再觸境起分別，如是「妄想計度紛然雜出，起惑造業莫可紀極」，不斷的起惑造業、生死流轉。

除了曾鳳儀之外，幾乎所有的注家都將「現識」判定爲是第八識，「分別事識」是餘七識，「第八與前七識」兩者之間彼此「相展轉因」。然而曾鳳儀將「現識」判定爲前五識，「分別事識」爲第六意識，卻成爲「前五與第六識」兩者之間彼此「相展轉因」。爲何曾鳳儀會有這樣的詮釋呢？

本文認爲曾鳳儀判定「現識」爲前五識的理論依據，應該是來自於《八識規矩頌》有關前五識是「性境」的說法，如普泰：《八識規矩頌補註》說：

> 性境現量通三性：此言前五識於三境中唯緣性境，三量唯是現量。〔註72〕

所謂「性境」，所指的是眞實之境，包括第八識的相分、前五識及五俱意識之相分等等。這種說法最早是由窺基的《成唯識論掌中樞要》所提出的，如：

> 性境不隨心……諸眞法體名爲性境。色是眞色，心是實心，此眞實

〔註71〕曾鳳儀：《楞伽經宗通》，《卍新纂續藏》第二十六冊，頁387～388。

〔註72〕普泰：《八識規矩頌補註》，《大正新修大藏經》第四十五冊，頁468。

法不定隨心三性不定，如實五塵唯無記性，不隨能緣五識通三性故，亦不隨心同於一繫。〔註73〕

窺基在詮釋玄奘大師「性境不隨心」的偈頌時，說出「性境」是一切實體之境，有實性而不隨能緣的心所操控；能緣的心只是單純顯現，以前五識的現量而量知，此稱爲「性境不隨心」。然而身處於明代末年的曾鳳儀，並未能看到唐代的唯識學注疏〔註74〕，因此曾鳳儀將《楞伽經》中「現識」以五根對五塵所現的「現量」，來判定爲前五識，主要是應是參考了《八識規矩頌》中「五識於三境中唯緣性境，三量唯是現量」的說法。這樣的說法也提供了詮釋《楞伽經》中「三識」的另一種參考。然而從這樣的詮釋當中，也可以發現曾鳳儀的立論意趣。曾鳳儀在此所要強調的，是前五識與第六意識之間，「根、塵、識」與「分別」的關係。繼而指出如何由「無分別」來下工夫，顯現無雜染的「現量」。如曾鳳儀在注文後引用龐居士偈頌曰：

一羣六箇賊，生生欺殺人，我今識汝也，不與汝爲鄰，汝若不伏我，我即到處說，教人盡識汝，使汝行路絕，汝若肯伏我，我即不分別，共汝一處住，同證無生滅。〔註75〕

「一羣六箇賊」所指的就是曾鳳儀所認爲的「現識」與「分別事識」，「前五與第六識」之間的「輾轉相因」。當五根觸境而意識起分別，繼而「妄想計度紛然雜出」，不斷的起惑造業。這要改變這種現象，唯有不斷的提醒自己「我即到處說，教人盡識汝，使汝行路絕」，最後「我即不分別」以「無分別」來下工夫，達到「同證無生滅」的境地。

2、「五法」、「三自性」的運用

以「五法」、「三自性」來詮釋《楞伽經》中「三相」、「三識」，也是明代以前注家所未曾有的見解。由於「五法」、「三自性」也是《楞伽經》中的經

〔註73〕窺基：《成唯識論掌中樞要》，《大正新修大藏經》第四十三冊，頁620。

〔註74〕根據學界的研究，由於唐代法難及其他因素，教內諸多典籍佚失，如唐代唯識宗的相關注疏，在明代是無從得見的。如聖嚴法師說：「明末諸家唯識學者，殊足敬佩讚歎，他們不像窺基時代之尚有梵文原典可資參考，並且直接參加過奘師的譯場，論旨文義，較易掌握，而明末諸師，僅憑滿腔悲願，參考搜索，散見於少數典籍中的引文，便從事於註釋的工作……而他們的主要依據，僅是元人雲峰的《唯識開蒙問答》二卷，五代永明的《宗鏡錄》百卷，唐代清涼國師澄觀的《華嚴疏鈔》八十卷，以及《楞伽》、《深密》等經，《瑜伽》、《顯揚》等論。」見於聖嚴：《明末佛教研究》，頁236～237。

〔註75〕曾鳳儀：《楞伽經宗通》，《卍新纂續藏》第二十六冊，頁388。

文內容之一，因此這樣的詮釋方式，不僅提供另一種思惟的參考點，更有助於整體經文的融貫。

首先是德清將「三相」配比「三自性」，「轉相」爲依他起性，「業相」爲徧計所執性，「眞相」爲圓成實性，繼而曾鳳儀也有相同的詮釋。「三自性」的內容，在《楞伽經》中提到：

> 復次大慧，菩薩摩訶薩當善三自性，云何三自性？謂：「妄想自性、緣起自性、成自性。」〔註 76〕

佛陀告訴大慧菩薩，應當善巧的學習「三自性」。此中的「妄想自性」就是徧計所執性，所指的是對於心外無實體的諸境，生起妄執之心而計執爲「實我」、「實法」，亦即是德清、曾鳳儀所指的「業相」；「緣起自性」就是依他起性，是指各種緣起之法，並非固定永遠不變，也非實在，是如幻假有，亦即是「轉相」；「成自性」就是圓成實性，是指眞實而圓滿的是不生不滅的體性，亦即是「眞相」。德清、曾鳳儀以此「三自性」來配比「三相」，不僅提供另一種法義詮釋，實在也是一種巧妙的融貫。

其次是陸西星以「五法」中的「正智、如如」來詮釋「眞相」與「眞識」。

所謂的「五法」是指「相、名、妄想、正智、如如」五種法的本質，在《楞伽經》中也提到：

> 大慧，正智、如如者，不可壞，故名「成自性」。〔註 77〕

在《楞伽經》中，圓成實性是含攝了「正智、如如」這兩法，而陸西星恰以「正智、如如」來詮釋「眞相」與「眞識」，正好說明了「眞相」與「眞識」即是圓成實性。此處不僅善巧的融貫《楞伽經》中的法義，實則透露出另外一個訊息。當「眞相」、「眞識」的法義內涵爲「正智、如如」時，也代表著「眞相」、「眞識」不僅是眞如理體的境界，同時也具備了無分別智的工夫。如《楞伽經》說：

> 大慧，正智者彼名相不可得猶如過客，諸識不生不斷不常……以此正智不立名相，非不立名相，捨離二見建立及誹謗，知名相不生，是名如如。大慧，菩薩摩訶薩住如如者，得無所有境界故，得菩薩歡喜地。〔註 78〕

〔註 76〕求那跋陀羅譯：《楞伽阿跋多羅寶經》，《大正新修大藏經》第十六冊，頁 487。
〔註 77〕求那跋陀羅譯：《楞伽阿跋多羅寶經》，《大正新修大藏經》第十六冊，頁 511。
〔註 78〕求那跋陀羅譯：《楞伽阿跋多羅寶經》，《大正新修大藏經》第十六冊，頁 511。

要趨向「如如」之境，必先有「正智」的工夫。陸西星所謂的「眞相」與「眞識」，即是以明瞭「名、相不可得猶如過客」的「正智」，繼而捨離妄想邪見，最終安住於「無所有」的「如如」之境。因此陸西星的觀點，實際上是開啓了另外一種值得參考的法義詮釋。

3、《大乘起信論》的運用與調和

明代以前的注家，雖然也曾以《大乘起信論》的法義來解說《楞伽經》中的「三相」，如澄觀、延壽將《楞伽經》中的「業相」等同於《大乘起信論》「三細」中的「業相」，然而這樣的見解，並沒有得到明代注家們的認同。明代注家們對於以《大乘起信論》的法義來解說《楞伽經》中的「三相」，是另有發揮的，從中也可以看出明代注家們對於《大乘起信論》的運用與調和。

首先是宗泐、如玘將《楞伽經》的「三相」（轉相、業相、眞相）直接等同於《大乘起信論》的「三細」（業相、轉相、現相）。在這個法義詮釋上，雖然「業相」的配比關係似乎和前人澄觀、延壽相同，但値得注意的是「眞相」與「現相」的配比關係。由於《大乘起信論》的「現相」所指的是「境界相」，是依「業相、轉相」所產生的客觀境地，但《楞伽經》的「眞相」所指的眞如理體。因此「眞相」與「現相」這兩者之間如何等同呢？宗泐、如玘的解釋是「此不言現而言眞者，蓋言此識隨緣不變故名眞耳」。宗泐、如玘認爲在《楞伽經》中安立「眞相」而不說「現相」，是要強調「隨緣不變」的眞如體性。針對這樣的法義詮釋，似乎可以發現宗泐、如玘極力的調和《楞伽經》「三相」與《大乘起信論》「三細」兩者之間的對應關係。

關於《大乘起信論》的運用，明代注家還有其他的發揮，如德清、曾鳳儀、通潤等，將《楞伽經》「三相」中的「轉相」詮釋爲包含「三細」，「業相」則涵蓋「六粗」。這樣的說法，首先由德清所提出：

> （楞伽）此經不同（起信）論意，而以轉爲首者，此轉不是三細之轉……此「轉相」即前「流注」生滅，已具論中三細；而此業字，乃業力造業之業，即前「相」生住滅，而六粗相皆具此中。〔註 79〕

德清認爲《楞伽經》的「轉相」就是「流注（生滅）」，並不是「三細」中的「轉相」，而是包含「業、轉、現」的三細之相；《楞伽經》的「業相」就是「相（生滅）」並不是「三細」中的「業相」，而是涵蓋「智相、相續相、執取相、計名字相、起業相、業繫苦相」的六粗之相。換言之，德清所謂《楞

〔註 79〕德清：《觀楞伽阿跋多羅寶經記》，《卍新纂續藏》第二十五冊，頁 749。

伽經》的「轉相」，是指眞如因無明不覺，識的初動之後，繼而由主客未分轉成主客對立的境界相；《楞伽經》的「業相」是指依境界相起可愛分別，於其中相續苦樂，繼而心起執著，並分別假名言說之相，造種種業，最後繫於善惡諸業，不得自在而有生死逼迫苦惱的境界。事實上，德清的詮釋並非全然的反對《楞伽經》與《大乘起信論》之間法義的相互詮釋，雖然德清反對宗泐、如玘的「三相」等同「三細」，以及前人澄觀、延壽「業相互同」的看法，但德清所提出的「轉相含三細，業相該六粗」的觀點，其實也是提供《楞伽經》與《大乘起信論》之間法義融攝的另一種解讀觀點。

繼之在德清之後，曾鳳儀也提出「轉相含三細，業相該六粗」的看法，但是他爲這兩部經論之間，做了更詳細的解說，如：

> 然三細「業相」居先，而此（楞伽）「業相」居後者何也？此指「現相」之後起惑造業，《起信》所謂「境界爲緣起六粗是也」……此「業繫苦相」，生死相續爲「業相」之終，一念無明爲「業相」之始。〔註 80〕

曾鳳儀認爲《大乘起信論》的「三細」（業、轉、現相）是「業相」在前，但《楞伽經》的「三相」（轉、業、眞相）是「業相」居「轉相」之後，因此《楞伽經》的「業相」就是《大乘起信論》「現相」之後的「六粗」之相，從無明的薰染到延續生死相續的「業繫苦相」。在此曾鳳儀解釋了「業相該六粗」的說法，同時也似乎在調和兩部經論之間名相安立差異的問題。

在德清、曾鳳儀之後，通潤也是提出「轉相含三細，業相該六粗」的觀點，但是明顯的，通潤更著墨於調和兩部經論之間名相安立差異的問題，並且以法義來加以貫串融攝。如：

> 「轉相」者謂前七，名「分別事識」，亦名「轉識」而相名「轉相」……「轉相」有二，若就無明所動轉成能見者，在本識中；若爲境界所動轉成能見者，在「事識」中也。〔註 81〕

通潤將《楞伽經》的「轉相」、「分別事識」等同於《大乘起信論》的「轉識」、「轉相」，將這四個名相統合起來，其實將出現許多矛盾。因爲通潤是贊成「三種相通乎八識」的，倘若將「轉相」等同於「分別事識」、「轉識」，則「轉相」即成爲前七識，如此一來就出現「全八識」等同於「前七識」的矛盾。因此

〔註 80〕 曾鳳儀：《楞伽經宗通》，《卍新纂續藏》第二十六冊，頁 386～387。

〔註 81〕 通潤：《楞伽經合轍》，《卍新纂續藏》第二十六冊，頁 755。

通潤爲了調和兩部經論之間名相安立差異，於是將「轉相」分爲兩種，一種是「因無明所動」爲第八識；另一種是「依境界所動」爲「分別事識」（前七識），如此一來不僅銷解了「三種相通乎八識」的矛盾，也成功以法義來加以貫串融攝，調和了《楞伽經》與《大乘起信論》這兩部經論之間名相安立差異的問題。

第四節　「覆彼眞識」的討論

一、問題的提出

在「諸識生滅門」中，緊接在「流注、相」（生、住、滅）、「三相」、「三識」之後的，佛陀繼續告訴大慧菩薩如何淨化「相（生、住、滅）」的方法，如：

> 大慧，若「覆彼眞識」種種不實諸虛妄滅，則一切根、識滅。大慧，是名「相」滅。〔註82〕

此段的大意是說，倘若要淨化「相（生、住、滅）」，必須先「覆彼眞識種種不實諸虛妄滅」，則一切諸根、識的和合生滅之相也隨之被「消滅」（淨化）。然而「覆彼眞識種種不實諸虛妄滅」的這個句子要如何解釋，卻出現了不同的看法。首先是對「覆」的解釋，關於「覆」的詮釋出現了「反復」與「覆蓋」兩種看法。當「覆」爲「反復」的意思，則這個句子便解釋爲「回歸到眞識，種種不實的境界及妄想習氣自然消滅，就能達到『相』滅」；當「覆」爲「覆蓋」的意思，則這個句子便解釋爲「要消滅覆蓋在眞識上種種不實的境界及妄想習氣，就能達到『相』滅」。這兩種詮釋方式，各表現出不同的法義內涵，一是覺照眞心；一是消除妄心。

其次更要注意的是諸注家們如何來解說「眞識」。由於這段經文在魏譯本、唐譯本中，只翻譯「二識」（現識、分別事識），並沒有安立「眞識」，因此這段經文便明顯的不同於劉宋譯本，如：

> 〔魏譯〕大慧，「阿黎耶識」虛妄分別種種熏滅諸根亦滅，大慧，是名「相」滅。〔註83〕
>
> 〔唐譯〕大慧，「阿賴耶識」虛妄分別種種習氣滅即一切根識滅，是

〔註82〕求那跋陀羅譯：《楞伽阿跋多羅寶經》，《大正新修大藏經》第十六冊，頁483。
〔註83〕菩提留支譯：《入楞伽經》，《大正新修大藏經》第十六冊，頁522。

名「相」滅。〔註 84〕

在三種譯本的對照之下，可以發現魏、唐兩種譯本，直接將「覆彼眞識」的內涵等同於「阿賴耶識」，因此也替這句經文提供了另一種的詮釋參考。如印順說：

> 阿賴耶識雖不離眞如自性清淨，卻是覆障眞如的，雜染過患、煩惱熏習的總聚。宋譯或譯阿賴耶識爲「覆彼眞識」，深得《楞伽》的經意！所以，阿賴耶識一名，是不清淨的。如修到一切妄執不起，斷盡無始以來的戲論熏習，就轉捨阿賴耶識的名字，唯是離垢清淨的如來藏了。〔註 85〕

印順在對照三種譯本後，發現劉宋譯本直接將阿賴耶識譯爲「覆彼眞識」，更能深刻的展顯出《楞伽經》的經意。因爲《楞伽經》中所強調的法義，是如來藏與阿賴耶識的結合。由於如來藏爲無始虛僞的妄想執著及種種戲論所熏習，因而產生了阿賴耶識。如經文所說：

> 如來之藏，是善不善因，能遍興造一切趣生……無始虛僞惡習所熏，名爲識藏，生無明住地，與七識俱。如海浪身，常生不斷，離無常過，離於我論，自性無垢，畢竟清淨。〔註 86〕

《楞伽經》是以「如來藏緣起」爲生命宇宙的緣起論，由於如來藏心被無始以來的無明惡習所薰習，而出現有雜染的「藏識」或「識藏」即第八阿賴耶識，繼而由此藏識而現起種種的萬有之相，開始了生命的流轉。但是如來藏的本性並不受污染，是「畢竟清淨」的。因此印順認爲劉宋譯本所譯的「覆彼眞識種種不實諸虛妄滅」，相較於魏、唐兩種譯本，實在更能深刻的展顯出《楞伽經》的理趣。

然而明代的注家們，是如何詮釋「覆彼眞識種種不實諸虛妄滅」的這句經文呢？以下本節也以三個部分來詳加論述。首先介紹明代以前諸注家對於這個問題的解釋；其次分析明代諸注家各種不同的詮釋；最後提出明代《楞伽經》的九家注疏在這個問題上，對於前代的繼承發展與超越。

二、明代以前的解釋

關於「覆彼眞識種種不實諸虛妄滅」這句經文的詮釋，唐代的《楞伽經

〔註 84〕實叉難陀譯：《大乘入楞伽經》，《大正新修大藏經》第十六冊，頁 593。

〔註 85〕印順：《如來藏之研究》（台北：正聞出版社，1993），頁 242。

〔註 86〕求那跋陀羅譯：《楞伽阿跋多羅寶經》，《大正新修大藏經》第十六冊，頁 510。

註》、《楞伽經疏》並無注文，法藏的《入楞伽心玄義》雖有出現「覆眞」之詞，如「此覆眞之俗要不礙眞顯」〔註87〕，但該文之「眞」，所指的是「眞諦」，而非「眞識」。因此明代以前對於這句經文曾提出解釋的注家只有五位，今依各家注文以列表的方式整理如下：

（五代）延壽《宗鏡錄》	並無直接明文解釋「覆彼眞識」，但在（卷五十七）解釋「流注」、「相」之生住滅後，接有：若能了最初一念，起滅何從，頓入無生。復本眞覺，則塵塵寂滅，六趣之籠檻難羈；念念虛玄，九結之網羅休絆。猶如巨海風息，不起微漣。〔註88〕
（宋）楊彥國《楞伽經纂》	覆有反復之義，謂回光返照，還於眞識，則一切根塵泯爲法界，所有性相，復何覩哉。〔註89〕
（宋）寶臣《註大乘入楞伽經》	寶臣依唐譯本作注：「自下明若達妄源成淨緣起也。言阿賴耶識和合心海中，妄念分別種種習氣若滅，即一切根識滅。」〔註90〕
（宋）正受《楞伽經集註》	全引用楊彥國《楞伽經纂》之注文。
（宋）善月《楞伽經通義》	若「覆彼眞識」等，覆謂「覆蔽」，即能覆彼眞識諸虛妄滅故，「眞識」性顯，根塵識相當不復生，此以不生言滅。舊約「反覆」義釋者，其說頗迂。然則何以滅妄，亦照妄識本空而已。〔註91〕

從上面的列表中，針對各注家們注文的重點簡要歸納，大致可分爲以下四點：

（1）延壽所謂的「復本眞覺，則塵塵寂滅」其中的「復」字應是「反復」、「返照」之意。延壽又提出「能了最初一念，起滅何從，頓入無生」，在此可以看出延壽強調「了最初一念，起滅何從」是「悟性」；「復本眞覺」是「覺性」；「頓入無生」又富有「頓」的特質，從這三者也可以找出延壽所重視的工夫論。

（2）楊彥國將「覆」解釋爲「反復」，若能「回光返照，還於眞識」，則一切根塵所有的境界，都將銷泯於法界之中。正受和楊彥國的見解相同。

（3）寶臣依唐譯本作注，唐譯本不立「眞識」，因此「覆彼眞識」的內

〔註87〕法藏：《入楞伽心玄義》，《卍新纂續藏》第二十五冊，頁415。
〔註88〕延壽：《宗鏡錄》，《大正新修大藏經》第四十八冊，頁745。
〔註89〕楊彥國：《楞伽經纂》，《卍新纂續藏》第九十一冊，頁317。
〔註90〕寶臣：《註大乘入楞伽經》，《卍新纂續藏》第九十一冊，頁476。
〔註91〕善月：《楞伽經通義》，《卍新纂續藏》第二十五冊，頁438～439。

涵直接等同於「阿賴耶識」。意思是指如果能將有雜染的阿賴耶識中，所有的虛妄分別種種習氣淨滅，即一切根識滅。

（4）善月推翻前人（延壽、楊彥國）將「覆」解釋爲「反復」的說法，而將「覆」解釋爲「覆蔽」，認爲應該把覆蓋在「眞識」上的種種虛妄消滅，讓「眞識」顯出清淨的功能。善月又提出滅妄的方法，不過是「照妄識本空」，了解妄識的本質也是不實在的。

從上述的列表與重點歸納，可以發現明代以前關於《楞伽經》中「覆彼眞識種種不實諸虛妄滅」的這句經文，雖然只有五位注家提出詮釋，似乎出現了三種不同的詮釋角度。有延壽、楊彥國的「反復說」；寶臣的「阿賴耶識說」；善月的「覆蔽說」等三種。這三種說法，乍看之下彷彿雷同，然而仔細分析則可以發現其中微細的差異之處。以下以三點說明：

（1）寶臣的「阿賴耶識說」，是平鋪直敘，最簡單而明顯的說法。因爲阿賴耶識本身就是虛妄雜染的，因此滅除這些虛妄雜染的分別種種習氣，是容易讓人理解的說法。

（2）善月的「覆蔽說」，則進一步將阿賴耶識的虛妄雜染，當成是一個客體，而「眞識」是主體，主客是鮮明對立的。因此要去除覆蓋在主體上的客體，他的方法是了解客體的本質是虛妄的。

（3）延壽、楊彥國的「反復說」，雖然也是以「眞識」爲本位，但是並不強調虛妄的客體，換言之，「反復說」的主客對立情形並不明顯，強調的是「眞識」的「覺性」或「悟性」。

倘若用戰士上戰場的比喻來說明這三種說法，似乎更能掌握其中的奧妙。「阿賴耶識說」就像是戰士知道前面有虛幻不實的敵人；「覆蔽說」就像戰士看到前面有敵人，卻不斷的提醒自己：「不用擔心，那些敵人是虛幻的」；「反復說」就像是戰士告訴自己：「前面並沒有敵人，只要安心做自己的事就好了」。嚴格上來說，在這三種說法當中，「覆蔽說」和「阿賴耶識說」的意趣是相同的，都把重心投注在虛妄雜染的阿賴耶識；而「反復說」則是把焦點關注於「眞識」。

三、明代諸注家的詮釋

關於明代九家注疏對於「覆彼眞識種種不實諸虛妄滅」這句經文的注文，亦以列表的方式整理如下：

宗泐、如玘《楞伽阿跋多羅寶經註解》	覆者，「反復」也。謂若能返照眞識，則一切愛見妄想自然消滅。能熏妄想既滅，則所熏根識亦泯，是爲相滅。〔註 92〕
德清《觀楞伽寶經記》	「覆」，返也。即返流全一，頓契眞如，則一切塵垢當下銷亡，而根、塵、識心應時銷落，是名「相」滅。〔註 93〕
陸西星《楞伽要旨》	缺
廣莫《楞伽經參訂疏》	「覆」字，楊彥國纂云「覆者，返復之義，謂迴光返照，還於眞識也」。〔註 94〕
曾鳳儀《楞伽經宗通》	無始無明，覆彼「眞識」，譬如太虛爲浮雲所覆，故阿賴耶識中虛妄分別種種習氣倏生倏滅皆非眞實。〔註 95〕
普眞貴《楞伽科解》	「緣」謂種種不實之境，「因」謂虛妄愛見無明。由是因緣，蓋覆眞心，成六根識，根境合時，起念分別，名「相生滅」。今所以斷者，謂將蓋覆本有眞心種種境界虛妄見滅，則根識和合生滅之相亦滅，名「相生滅」滅也。〔註 96〕
焦竑《楞伽經精解評林》	焦竑有「塵根滅，則幻亦滅」〔註 97〕之注文，其後全部引用宗泐、如玘之注文。
通潤《楞伽經合轍》	若約護法，覆是蓋覆義，正指等覺無間道一分極微細所知愚，以能蓋覆眞識故，至解脫道，用金剛慧一念頓斷，則我法二執虛妄習氣一時頓滅，則一切依根之識應念都盡。如前五識依五根，六以七爲根，七以八爲根，八又以七爲根，故一分極微細所知愚空，而一切依根之識皆空……若約馬鳴，以有眞如法故，能熏習無明，以熏習因緣力故，能令妄心厭生死苦，樂求涅槃。以此妄心有厭求因緣故，即熏習眞如，自信己性，知心妄動，無前境界，修遠離法，以如實無前境界故，種種方便起隨順行，不取不念，乃至久遠熏習力故，無明則滅。〔註 98〕
智旭《楞伽經義疏》	言「覆彼眞識種種不實諸虛妄」者，即指阿賴耶識受虛妄熏，持虛妄種，雖即全體眞識，而能覆彼眞識。如全水起波，波能覆彼澄清水體也。〔註 99〕

從上面的列表中，針對各注家們注文的重點簡要歸納，大致可分爲以下九點：

〔註 92〕宗泐、如玘：《楞伽阿跋多羅寶經註解》，《大正新修大藏經》第三十九冊，頁 350。

〔註 93〕德清：《觀楞伽阿跋多羅寶經記》，《卍新纂續藏》第二十五冊，頁 751。

〔註 94〕廣莫：《楞伽經參訂疏》，《卍新纂續藏》第二十七冊，頁 17。

〔註 95〕曾鳳儀：《楞伽經宗通》，《卍新纂續藏》第二十六冊，頁 388。

〔註 96〕普眞貴：《楞伽科解》卷三，頁 23。

〔註 97〕焦竑：《楞伽經精解評林》，《卍新纂續藏》第九十一冊，頁 391。

〔註 98〕通潤：《楞伽經合轍》，《卍新纂續藏》第二十六冊，頁 758～759。

〔註 99〕智旭：《楞伽經義疏》，《卍新纂續藏》第二十六冊，頁 119。

（1）宗泐、如玘將「覆」解釋爲「反復」，並強調若能「返照眞識」，則一切愛見妄想自然消滅。其中的「返照」已隱含了「覺性」的特質。

（2）德清將「覆」解釋爲「返」，並說明要「返流全一，頓契眞如」，回復到眞如本性，才能讓「一切塵垢當下銷亡，而根、塵、識心應時銷落」。從「頓契」、「當下銷亡」、「應時銷落」的注文看來，德清的「反復說」似乎更強調出「頓」的特質。

（3）陸西星並沒有提出看法。

（4）廣莫直接引用楊彥國《楞伽經纂》中的看法，將「覆」解釋爲「反復」，著重在能「回光返照，還於眞識」。

（5）曾鳳儀將「覆」解釋爲「覆蓋」，「眞識」被無始無明所覆蓋，就像天空爲浮雲遮蔽。

（6）普眞貴也將「覆」解釋爲「覆蓋」，認爲「眞識」被無明虛妄愛見及種種不實之境所覆蓋，因此在根、塵、識和合時，會起念分別造業。

（7）焦竑並沒有發揮，只引用宗泐、如玘的注文。

（8）通潤的詮釋除了分別說出「覆蓋」、「反復」兩種解釋的意趣所在，很明顯的，通潤也藉由「覆彼眞識種種不實諸虛妄滅」這句經文的理解，指出了性相兩宗不同的特質。依相宗（護法）的看法，「覆」應該解釋爲「覆蓋」。通潤並且引用《解深密經》所說的，即使是等覺菩薩都尚有「一分極微細所知愚」來覆蓋「眞識」，必須要用「金剛慧」來斷除這「一分極微細所知愚」，這時「我法二執」的虛妄習氣才會完全淨滅，就好像「根」與「識」之間的相互依存，要直到「一分極微細所知愚」空，一切的「根」與「識」才能眞正空。通潤詮釋性宗（馬鳴）的看法，從「以有眞如法故，能熏習無明……不取不念，乃至久遠熏習力故，無明則滅。」〔註 100〕完全引用《大乘起信論》的原文。性宗（馬鳴）所強調的，是以「眞識」（眞如）能熏習無明，讓妄心「厭生死苦，樂求涅槃」。所以只要「自信己性，知心妄動，無前境界，修遠離法，以如實無前境界故」，相信自己的眞如法性，了知一切的境界並不存在，「不取不念」安住於眞如，經過長久的薰習改變，無明自然滅除。通潤的詮釋雖然沒有明言說出「覆」解釋爲「反復」，但他著重於眞如及「自信己

〔註 100〕 眞諦譯：《大乘起信論》，《大正新修大藏經》第三十二冊，頁 577。

性」的說法，事實上所指的就是「反復」之意。在這句經文上，通潤分別詮釋了性相兩宗的觀點，也說出這兩宗工夫下手的不同之處，相宗著重在對治妄心，性宗著重在加強眞心。

（9）智旭將「覆」解釋爲「覆蓋」，但似乎直接參考唐譯本的說法，將重點擺在「阿賴耶識」，認爲「阿賴耶識受虛妄熏，持虛妄種」，而且智旭還說明「眞識」與「阿賴耶識」的體用關係，虛妄的「阿賴耶識」雖然當下全體就是「眞識」，但卻能覆蓋眞識，就像「全水起波，波能覆彼澄清水體」。

從上述的列表與重點歸納，關於明代諸注家對於「覆彼眞識種種不實諸虛妄滅」這句經文的詮釋，大致上可分爲三種：

（1）將「覆」解釋爲「反復」，有宗泐、如玘、德清、廣莫、焦竑。

（2）將「覆」解釋爲「覆蓋」，有曾鳳儀、普眞貴、智旭。

（3）「覆蓋」、「反復」兩種解釋都贊同，爲通潤。

四、明代《楞伽經》注疏對於前人的繼承發展及超越與反思

明代諸注家對於「覆彼眞識種種不實諸虛妄滅」這句經文「覆」的詮釋，大致上可分爲「覆蓋說」、「反復說」及兩種兼通等三種。以下將針對明代諸注家對於前人的繼承發展及超越與反思等兩方面來加以論述。

（一）繼承與發展——「反復說」

明代諸注家在詮釋「覆彼眞識種種不實諸虛妄滅」這句經文，對於前人的繼承發展主要的是「反復說」。最早提出「反復說」的是延壽《宗鏡錄》「復本眞覺，則塵塵寂滅」，只要反復到「眞識」的覺性，則虛妄的塵境自然消滅。其後楊彥國、正受再以「回光返照，還於眞識」，來強調「反復」之功。在明代的注家中，有宗泐、如玘、德清、廣莫、焦竑等人持相同的觀點。

「反復說」的立論基礎，主要是以「眞識」爲本位，並不強調虛妄的客體「阿賴耶識」。換言之，是故意去忽略虛妄的「阿賴耶識」及根塵境界的種種分別，目的是要突顯「眞識」的「覺性」或「悟性」，而企圖消弭主客對立的情形。誠如通潤所說，這是性宗的理趣所在。因此，「反復說」所展現的工夫進路，強調的是「眞識」（眞如）能熏習無明，只要「自信己性」，相信自己的眞如法性，「如實無前境界」，了知一切的境界並不存在，「不取不念」安住於眞如，經過時間累積，自然瓜熟蒂落、水到渠成，無明滅除。在這個過程當中，「覺性」或

「悟性」是極其重要的，若能善巧掌握，即可「頓入無生」、「頓契眞如」。當然，「覺性」或「悟性」也是這個工夫進路中，難以把握的關鍵。

（二）超越與反思

1、「覆蓋說」

最初提出這種詮釋的是寶臣《註大乘入楞伽經》，但實際上應該溯源於實叉難陀的《大乘入楞伽經》，因爲實叉難陀直接將「覆彼眞識」譯成「阿賴耶識」。隨後善月提出「覆」應爲「覆蔽」的觀點，要將覆蔽在「眞識」上的虛妄消滅，使「眞識」顯出清淨的功能。在明代的注家中，有曾鳳儀、普眞貴、智旭等人持相同的觀點。

「覆蓋說」的立論基礎，主要是以「眞識」作爲主體，虛妄雜染的阿賴耶識爲客體，主客之間是對立鮮明的。然而「覆蓋說」的焦點，全部關注在虛妄雜染的客體「阿賴耶識」。這個客體雖然是虛妄雜染的，但直到成佛前的等覺菩薩，都還被這個虛妄雜染的客體所干擾，如通潤在注文中所謂的「一分極微細所知愚」。這「一分極微細所知愚」語出於《解深密經》，如：

> 於如來地（等覺），有二愚癡。一者，於一切所知境界極微細著愚癡；二者，極微細礙愚癡，及彼麤重爲所對治。〔註 101〕

就算到了等覺菩薩，對於一切認知境界仍存留著極微細的執著和愚痴，相對的，二乘人與六道眾生，就更不在話下了。因此，這理論上似乎是虛妄不實的客體，卻一直持續「眞實」的干擾、污染眾生。換言之，如何對治虛妄雜染的「阿賴耶識」及根塵因緣所生種種不實之境，就成爲最重要的關鍵。誠如通潤所說，這是相宗的理趣所在。因此，「覆蓋說」所展現的工夫進路，是不斷的提醒自己，所有根塵因緣所生種種不實之境，都是虛幻不實的。就像唯識宗所謂的「五重唯識觀」，慢慢的修行累進。從第一重的「遣虛存實識」：

> 觀遍計所執，唯虛妄起，都無體用，應正遣空；觀依他、圓成諸法體實，二智境界，應正存有，理有情無故。〔註 102〕

觀察外境的種種都是認知的虛妄執著，並非眞實，必須遣空；觀察依他起的因緣法及圓成實性是正智，必須執持。歷經「捨濫留純識」、「攝末歸本識」、「隱劣顯勝識」直到第五重「遣相證實」：

〔註 101〕玄奘譯：《解深密經》，《大正新修大藏經》第十六冊，頁 704。

〔註 102〕窺基：《大乘法苑義林章》，《大正新修大藏經》第四十五冊，頁 258。

事為相用遣而不取，理為性體應求作證。〔註 103〕

遣除依他起的事相，而證得圓成實性的眞如體性。在這「五重唯識觀」中次第的觀修，必須慢慢的修行累進，直到等覺菩薩用「金剛慧」來斷除這「一分極微細所知愚」，這時「我法二執」的虛妄習氣才能完全淨滅。

另外，在明代注家的「覆蓋說」中，智旭的詮釋是值得注意的。他雖然參考唐譯本的說法，將重點擺在「阿賴耶識」而採用「覆蓋說」，但智旭在注文中強調，這虛妄的「阿賴耶識」受熏持種，「雖即全體眞識，而能覆彼眞識」，如同「全水起波，波能覆彼澄清水體」，其目的主要是欲突顯出「眞識」與「阿賴耶識」之間是不一不異，企圖去消弭「覆蓋說」中，可能出現主客對立的弱點，也嘗試去融攝性相兩宗的界線。從這個角度看來，智旭的詮釋是在前人的基礎上有所超越的。

2、通潤「覆蓋說」、「反復說」的兩種兼通

在「覆彼眞識」的詮釋上，通潤分別詮釋性相兩宗不同的觀點，同時也在注文當中，隱然可以發現性相兩宗個別的立論依據及工夫進路。如相宗著重在對治「妄心」的不實；性宗著重在安住「眞心」的覺性。關於這些內容，前文都已詳論，茲不再贅述。最後值得一提的，是通潤的度量與學養，實在令人感佩。不僅能融貫性相兩宗的法義，尊重彼此的詮釋觀點，更能依性相兩宗不同的法義理趣來詮釋經文，讓人明瞭性相兩宗的立論依據及工夫進路，消弭性相兩宗的誤會與衝突。如此寬宏的胸襟，不但令人敬服，更是通潤超越前人之處。

〔註 103〕窺基：《大乘法苑義林章》，《大正新修大藏經》第四十五冊，頁 259。

第五章　明代《楞伽經》注疏中「轉依」思想的運用與創新

「轉依」是佛學思想中的重要理論，尤其是大乘佛教瑜伽學派和如來藏學都重視「轉依」的安立，在經論中可以發現瑜伽學派與如來藏學這兩種不同特質的「轉依」類型。從基本的特徵上來區別，瑜伽學派的「轉依」特質是「凡聖分明」的，從凡夫到聖人的關係是從阿賴耶識到無垢眞如，對於修證的工夫進路，著重在「斷惑、滅障」；如來藏學的「轉依」特質則是「凡聖一如」的，從凡夫到聖人的關係是從（在纏）眞如到（出纏）眞如，對於修證的工夫進路，強調於「悟眞、證眞」。

《楞伽經》出現的年代，約西元三世紀到五世紀末，此時正是「轉依」思想盛行的時期。由於《楞伽經》的經文內涵融攝了大乘中觀、瑜伽、如來藏這三系的思想，因此本章將針對「轉依」這個思想主題深入探討，企圖了解明代《楞伽經》注疏中「轉依」思想的運用與創新。爲了突顯明代《楞伽經》注疏的特色，更上溯「轉依」思想的背景；分析《楞伽經》三家漢譯本以及唐、宋時期《楞伽經》注疏中「轉依」的思想運用，以便於釐清對照。

第一節　「轉依」的定義

「轉依」（āśraya-parāvrtti；āśraya-parivrtti），是大乘佛教瑜伽學派中重要的核心教義。根據學界的研究，「轉依」這個佛學概念的內涵，盛行於無著

（Asangha）論師的時代，約在西元四、五世紀左右〔註 1〕。對於此佛學名相的安立，主要是基於「轉依」的整體意義，似乎更能詳盡的突顯出佛教中的終極關懷——「離苦得樂」、「轉凡成聖」等特質，如呂澂說：

略說觀行的結果「轉依」。這個範疇是在佛學發展的盛期即無著的時代，才用來替代「解脫」的。它更能積極地表示解脫的本質，並說明如何由基本上解決問題。……無著引用這一範疇，意義便大有不同。它並不限於身心的轉易，又還聯繫客觀事象的變革。要是略加分析，在主觀方面，這是注重認識的質變，……由於人生正向是從染趨淨的，其間逐漸轉變，終至染盡淨滿，身心面貌突然改觀，這樣說爲「轉依」。至於客觀事象的一面，不是簡單地從名想認識的轉移便直接有了改變，卻是由認識的不斷矯正，事象實相的顯現益加了然，這再引起行動，革新事象，使它更和實相隨順地發展。所以，在認識和行爲的聯繫中，主客兩面平行的前進，而眞正的轉依即是由這樣的途徑完成的。〔註 2〕

在呂澂的說明中，可以清楚的了解「轉依」的特質，主要是它能「積極地表示解脫的本質」。從主觀認識上的「從染趨淨」，加上客觀行爲實踐上的「不斷矯正」，「在認識和行爲的聯繫中，主客兩面平行的前進」，經由實踐的累積、境界的次第深化而逐漸轉變，最後完成「轉依」，達成佛教中的終極關懷——「離苦得樂」、「轉凡成聖」。

「轉依」是佛學思想中重要的理論，尤其唯識宗更加強調「轉染成淨」、「轉識成智」的過程。如濟群法師說：

唯識學講解脫、涅槃、轉依，是建立在染淨轉變的基礎上。阿賴耶識作爲染淨依的存在，蘊藏著有漏和無漏的種子。由雜染種子現行後展開的是妄識，由清淨種子現行後顯現的是清淨識。學佛的過程就是轉依的過程，也就是對阿賴耶識進行轉變。這一過程非常重要，

〔註 1〕 關於無著、世親兩位論師的生卒年，學界有不同的意見，如高崎直道認爲：「無著論師的年代，可能是在 380～460 年左右。」見於〈瑜伽行派的形成〉，收於李世傑譯《唯識思想》（台北：華宇出版社，1985），頁 47；橫山紘一認爲無著論師的年代，約 310～390 年。見於《唯識思想入門》，頁 36；印順導師也曾針對無著、世親這兩位論師的生卒年寫過專論〈世親的年代〉，並認爲無著論師的生卒年應在 336～405 年。見於印順：《佛教史地考論》（台北：正聞出版社，2000），頁 331。

〔註 2〕 呂澂：《經論攷證講述》（台北：大千出版社，2003），頁 97～99。

把有漏的種子去除掉，讓妄識及所顯現的生死輪回止息，開發無漏種子，成就涅槃解脱。〔註3〕

濟群法師突顯出「轉依」在唯識學中的重要性，他明確的指出：「學佛的過程就是轉依的過程，也就是對阿賴耶識進行轉變」，而「阿賴耶識作爲染淨依的存在」，因此「轉依」就是淨化、轉變所依止的對象（阿賴耶識），「讓妄識止息，開發無漏種子，成就涅槃解脫」。這在印度瑜伽學派的論典中可以找到理論依據，如無著論師《攝大乘論本》引《阿毘達磨大乘經》中偈頌所說：「無始時來界，一切法等依。由此有諸趣，及涅槃證得。……由攝藏諸法，一切種子識，故名阿賴耶，勝者我開示。」〔註4〕在此所謂「一切法等依」，一切法所共同依止的是種子識「阿賴耶識」，由於阿賴耶識裏含藏著無量的「有漏、無漏種子」，當修行者從「身、口、意」不斷的淨化雜染的習氣，調整偏差的心念、思想、態度、行爲，漸漸的，有漏雜染的種子慢慢消除；無漏清淨的種子便得以顯現。如《攝大乘論本》所謂：「轉依，謂即依他起性對治起時，轉捨雜染分轉得清淨分。」〔註5〕

在大乘佛教瑜伽學派中，彌勒論師《辨法法性論》中，特詳以「轉依」爲修證的大乘義，如「由十相悟入，轉依爲無上：入性、物、數取，別、所爲、依住，作意及加行，過患并功德。」〔註6〕以十種不同的次地、角度，分別來說明悟入「轉依」的種種相貌；無著論師《攝大乘論本》中介紹了「六種轉依」〔註7〕，指出六種不同的轉依類型及特質；世親論師《唯識三十論頌》在第二十九頌中說：「無得不思議，是出世間智，捨二粗重故，便證得轉依。」〔註8〕這是說諸菩薩在修習位中，以無分別智修習至第十地圓滿，即得永捨煩惱障和所知障兩種粗重的種子，並於金剛後心便能證得涅槃及菩提兩種轉依果。瑜伽學派集大成的論書《成唯識論》〔註9〕更詳述了各種多樣貌的「轉依」

〔註3〕濟群：《眞理與謬論——辨中邊論探微》，（上海：上海古籍出版社，2004），頁35。

〔註4〕玄奘譯：《攝大乘論本》，《大正新修大藏經》第三十一冊，頁133。

〔註5〕玄奘譯：《攝大乘論本》，頁148。

〔註6〕印順：〈辨法法性論講記〉，《華雨集（一）》，頁271。

〔註7〕所謂「六種轉依」是指六種不同的轉依類型及特質，如「一損力益能轉；二通達轉；三修習轉；四果圓滿轉；五下劣轉；六廣大轉。」見於玄奘譯：《攝大乘論本》，頁148。

〔註8〕世親：《唯識三十論頌》，《大正新修大藏經》第三十一冊，頁61。

〔註9〕《成唯識論》被推爲瑜伽學派集大成的論書，如印順說：「《成唯識論》，代表了西元七世紀初，印度瑜伽大乘的正義。在瑜伽大乘中，這是最具權威性的，

特質，如「四種轉依義」〔註 10〕，同時引用無著《攝大乘論本》中的「六種轉依」，並詳加解釋世親《唯識三十論頌》的「轉依」義，如：

> 「依」謂所依，即依他起，與染淨法爲所依故。「染」謂虛妄遍計所執，「淨」謂眞實圓成實性。「轉」謂二分：轉捨、轉得。由數修習無分別智，斷本識中二障粗重，故能轉捨依他起上遍計所執，及能轉得依他起中圓成實性。由轉煩惱得大涅槃；轉所知障證無上覺。成立唯識，意爲有情證得如斯二轉依果。〔註 11〕

論文中所謂「斷本識中二障粗重」，「本識」即是阿賴耶識。意指修行者在長期的修習無分別智後，最後斷除了第八阿賴耶識中的煩惱障、所知二障種子，能夠轉捨依他起上的遍計所執，轉得依他起中的圓成實性。由於轉捨了煩惱障，便證得大涅槃；轉捨了所知障，便證得大菩提。因此「成立唯識」，就是爲了使一切有情，能依此修行而證得二轉依果。《成唯識論》中強調著「成立唯識」和「轉依」之間的重要意義，這其中主要的關鍵所依——即是「本識」阿賴耶識，如《成唯識論》中說：

> 已入見道諸菩薩衆得眞現觀，名爲勝者，彼能證解阿賴耶識，故我世尊正爲開示。或諸菩薩皆名勝者，雖見道前未能證解阿賴耶識，而能信解求彼轉依，故亦爲說。〔註 12〕

見道位的勝者菩薩，由於得到眞理現觀，能夠證解阿賴耶識，所以世尊才給它們正式開示；尙未見道之勝者菩薩，雖未能證解阿賴耶識，但卻對阿賴耶識有了不疑的信解，希望依此修行而得阿賴耶識的「轉依」，所以世尊也予以開示阿賴耶識。《成唯識論》不斷的強調阿賴耶識和「轉依」之間的重要關係，所謂「若無此識（阿賴耶識）持煩惱種，轉依斷果亦不得成。」〔註 13〕換言之，阿賴耶識是「轉依」——斷惑、證果的主要依據。唯識宗認爲由阿賴耶識所開展出的八識，在「轉依」後，即能「轉八識成四智」。將「第八阿賴耶識轉爲大圓鏡智」、「第七末那識轉爲平等性智」、「第六意識轉爲妙觀察智」、「前五識轉爲成所作智」。因此將衆生有漏雜染的八識，轉成清淨無漏智的整體過程就是「轉依」。

然而，「轉依」的觀念並不侷限於大乘瑜伽學派，在如來藏學的體系中亦

集大成的論書。」見於印順：《華雨香雲》（台北：正聞出版社，1989），頁 221。

〔註 10〕所謂「四種轉依義」即「一能轉道；二所轉依；三所轉捨；四所轉得。」

〔註 11〕玄奘譯：《成唯識論》，《大正新修大藏經》第三十一冊，頁 51。

〔註 12〕玄奘譯：《成唯識論》，《大正新修大藏經》第三十一冊，頁 14。

〔註 13〕玄奘譯：《成唯識論》，《大正新修大藏經》第三十一冊，頁 19。

含有大量的「轉依」思想，如太虛說：

> 轉依一名，惟唯識宗中有。依唯識說，「依」有根本依及迷悟依。根本依即是第八識……迷悟依者即是眞如……轉依之義：就八識言，則爲對治有漏種子轉成無漏種子所依之菴摩羅識；就眞如言，則爲破除迷亂顛倒悟入眞如，轉顯無垢眞如。〔註14〕

太虛大師雖然也說「轉依一名，惟唯識宗中有」，但他指出了「轉依」有兩種不同的類型，即是「根本依」、「迷悟依」的轉變。「根本依」是以「阿賴耶識」爲依持的轉變；「迷悟依」則是以「眞如」爲依持的轉變。這樣的理論依據主要是來自《成唯識論》中「四種轉依義」的第二種「所轉依」，如：

> 二、所轉依。此復有二：一持種依。謂本識，由此能持染淨法種與染淨法俱爲所依，聖道轉令捨染得淨……；二迷悟依。謂眞如，由此能作迷悟根本，諸染淨法依之得生。聖道轉令捨染得淨。〔註15〕

在瑜伽學派集大成的論書《成唯識論》中詳述了「四種轉依義」，其中的第二種「所轉依」又分作兩種不同「轉依」的依止類型，一是依止根本識（阿賴耶識）；一是依止眞如。然而在瑜伽學派所抉擇的「轉依」的依止類型，仍是以依止根本識（阿賴耶識）爲正義，如：

> 或依即是唯識眞如……「如」雖性淨而相雜染，故離染時假說新淨，即此新淨說爲轉依，修習位中斷障證得。雖於此位亦得菩提，而非此中頌意所顯，頌意但顯轉唯識性。〔註16〕

雖然眞如亦可以當成「轉依」的依止對象，但眞如體性清淨，其相則雜染，當修行者離此雜染相時，假說可名爲新淨，也可名爲「轉依」。但仍要在修習位中漸漸斷除二障，要到金剛心後才能證得圓滿。換言之，以眞如爲依止的「轉依」，只達到通達位，而非究竟圓滿位。如窺基《成唯識論述記》所說：「悟此眞如證涅槃者，以涅槃者即是眞如離雜染法，又假涅槃依眞而立，能所依異。此位（究竟位）斷障金剛心後證得，非此位（通達位）即證。」〔註17〕雖然通達位後，進入修習位中逐漸也可以證得菩提，但並不是世親論師《唯識三十論頌》中的本意。頌意所顯的是轉唯識性，應是以阿賴耶識爲「轉依」的依止對象，才能貫徹圓滿的「轉依」義。如玄奘《八識規矩頌》所說：「不動地前纔捨藏，金剛

〔註14〕太虛：《辨法法性論講記》，《太虛大師全書》第七冊，頁269。
〔註15〕玄奘譯：《成唯識論》，《大正新修大藏經》第三十一冊，頁55。
〔註16〕玄奘譯：《成唯識論》，《大正新修大藏經》第三十一冊，頁51。
〔註17〕窺基：《成唯識論述記》，《大正新修大藏經》第四十三冊，頁574。

道後異熟空，大圓無垢同時發，普照十方塵剎中。」〔註18〕因爲第八阿賴耶識要直到第八不動地前，我執永伏，才捨「藏識」之名；金剛道後業報識空，才捨「異熟」之名。這時第八識於佛果位時，轉成大圓鏡智，一切有漏雜染種子永斷，名爲無垢識，便能普遍照耀十方微塵般的剎土，度化無邊眾生。

在唯識學派的論典《成唯識論》中，雖然也舉出了眞如亦可以當成「轉依」的依止對象，但在抉擇的「轉依」的依止類型，仍是以依止根本識（阿賴耶識）爲正義。

其實，在如來藏學的經論當中，原本早有「轉依」的理論依據，如《佛說無上依經》中說：

> 佛告阿難：何者如來阿耨多羅三藐三菩提？諸佛婆伽婆在無漏界，一切障永盡，轉依寂靜明淨……我說名如來藏至極清淨。是名轉依法。有四種相。一者生起緣故。二者滅盡緣故。三者正熟思量所知法果故。四者最清淨法界體故。何者名生起緣？出一切世如來相續，是菩提道生起緣處；何者名滅盡緣？三品煩惱根本種類，依因此法永滅盡故；何者所知法果？已正通達所知眞如證得果故；何者名法界體？滅諸相結最淨法界所顯現故。阿難，是轉依相，是轉依者，則佛婆伽婆無上菩提故名菩提性。〔註19〕

如來藏的至極清淨，就是「轉依」的根本所依。此含有四種特徵，從菩提道的生起、煩惱的斷滅、通達眞如的證得、滅盡諸障而清淨體性顯現等等，這一切的根本所依，無不是如來藏所顯，因此「轉依」的根本，應以至極清淨的如來藏爲依止。又如《究竟一乘寶性論》中說：

> 眞如有雜垢者，謂眞如佛性未離諸煩惱所纏，如來藏故；及遠離諸垢者，即彼如來藏轉身到佛地得證法身，名如來法身故；佛無量功德者，即彼轉身如來法身相中，所有出世間十力無畏等，一切諸功德無量無邊故；及佛所作業者，即彼十力等，一切諸佛法自然常作無上佛業，常不休息常不捨離，常授諸菩薩記。〔註20〕

論文中所開顯的四種次第，從「眞如有雜垢、遠離諸垢、佛無量功德、佛所作業」這四種次第都是依於如來藏作爲「轉依」的根本所依。又如堅慧論師的《大乘法界無差別論（如來藏論）》所說：「所謂諸佛不可思議法界之性轉

〔註18〕普泰：《八識規矩頌補註》，《大正新修大藏經》第四十五冊，頁476。

〔註19〕眞諦譯：《佛說無上依經》，《大正新修大藏經》第十六冊，頁470～471。

〔註20〕勒那摩提譯：《究竟一乘寶性論》，《大正新修大藏經》第三十一冊，頁827。

依法身，是涅槃界也。」〔註 21〕堅慧在此強調的「法界之性」就是眞如，仍是依於如來藏作爲「轉依」的根本所依。所以說「諸佛如來依法身轉得無上身，不可思議應知，依不可思議故。」〔註 22〕

對於瑜伽學派與如來藏學這兩種不同的「轉依」類型，在當代的許多研究當中，不僅同時肯定這兩種「轉依」類型的意義與價值，更針對這兩種「轉依」類型彼此之間的差異特質，提供了許多不同的看法，如印順：

> 在生死還滅的轉化中，有統一的依止（āśraya），依止的雜染分，成爲清淨分。瑜伽學立阿賴耶識爲一切法的所依，如來藏學立如來藏爲所依止，都是爲了轉依，這是後期大乘的共同傾向。〔註 23〕

印順認爲後期大乘佛法有一個共同的傾向，就是建立「依止（āśraya）」的對象。瑜伽學建立阿賴耶識爲所依止；如來藏學便建立如來藏爲所依止，這是兩大思想在解釋生死流轉、還滅涅槃時所安立的方便設施。學者賴賢宗也透過梵文的語義研究發現，原來「轉依」這個詞彙在梵文中有「āśraya-parāvrtti」、「āśraya-parivrtti」兩種不同的書寫拼法，這兩種寫法各代表著不同的含意：

> āśraya-parāvrtti 一語的語義偏重於「轉依」的佛教知識論的意義，這是「所依轉變」，重點在「轉、染種之轉捨與淨種之轉得」。
>
> 其次，āśraya-parivrtti 一語的語義偏重於「轉依」的佛教存有論的意義，這是「轉變所依」，重點在「依、淨識」，強調「依、淨識之全然變貌與依具有如來藏之積極性與能動性」。〔註 24〕

這兩種不同的書寫拼法，主要的差異是在後半段「parāvrtti」、「parivrtti」的部分，僅有第四個字母「ā」與「i」的不同，卻代表了不同的實質內涵。從賴賢宗的研究看來，「āśraya-parāvrtti」是以佛教知識論爲基礎的「轉依」類型，著重於「捨染得淨」，如同瑜伽學派建立以阿賴耶識爲所依止的「轉依」；然而「āśraya-parivrtti」則是以佛教存有論的「轉依」類型，強調在「依淨變顯」，開展如來藏積極面，正是如來藏學建立以如來藏爲所依止的「轉依」。關於這兩大思想「轉依」的明顯差異，恆清法師也提出相同的研究，如：

> 大乘佛教中的瑜伽學派和如來藏學（尤其是在與瑜伽學會通之後）

〔註 21〕堅慧：《大乘法界無差別論》，《大正新修大藏經》第三十一冊，頁 895。

〔註 22〕勒那摩提譯：《究竟一乘寶性論》，《大正新修大藏經》第三十一冊，頁 843。

〔註 23〕印順：《如來藏之研究》（台北：正聞出版社，2003），頁 218。

〔註 24〕賴賢宗：《如來藏說與唯識思想的交涉》（台北：新文豐出版股份有限公司，2006），頁 45。

都重視轉依的安立，但是二學派對轉依的詮釋卻有極大的差別。爲了說明轉依的依止（āśraya），瑜伽學立阿賴耶（ālaya）識爲一切法的所依，如來藏學則立如來藏爲所依止。前者阿賴耶異熟種子屬雜染性，後者如來藏乃清淨本有。兩者各有理論困難，也有其特點。簡言之，二學派轉依的最大不同，在於瑜伽學派講「轉捨」(或轉滅)阿賴耶識依止後，「轉得」離垢眞如，而如來藏學則因主張雜染屬客性，而清淨本具，故其轉依的重點不在於「轉捨」或「轉得」，而在於轉「顯」自性清淨。〔註25〕

在恆清法師的這段敘述中，大致可以概括性的認識這兩大系「轉依」的不同特質。若從以上的各種論述稍加歸納，關於這兩大系「轉依」的差異性，可以簡要的從兩個方向去釐清：

（一）從理論上來比較

瑜伽學派的「轉依」類型是「凡聖分明」的，從凡夫到聖人的關係是從阿賴耶識到無垢眞如，對於修證的工夫進路，強調重於「斷惑、滅障」；如來藏學的「轉依」類型是「凡聖一如」的，從凡夫到聖人的關係是從（在纏）眞如到（出纏）眞如，對於修證的工夫進路，強調重於「悟眞、證眞」。雖然此處的眞如有「在纏」、「出纏」的區別，但仍是強調「凡聖一如」的特質，重在自性清淨的不斷開顯；而非瑜伽學派的「凡聖分明」，要不斷的揚棄阿賴耶異熟、雜染種子，最後才證得眞如。若用《百法明門論》的名相來解釋，瑜伽學派的「轉依」特質，較趨近於「擇滅無爲」；如來藏學的「轉依」特質，較趨近於「非擇滅無爲」，如《成唯識論》所說：「由簡擇力滅諸雜染，究竟證會，故名擇滅；不由擇力本性清淨，或緣闕所顯，故名非擇滅。」〔註26〕

（二）從譬喻上來說明

倘若以成就世間聖人的譬喻來比附，瑜伽學派的「轉依」特質是將重心鎖定於自身的「缺點」，經由不斷的淨化、改進、修正，最後達到圓滿的境界；如來藏學的「轉依」特質則是將焦點關注於自身的「優點」，經由不斷的開顯、增強、擴充，最後實現終極的理想。

《楞伽經》(Lankavatara-Sutra) 根據學界的研究，都將它歸類爲後期的大

〔註25〕釋恆清：《佛性思想》(台北：東大圖書股份有限公司，1997)，頁179。
〔註26〕玄奘譯：《成唯識論》，《大正新修大藏經》第三十一冊，頁6。

乘經典。後期大乘經的出現，約從西元三世紀到五世紀末，此時剛好是無著論師（Asangha）生存的時代，也是「轉依」思想盛行的時代。換言之，在《楞伽經》的經義內涵中，應該也含存著許多「轉依」思想的特色。因此本章將針對「轉依」這個思想主題加以深入探討，從漢譯本的《楞伽經》經文及其注疏加以爬梳，企圖了解漢譯本《楞伽經》及其歷代注疏中有關「轉依」思想的特色及運用。以下便依序從《楞伽經》三家漢譯本中的「轉依」思想；唐、宋時期《楞伽經》注疏中「轉依」思想的運用；最後的重點則放在明代《楞伽經》注疏中「轉依」思想的運用與創新。

第二節　《楞伽經》與「轉依」思想

一、《楞伽經》與「轉依」思想的背景關係

「轉依」思想的盛行，正值無著論師（Asangha）活躍的時代，當時大約在西元四、五世紀，而《楞伽經》的傳出也剛好在這個時期。學界普遍認爲《楞伽經》應在無著論師之後才被傳出，如日本當代如來藏學的權威學者高崎直道的研究指出：

> 《楞伽經》在其内容上，雖是與唯識説持有密切之關係，但在無著的著書中，則完全沒有引用。〔註27〕

高崎直道認爲，在無著論師的作品當中，從未引用過這部被瑜伽行派所公認的重要經典《楞伽經》，因此依照常理上來判斷，《楞伽經》的傳出有可能尚在無著論師的年代之後。然而，這只是假設性的推測，並非確切的定論。因爲縱使無著論師的作品從未引用過《楞伽經》的經文，也不能斷定《楞伽經》的傳出定在無著論師的年代之後。或許《楞伽經》的傳出早於無著論師，但無著並未讀過此經；或者無著論師讀過此經，只是未曾引用。這兩種可能性，也都是非常合理的推論。另外有學者指出，《楞伽經》的傳出不僅早於無著論師，甚至早於彌勒論師之前，如談錫永說：

> 《楞伽》的結集，學者一般都認爲較「瑜伽行派」的成立爲晚。然而，依近年學者的研究發現則認爲《楞伽》的基本思想及偈頌，於

〔註27〕高崎直道：〈瑜伽行派的形成〉，收於李世傑譯《唯識思想》（台北：華宇出版社，1985），頁48。

龍樹造《中論》以前已經以口傳的形式廣傳於印度。〔註28〕

龍樹菩薩是佛陀滅度後七、八百年左右，大約西元二世紀活躍於南印度的大乘行者。換言之，《楞伽經》的相關偈頌及基本思想，可能早於西元二世紀就以口耳相傳的方式在印度流傳。

然而，不論《楞伽經》的結集究竟是在瑜伽行派出現之前或者之後，可以確定的，就是在《楞伽經》的經義內涵中，兼融了初期大乘的般若空義、後期大乘瑜伽、如來藏等三大系的思想。因此在《楞伽經》的經義中，也含存著「轉依」思想的特色。

二、《楞伽經》三家漢譯本的「轉依」類型

《楞伽經》在學界普遍被定位爲如來藏學的經典，然而許多瑜伽學派的學者並不認同，主要的分歧點在彼此對於經文的詮釋有所差距。最明顯的根本問題，就是針對《楞伽經》中「如來藏」涵義的判讀。立足於如來藏學的學者認爲——《楞伽經》中「如來藏」的具體涵義是「眞妄和合」、「生滅、不生不滅和合」的；堅持於瑜伽學派的學者則認爲——《楞伽經》中「如來藏」實際涵義只是生滅的妄心、阿賴耶識。如歐陽竟無說：

「如來藏是善不善因，能徧興造一切趣生」，是以賴耶爲不善因也……賴耶爲無明熏變所染，非如來藏爲無明熏變所染。〔註29〕

瑜伽學派認爲眞如是不能受薰染變的，也無法成爲生死流轉的所依，因此《楞伽經》中「如來藏是善不善因」，實際上就是「阿賴耶識是善不善因」。如呂澂也持同樣的看法：

《楞伽》以阿賴耶解如來藏，「如來藏是善不善因」，實即阿賴耶爲善不善因，故所云如來藏，阿賴耶，一法而異義，一事而殊名，所謂異門說之也，經文處處云「如來藏名藏識」亦謂其異名而同實也。〔註30〕

《楞伽經》中凡是提到如來藏之處，在瑜伽學派學者的眼中，都被斷定爲阿賴耶識。因此，《楞伽經》的定位則成爲瑜伽學派的經典。

不論《楞伽經》究竟是傾向於大乘三系中的哪一種，可以確定的是在《楞伽經》的經義中，含存著「轉依」思想的特色。以下本文將針對《楞伽經》

〔註28〕談錫永：《聖入無分別總持經對勘與研究》（北京：中國藏學出版社，2007），頁242。

〔註29〕歐陽竟無：《楞伽疏決》，頁5～6。

〔註30〕呂澂：《經論攷證講述》，頁142。

經文的特質來詳加觀察《楞伽經》中「轉依」思想的特色。

從《楞伽經》的三家漢譯本中加以對照，劉宋譯本在 A.D.443 年譯出；魏譯本在 A.D.513 年譯出；唐譯本在 A.D.704 年譯出。其中劉宋譯本與魏譯本都在西元五世紀左右，似乎恰逢「轉依」思想的盛行的時期。然而，在劉宋、魏這兩種譯本的經文中，卻從未出現「轉依」的兩字連用的詞，而西元八世紀時唐譯本，卻在經文中出現了十五次「轉依」這個名詞。這中間可能存在的疑慮有兩個：一、這或許僅是譯家在翻譯時的選詞差異性，也就是說經文的意義內涵相同，但用詞不同；二、或許《楞伽經》的三家漢譯本當初所用的梵文原本已非同一本經文。

有關《楞伽經》的三家漢譯本，當初翻譯時所用的梵本經文是否相同，如今已無法考證。然而歷代研讀及注疏此經的祖師們，幾乎都將三家漢譯本視爲同一梵本的三種漢譯，更勸人要「三經對照」研讀，甚至要「融會三譯」才得以略窺堂奧。如印順說：「此非比觀三譯，不足以見楞伽之眞。昔明員珂編《楞伽會譯》，讀者稱便。」〔註 31〕明代員珂就曾將《楞伽經》經文以分段的方式，採劉宋譯本經文爲底本，分別將魏、唐譯本的同段經文加以並列，讓讀者便於對照經義。因此，本文也透過《楞伽經》三家漢譯本的對照，試圖找出唐譯本中出現「轉依」的經文段落，及其對應的劉宋、魏譯本的經文。

若仍以劉宋譯本爲底本，在三家漢譯本對照中，出現「轉依」的經文段落共有三處。

（一）第一處

（劉宋譯）解三界如幻，分別觀察，當得如幻三昧。度自心現無所有，得住般若波羅蜜。捨離彼生所作方便金剛喻三摩提，隨入如來身，隨入如如化。神通自在，慈悲方便，具足莊嚴。等入一切佛剎，外道入處。離心意意識。是菩薩漸次轉身得如來身。〔註 32〕

（魏譯）信三界自心幻故，大慧，如是脩行者當得如幻三昧故，入自心寂靜境界故，到彼岸境界故，離作者生法故，得金剛三昧故，入如來身故，入如來化身故，入諸力通自在大慈大悲莊嚴身故，入一切佛國土故，入一切眾生所樂故，離心意意識境界故，轉身得妙身

〔註 31〕印順：〈楞伽阿跋多羅寶經釋題〉，《華雨集（一）》，頁 149。
〔註 32〕求那跋陀羅譯：《楞伽阿跋多羅寶經》，《大正新修大藏經》第十六冊，頁 483。

故。大慧，諸菩薩摩訶薩如是脩行者，必得如來無上妙身故。〔註 33〕

（唐譯）了達三界皆唯自心，得如幻定絕眾影像，成就智慧證無生法，入金剛喻三昧，當得佛身恒住如如，起諸變化力通自在。大慧，方便以爲嚴飾遊眾佛國，離諸外道及心意識，轉依次第成如來身。〔註 34〕

透過三家譯本的對照，可以看出彼此間的經義大致相同。此段經文所要傳達的意涵，主要是在說明從菩薩到成佛的過程。若能了達三界唯心，就能入如幻三昧，此時通達一切皆爲自心所現而無所有，安住於「般若波羅蜜」，這時八地菩薩漸漸捨離有生相及有所作之方便，而入於無生、無作；直到等覺菩薩金剛後心所得的金剛喻定，將無始來妄想煩惱斷盡，隨即證得清淨法身，恆住於眞如，具足種種神通變化、慈悲、方便、莊嚴功德，自在平等的遊歷諸佛剎土與外道所入之處，遠離心、意、意識，這就是菩薩逐漸的修行「轉依」而證得如來身。經由三家譯本的對照，唐譯本「轉依」的經文，在劉宋、魏譯本當中都譯爲「轉身」。「轉身」可以解釋爲「轉顯如來身」、「轉顯法身」。倘若以瑜伽學派與如來藏學這兩種不同的「轉依」類型來加以判斷，此處的「轉依」，似乎較傾向於如來藏學的「轉依」類型，重在眞如的轉顯與功德的展現；而非瑜伽學派著重於「斷障得淨」的「轉依」類型。

（二）第二處

（劉宋譯）大慧，即彼惑亂不妄想，諸聖心、意、意識過習氣自性法轉變性，是名爲如。是故說如離心。〔註 35〕

（魏譯）大慧，聖人觀察彼迷惑法不虛妄分別。是故聖人能轉心、意、意識身相，離煩惱習故。是故聖人轉彼迷惑法，名爲眞如。大慧，此名何等法？此名眞如法。離分別法故。〔註 36〕

（唐譯）大慧，即彼妄法，諸聖智者心、意、意識諸惡習氣自性法轉依故，即說此妄名爲眞如，是故眞如離於心識。〔註 37〕

此段經文所要傳達的意涵，主要是在說明聖人能即於「惑亂」的妄法而不起

〔註 33〕菩提留支譯：《入楞伽經》，《大正新修大藏經》第十六冊，頁 522。
〔註 34〕實叉難陀譯：《大乘入楞伽經》，《大正新修大藏經》第十六冊，頁 594。
〔註 35〕求那跋陀羅譯：《楞伽阿跋多羅寶經》，《大正新修大藏經》第十六冊，頁 493。
〔註 36〕菩提留支譯：《入楞伽經》，《大正新修大藏經》第十六冊，頁 535。
〔註 37〕實叉難陀譯：《大乘入楞伽經》，《大正新修大藏經》第十六冊，頁 603。

「妄想」分別，因此諸聖人能將心、意、意識的種種過患習氣「轉依」爲眞如，所以妄法的當體及是眞如。是故說眞如離於心、意、意識。經由三家譯本的對照，唐譯本「轉依」的經文，在劉宋譯本譯爲「轉變性」；在魏譯本譯爲「轉彼迷惑法」，因此此處的「轉依」，仍是傾向於如來藏學的「轉依」類型，是依於眞如的「轉依」，而非瑜伽學派著依於阿賴耶識的「轉依」類型。

（三）第三處

（劉宋譯）大慧白佛言：「世尊，若眾生生死本際不可知者，云何解脫可知？」佛告大慧：「無始虛僞過惡妄想習氣因滅，自心現知外義，妄想身轉解脫不滅……不識自心現妄想，故妄想生，若識則滅。」〔註38〕

（魏譯）大慧白佛言：「世尊，世尊若眾生在於世間輪迴，去來本際不可知者，云何如來而得解脫，復令眾生得於解脫？」佛告大慧言：「大慧，言解脫者，離於一切戲論煩惱無始熏習分別心故，如實能知唯自心見外所分別心迴轉故，是故我說名爲解脫……不如實知唯自心見虛妄分別，是故生於分別之心，如實知者不生分別。」〔註39〕

（唐譯）大慧菩薩復白佛言：「若生死本際不可知者，云何眾生在生死中而得解脫？」佛言：「大慧，無始虛僞過習因滅，了知外境自心所現，分別轉依名爲解脫……不了知故分別心起，了心則滅。」〔註40〕

此段經文的大意，主要是大慧菩薩請問世尊，倘若眾生於三界生死去來本身的邊際是不可知的，爲何能超出生死而得解脫？佛陀的回答：解脫的關鍵，在於無始以來的虛僞妄想習氣滅除，能如實的通達一切法唯自心所現，因此分別心「轉依」於無分別智而得解脫，但不落於斷滅見。此處唐譯本的「分別轉依」；劉宋譯本譯爲「妄想身轉」；魏譯本譯爲「分別心迴轉」，三家譯本的經義都是「轉依」於無分別智的意思。此處的「轉依」類型並不容易區別，因爲在經文中似乎缺少明顯的特質足以判斷此處的「轉依」類型是依於眞如，亦或是依於阿賴耶識。然而從「自心現知外義」，及後續經文「不識自心現妄想，故妄想生，

〔註38〕求那跋陀羅譯：《楞伽阿跋多羅寶經》，《大正新修大藏經》第十六冊，頁512。
〔註39〕菩提留支譯：《入楞伽經》，《大正新修大藏經》第十六冊，頁559。
〔註40〕實叉難陀譯：《大乘入楞伽經》，《大正新修大藏經》第十六冊，頁621。

若識則滅」，凡夫因爲不了解所有的一切都是自心分別，所以有種種妄想；若通達此理，則一切的妄想自然滅除。此處經文所重視的是「知」、「識」，意指領悟、了解或通達，強調的關鍵著重於「迷悟」，所以此處的「轉依」應屬於「迷悟依」的類型。換言之，第三處仍較傾向於如來藏學的「轉依」。

三、小　結

經由《楞伽經》三家漢譯本對照，並分別解析三處含有「轉依」思想的經文，本文發現，若純粹從經文這三處的「轉依」特質來觀察，似乎都傾向於如來藏學的「轉依」類型。如：重在眞如的轉顯與功德的展現；依於眞如的「轉依」；強調「迷悟」爲「轉依」的關鍵等等。

除了對應劉宋譯本的三處「轉依」，其實在唐譯本經文中尙有十二次的「轉依」經文，這十二處都在〈偈頌品〉中。劉宋譯本並無〈偈頌品〉，倘若針對唐譯本〈偈頌品〉中的「轉依」經文加以觀察，本文發現，這十二處仍然是較傾向於如來藏學的「轉依」類型，如：「轉依離人法，是則爲眞如……所住離分別，轉依即眞如……分別不起故，眞如心轉依。」〔註41〕在這段偈頌的三個例子中，同樣的都是以依止眞如爲「轉依」的類型。然而在唐譯本〈偈頌品〉這十二處的「轉依」經文中，瑜伽學派的「轉依」類型卻出現了僅有的一次，如：

> 一種一切種，是名心種種。種種子爲一，轉依爲非種。〔註42〕

此處就明顯的提到以「持種識」阿賴耶識作爲所依的「轉依」類型。

其實，若放寬範圍，不侷限於經文中是否有「轉依」的文句，而也含有「轉依」思想特質的經文，如「轉身」、「轉捨」或「轉得」等，那麼可以討論的空間就更大了。在此也舉一個代表性的經文，如：

> （劉宋譯）如是菩薩摩訶薩，得無生法忍，住第八菩薩地，轉捨心、意、意識、五法、自性、二無我相身，及得意生身，得自覺聖智善樂。是名菩薩摩訶薩成就四法，得修行者大方便。〔註43〕

此處的經文並未出現「轉依」二字，但廣義而言，從經文的具體內涵來理解，也具有「轉依」思想。從「轉捨心、意、意識」，似乎可以解讀爲瑜伽學派「轉捨阿賴耶識」的「轉依」類型；然而經文後續連「五法、自性、二無我相身」

〔註41〕實叉難陀譯：《大乘入楞伽經》，《大正新修大藏經》第十六冊，頁626、627、631。

〔註42〕實叉難陀譯：《大乘入楞伽經》，《大正新修大藏經》第十六冊，頁626。

〔註43〕求那跋陀羅譯：《楞伽阿跋多羅寶經》，《大正新修大藏經》第十六冊，頁489～490。

都要「轉捨」，又增加了不同的詮釋空間。因爲若以「持種識」爲所依，「五法」要「轉捨」似乎有矛盾，因爲「五法」中的「如如」、「正智」並無法依止阿賴耶識而「轉捨」，若勉強要談「轉捨」也必須依於眞如。

綜觀《楞伽經》三家漢譯本的「轉依」特質，從上述的觀察加以歸納，本文認爲《楞伽經》中的「轉依」類型，若純粹從經文上的特質來判斷，應傾向於如來藏學，尤其以流傳最廣的劉宋譯本中三處案例更爲鮮明；唐譯本雖然出現一處依阿賴耶識的「轉依」類型，但多數的「轉依」特質仍較傾向於如來藏學。

第三節　明代以前《楞伽經》注疏中「轉依」思想的運用

經文本身通常是由梵文或西域文字所翻譯的，因此經文中的種種經義應在印度集結時早已定型。或許不可避免的，在轉譯的過程中可能融有翻譯者本身的學養取向，然而相較於經文的注疏，則注疏者所能發揮的詮釋空間就更爲寬廣了。尤其唐代的佛教十分興盛，各宗派頭角崢嶸，宗門教下人才輩出。除了禪、淨、律、密宗等修證有成的高僧，還有教下諸多精通三藏的碩學大德，如法相宗的玄奘、窺基；華嚴宗的法藏、澄觀；天台宗的湛然；三論宗的吉藏等等，由於這些高僧們對於各宗教義的發揮，也開啓了中國佛學的錦繡大門。進入宋、元、明、清後，各宗派間的教義有融合、有激盪、有繼承、有創新，這些豐富而多元的教義，就展現在高僧大德們的論著與注疏當中。根據學者的研究，「轉依」思想原本爲唯識宗的基本法義，但在中國佛學思想的發展中，「轉依」思想的內涵，普遍被中國各大宗派所吸收，如呂澂說：

> 慈恩宗對當時及以後的佛學發生實際影響的，倒還不完全是唯識說，而是關於轉依的理論。……把染淨依歸之於心，把迷悟依歸之於理，因此心不完全等同於理。……在轉依過程中，理被看成是所緣，心是能緣，要由心思寄託在道理上，然後才能推動依止的轉變。即以理爲所緣才能推動轉變。……天台宗以及後來的賢首宗、禪宗等都傾向於把心與理完全看成一回事。〔註44〕

在呂澂的論述中，可以了解到中國佛學對於唯識宗「轉依」思想的吸收，也

〔註44〕 呂澂：《中國佛學思想概論》，頁208。

可以清楚的看出這兩種不同「轉依」特質的基本差異，就是如來藏學、瑜伽學派這兩種「轉依」類型。從上一節的觀察與分析，本文發現《楞伽經》三家漢譯本的「轉依」思想，若純粹從經文上的特質來判斷，是傾向於如來藏學的「轉依」類型。然而歷代注疏《楞伽經》的注家們，在吸取各宗派間豐沛的教義後，當他處理經文中的「轉依」思想時，又將會如何詮釋？

以下將針對歷代《楞伽經》注疏中「轉依」思想的特質加以深入觀察。為了突顯明代《楞伽經》注疏的成果與特色，將以明代為分水嶺，區分為明代以前的注疏及明代注疏兩大部分，以下先從明代以前（唐、宋）的注疏詳加論述。

一、唐代《楞伽經》注疏中的「轉依」思想

雖然唐代《楞伽經》的注疏曾經多達十餘家的盛況，但現存的三部作品中，關於「轉依」思想的論述卻不多。對照經文及其注疏，有出現「轉依」的案例僅有兩處：

（一）《楞伽經疏》

這部遺名尊宿的《楞伽經疏》是依劉宋譯本經文為注疏底本，在經文中「於一切眾生界，隨其所應，而為說法而引導之，悉令安住一切諸法如幻、夢等，離有無品及生滅妄想，異言說義，其身轉勝。」針對「身轉勝」的經文注疏為：

身轉勝者，隨應得解，增進轉依，四果三賢及十地等。〔註45〕

此段的經義是在說明諸佛度化眾生的善巧方便，能入於一切眾生界，並隨順眾生的根器而教導相應之法。讓眾生能通達諸法如夢如幻，都是唯心所現，遠離種種邪見、妄想，便能「轉依」為勝妙身。此處的「身轉勝」，注家詮釋為「增進轉依」從四果、三賢直到十地。若以「轉依」特質來觀察，此處應屬於如來藏學的「轉依」類型，重在轉顯勝妙身，從四果、三賢直到十地。

（二）《入楞伽心玄義》

華嚴宗賢首大師法藏的《入楞伽心玄義》，是依實叉難陀所譯的唐譯本經文所作的經義玄要。在上一節的觀察中，唐譯本經文中的「轉依」特質多數屬於如來藏學，但仍出現一處屬於瑜伽學派依於阿賴耶識的「轉依」類型。法藏的《入楞伽心玄義》雖然僅是經義玄要而沒有依經文詳注，但也提到了「轉依」的思想。在解釋經文的象徵義時，他說：

〔註45〕《楞伽經疏》，《卍新纂續藏》第九十一冊，頁287。

表法者有三義：一「城」表理玄；二「羅刹」表障重；三「入」顯行成。行成離羅刹之障，證難入之城。《對法論》中轉依略有三義：一轉成，謂行成也；二轉離，謂滅障也；三轉顯，謂證理也。此中三義當知亦爾。〔註46〕

法藏以難入、不可入的楞伽城，象徵無上眞如之理難以了解；楞伽城的羅刹，象徵推動生死流轉的種種障礙；若能「入」此難入之城，就如同通達眞如之理，滅除一切障礙。法藏在此引用了《對法論》（大乘阿毘達磨雜集論）的「轉依」義，所謂「轉成、轉離、轉顯」〔註47〕。此處的「轉依」雖然也提到了「轉顯」，但是更著重在「滅障而證理」，所以從此處鮮明的特質上加以判斷，應屬於瑜伽學派的「轉依」類型。然而法藏在《入楞伽心玄義》中，對於眞如（如來藏）的定義是有「隨緣、不變」二義的，如：

法相宗立八識，然皆生滅不同眞性……實相宗明前八識皆是如來藏隨緣所成，亦生滅亦不生滅性相交徹，鎔融無礙……眞性有二義：一，隨緣義；二，不變義。經云「不染而染，染而不染」是此二義也。〔註48〕

對於眞如的定義，瑜伽學派是「絕對不染」的；如來藏學則是「不染而染，染而不染」。瑜伽學派是「理事分明」；如來藏學是「理事一如」的。瑜伽學派的「如來藏」只是阿賴耶識（妄心）；如來藏學的「如來藏」是眞妄和合。原本這兩家的特質是鮮明而對立的。因此法藏在詮釋「轉依」時，雖然強調「滅障而證理」，但是法藏對於如來藏的定義，不單只是阿賴耶識（妄心），而是屬於「眞妄和合」、「生滅與不生不滅和合」，所以此處的「轉依」，仍應判斷爲如來藏學的類型。針對此點，高崎直道也提出了相同的看法，如：

言阿賴耶識之轉依，說其淨化，是來自唯識說之規定，不過既然與如來藏視爲同一，那是本來清淨的，故其言淨化，那是離垢的意思，轉依了以後，還留下在其處，所以與其說是轉向，毋寧說是恢復或

〔註46〕法藏：《入楞伽心玄義》，《卍新纂續藏》第二十五冊，頁417。

〔註47〕法藏的三種「轉依」義——「轉成、轉離、轉顯」，雖說是引用了安慧論師的《大乘阿毘達磨雜集論》，然而卻與論文中的原文不相同，也許這是法藏融通論文法義後的詮釋。《大乘阿毘達磨雜集論》的三種「轉依」義爲：「無間轉依者，謂已證得無學道者所有三種轉依。何等爲三？謂心轉依、道轉依、粗重轉依。」見於安慧：《大乘阿毘達磨雜集論》，《大正新修大藏經》第三十一冊，頁742。

〔註48〕法藏：《入楞伽心玄義》，《卍新纂續藏》第二十五冊，頁417。

現成的意思，究竟是如來藏思想的轉依。〔註49〕

因此法藏雖然引用了《大乘阿毘達磨雜集論》，吸收了瑜伽學派「斷惑證眞」、「滅障證理」的「轉依」特質，但是法藏始終基於如來藏學「理事一如」的立場，強調如來藏學派「轉顯」、「悟眞」的「轉依」特質。在此可以發現，法藏似乎是站在另一個高度來融攝這兩種「轉依」思想，開展出更圓融的如來藏學「轉依」型態。

二、宋代《楞伽經》注疏中的「轉依」思想

宋代現存的四部《楞伽經》注疏中，除了楊彥國《楞伽經纂》沒有明顯針對「轉依」的詮釋，其餘三部注疏都各有發揮，以下將分別說明：

（一）《註大乘入楞伽經》

寶臣《註大乘入楞伽經》又稱《新說》，是依唐譯本經文爲注疏底本。經由本文的觀察，在寶臣的注疏中，明顯有論及「轉依」的注文共有六處。這六處注文，有四處完全被正受《楞伽阿跋多羅寶經集註》所引用，足見影響之大。因此以下將對這六處注文稍加說明，爲了便於對照，先以列表的方式整理如下：

編號	注　　文〔註50〕
（1）	「轉依次第成如來身」者，即等覺後念解脫道斷二障習氣，即得如來無上菩提及大涅槃，二轉依果也。一謂轉染得淨；二謂轉迷得悟。又菩提名生得，二障障不生。今斷障得生，涅槃名顯得，本性清淨客塵翳故，今斷而彼顯。轉依位別通有六種，故云轉依次第成如來身也。（寶臣 480；正受 628）
（2）	二障能障聖道，不證如來菩提、涅槃二轉依果。（寶臣 510）
（3）	即彼妄法習氣轉依，即說此妄名爲眞如……一心法門亦復如是。在凡夫即眞如名妄法；在聖人即妄法名眞如。聖凡情盡，眞妄見亡者，孰得而名乎。（寶臣 517；正受 656）

〔註49〕高崎直道：〈如來藏思想與阿賴耶識——與唯識說之交涉〉，收於李世傑譯《如來藏思想》（台北：華宇出版社，1986），頁259。

〔註50〕此列表中之編號，是依注文的前後順序排列。列表中之注文出處，爲避免繁瑣重出，因此都將注文頁碼標於注文後的括弧之中，如（寶臣517；正受656）即爲寶臣：《註大乘入楞伽經》，《卍新纂續藏》第九十一冊，頁517。正受：《楞伽阿跋多羅寶經集註》，《卍新纂續藏》第二十五冊，頁656。的簡寫，以下類推。

（4）	上明覺智，以顯生德優劣。此明涅槃，辨其顯德邪正，是謂菩提、涅槃二轉依果德也。（寶臣 528；正受 664）
（5）	然此第八阿賴耶識唯是無覆無記性攝，第七末那唯是有覆無記性攝，前六轉識通善不善無記三性。未轉依位，此八種識俱名刹那，故如來藏名刹那因；若得轉依，八識皆是善無漏法。（寶臣 585；正受 628）
（6）	轉依之義前已略釋，《識論》又云：「菩薩從前見道起已，為斷餘障，復數修習無分別智，乃至捨彼二粗重故（二障種子名二粗重）便能證得廣大轉依……」（寶臣 597）

針對上述的六處注文中，以下將依編號順序略加說明。

（1）此處「轉依次第成如來身」的經文，在劉宋、魏兩種譯本當中都譯為「轉身」，可以解釋為「轉顯如來身」、「轉顯法身」，原是較傾向於如來藏學的「轉依」類型，重在眞如的轉顯與功德的展現，並非瑜伽學派「斷障得淨」的「轉依」特質。然而寶臣的詮釋是引用了《攝大乘論》、《成唯識論》的「轉依」特質加以發揮。強調於「斷障得生」、「斷而彼顯」及「六種轉依位」，所以，此處的注文屬於瑜伽學派的「轉依」類型。

（2）此處「二障能障聖道，不證如來菩提、涅槃二轉依果」，所強調的是在「二障能障聖道」，因此為瑜伽學派的「轉依」類型。

（3）此處「即彼妄法習氣轉依，即說此妄名為眞如」，注文所傳達的詮釋是「即妄法名眞如」，因此為如來藏學的「轉依」類型。

（4）此處強調「顯德」的「轉依」特質，因此為如來藏學的「轉依」類型。

（5）此處分別提到了前六、第七、第八識的個別特質。尚未「轉依」時，此「八種識俱名刹那」，都是生滅有漏；得「轉依」後，八識皆成為「善無漏法」。此處注文明顯是瑜伽學派的「轉依」類型。

（6）寶臣在此處注文中，大量的引用《成唯識論》中的原文，強調的仍然是「斷障」的「轉依」特質，因此為瑜伽學派的「轉依」類型。

若純粹針對寶臣注文中有關「轉依」的案例來觀察，本文發現，從上述的六處注文中明顯可以看出，寶臣在詮釋這些含有「轉依」思想時，已兼具如來藏學、瑜伽學派這兩種「轉依」類型。然而在六處的注文中，屬於如來藏學的「轉依」類型為編號（3、4）兩處；屬於瑜伽學派的「轉依」類型為編號（1、2、5、6）四處，從 4 比 2 的數據差異可以得知，瑜伽學派的「轉依」

類型佔多數。同時在寶臣的注文中，多次的引用了《攝大乘論》、《成唯識論》等瑜伽學派的法義論述，因此寶臣對於《註大乘入楞伽經》中的「轉依」詮釋，倘若單純從這六處的「轉依」的案例來觀察，似乎是比較傾向瑜伽學派的「轉依」類型。然而考察寶臣對於注疏中的如來藏定義，也是屬於如來藏學的界說，如：

從內趣外名之爲轉，如來藏心不可增減，名爲眞相，亦名眞識。然雖三相名殊，同是一心「隨緣、不變」之二義也。謂眞心不變即隨緣，故名轉相、業相；以隨緣即不變，故名眞相。〔註51〕

寶臣在《註大乘入楞伽經》中，對於眞如（如來藏）的定義也是有「隨緣、不變」二義的，因此從這六處的「轉依」案例來觀察，儘管寶臣的注文是傾向瑜伽學派的「轉依」類型，若就其實際的底裡而言，仍然是依於如來藏學「理事一如」的基礎，進一步吸取瑜伽學派如《攝大乘論》、《成唯識論》等「滅障證理」的「轉依」特質，所發展出的如來藏學「轉依」類型。

（二）《楞伽阿跋多羅寶經集註》

正受《楞伽阿跋多羅寶經集註》雖然是依劉宋譯本經文作注疏，但此書的特色是「集註」，書中多採集前賢的注文，所以也大量引用寶臣依唐譯本爲注疏的注文。在正受的注文中，有提及「轉依」的注文有四處，然而這四處注文都是寶臣《註大乘入楞伽經》注文的原文照錄。

正受所引用的四處注文，倘若對照前面寶臣「轉依」的六處注文，則編號分別爲（1、3、4、5）。依據上述的說明可以得知，編號爲（1、5）是屬於瑜伽學派的「轉依」類型；編號（3、4）爲如來藏學的「轉依」類型。因此正受《楞伽阿跋多羅寶經集註》中關於「轉依」思想的詮釋，也是兼具如來藏學、瑜伽學派這兩種「轉依」的類型。若從 2 比 2 的數據上來觀察，這兩種「轉依」類型的詮釋是平分秋色的。然而考察正受《楞伽阿跋多羅寶經集註》中對於如來藏的定義，其實也是屬於如來藏學的界說，如：

賢首云：謂無明能熏眞如，不可熏處而能熏故，名不思議；熏謂眞如心受無明熏；不可變異而變異故，名不思議變。〔註52〕

正受引用並肯定了法藏的說法，眞如具有隨緣熏染、染而不變的特質，因此正受《楞伽阿跋多羅寶經集註》中的「轉依」類型仍屬如來藏學。

〔註51〕寶臣：《註大乘入楞伽經》，《卍新纂續藏》第九十一冊，頁 473。
〔註52〕正受：《楞伽阿跋多羅寶經集註》，《卍新纂續藏》第二十五冊，頁 625。

（三）《楞伽經通義》

善月《楞伽經通義》是依劉宋譯本經文作注疏，在注文中明顯有針對「轉依」思想的詮釋有一處。此處的注文如下：

> 諸識有離不離、轉不轉之異，故曰「不離不轉」者，如來藏識也。謂不離意、意識等而未始有轉，以具隨緣、不變二義故；也不離而轉者，識藏也，即第八貪藏種子識。蓋不離藏識而轉，爲諸識所依故也，以顯七識亦離亦轉，故曰「七識流轉不滅」。亦離者，以藏識雖未始離七識而七識自離，是亦情離而體不離也；而亦轉者，以七識與六識爲因，及彼攀緣生於諸緣，故言「流轉不滅」等。二乘於此但知作解脱想，而不知轉依八識，實不可滅故非其境界。〔註53〕

善月柏庭是南宋時期天台宗的大師，注文所詮釋的是《楞伽經》經文中「不離不轉名如來藏識藏，七識流轉不滅，所以者何？彼因攀緣，諸識生故，非聲聞緣覺修行境界。」這段經文所要傳達的大意，是指聲聞、緣覺二乘人並不了解如來藏和識藏的特質及彼此之間的關係，因此錯認自己已經達到圓滿。在善月的注文中，他認爲「不離不轉」是指如來藏，具有「隨緣、不變」二義就像如來藏、識藏的體用關係。「不離而轉」，是指第八識爲前七識所依。「亦離亦轉」是指前七識流轉不滅。二乘人修行到滅盡定就認爲是究竟解脫，他們不了解此時尚未「轉依八識」，並非眞正圓滿的寂滅境界。

善月在此處的「轉依」特質，明顯的是「轉依八識」，應屬於瑜伽學派的「轉依」類型；但是善月也強調如來藏具有「隨緣、不變」二義，這是如來藏學對於眞如的定義，並非瑜伽學派所堅持的「眞如不隨緣」，因此這個案例也是屬於如來藏學的「轉依」類型。

三、小　結

綜觀明代以前《楞伽經》注疏中的「轉依」思想，從上文的論述可以得知，倘若純粹從各家注文中的「轉依」案例來觀察，在唐代的兩處案例中，如來藏學、瑜伽學派各佔其一；宋代的十一處案例中，如來藏學有五處、瑜伽學派有六處。然而若從注家們對於「如來藏」的界說在注疏中整體的思想而言，則唐、宋兩代這些「轉依」案例，應都屬於如來藏學的「轉依」類型。

〔註53〕善月：《楞伽經通義》，《卍新纂續藏》第二十五冊，頁591。

對於《楞伽經》中「轉依」思想的詮釋，在唐、宋的注疏裡，可以看到注家們吸收了瑜伽學派的養分，如引用《大乘阿毘達磨雜集論》、《攝大乘論》、《成唯識論》等「滅障證理」的「轉依」思想，藉以強化如來藏學的「轉依」特質，開展出更圓融的「轉依」型態。倘若以再次以前文中「成就世間圓滿聖人」的譬喻來比附，則這三種「轉依」類型的特質如下：

（1）瑜伽學派：將重心鎖定於「缺點」，經由不斷的淨化、改進、修正，最後達到圓滿的境界。

（2）如來藏學：將焦點關注於自身的「優點」，經由不斷的開顯、增強、擴充，最後實現終極的理想。

（3）吸收瑜伽學後的如來藏學：「優點」不斷的開顯、增強；「缺點」不斷的淨化、改進。「優、缺點」兩者同時進行、雙管齊下。換言之，能更有效率的「成就圓滿聖人」。

第四節　明代德清《觀楞伽經記》、《楞伽補遺》中「轉依」思想的運用與創新

進入明代《楞伽經》注疏中「轉依」思想的運用，本文首先要探討的就是憨山德清。其實若依成書年代的順序，德清的《觀楞伽經記》、《楞伽補遺》原本是明代九家《楞伽經》注疏中的第二家。然而在這九家《楞伽經》注疏中，德清對於「轉依」思想是最有發揮的，不單具有獨特的創見，同時對於後來的注家們也有深刻的影響。至於第一家宗泐、如玘的《楞伽阿跋多羅寶經註解》，雖然沒有直接發揮「轉依」兩字連用的注文，亦將在下一節中一並討論。

德清的學養背景本是遍學禪、華嚴、天台、唯識、淨土等諸多宗派的，但在注疏《楞伽經》時，德清特別強調「以《起信》、《唯識》提挈綱宗」〔註 54〕，因此明顯的，德清同時參考了「性、相」兩宗的法義。在《觀楞伽經記》、《楞伽補遺》當中，德清對於「轉依」思想是頗有發揮及創見的，光是提到「轉依」二字連用的注文，就有二十餘例，以下將針對重點特色加以說明。

一、了達唯心——依不生滅心的「轉依」特質

儘管德清的注疏強調他是同時參考了唯識學經論及《大乘起信論》這

〔註 54〕德清：《觀楞伽阿跋多羅寶經記》，《卍新纂續藏》第二十六冊，頁 72。

「性、相」兩宗的法義，但在《觀楞伽經記》、《楞伽補遺》中，對於「轉依」思想的特質，仍是相當鮮明的如來藏學「轉依」類型。在注文中處處可見到依於如來藏心、眞如、不生滅心的「轉依」特色，如：

> 將欲行人依不生滅心，了達唯心如幻境界而觀，必獲常住二轉依果也。〔註55〕
>
> 若了唯心，即妄想頓滅。由是觀之，生死涅槃本無二致，惟在迷悟之間。悉由自心轉變耳，豈更有他哉。〔註56〕
>
> 直顯寂滅一心，眞如自性轉依極果。〔註57〕

從以上三段注文當中，可以明確的看出德清「依不生滅心」、「眞如自性轉依」的如來藏學「轉依」特質。同時德清強調著「迷悟」爲「轉依」的重要關鍵，德清認爲「生死、涅槃」這兩者之間其實並沒有差別，只是在「迷悟之間」罷了，若能「了達唯心」、「直顯寂滅一心」，最終「必獲常住二轉依果」。

二、神力加持，頓證「二轉依果」

在注文中德清不僅強調如來藏學的「轉依」特質，同時更發揮如來不可思議的果德，藉著修行人的禪定力，經由諸佛的神力加持，在「感應道交」下，疾得「二轉依果」，如：

> 今行人入大乘照明三昧，以三昧力，頓斷麤重三障，證平等眞如，得法性身。與十方佛氣分交接，故即感諸佛現身說法，神力加持，由內外交熏，淨治微細二障究竟無餘，一念頓證二轉依果。以法性圓明，與十方佛同體無二，故感灌頂神力加持也。〔註58〕

德清認爲成佛的障礙分兩類，一是粗重；一是微細。粗重的障礙，可以由修行者的三昧照明的禪定力自行斷除；微細的障礙，則可經由佛力的加持而迅速滅淨。當修行者進入深澈的三昧定力中，便能「與十方佛氣分交接」，跟十方諸佛強大的能量相互感應。在禪定中能感應「諸佛現身說法」，經由諸佛的親自教導及修行者自身的加行功用，在「內外交熏」之下，便能快速的淨除微細的障礙，「頓證二轉依果」。此處的說法，似乎可與《楞伽經》經文互相

〔註55〕德清：《觀楞伽阿跋多羅寶經記》，《卍新纂續藏》第二十五冊，頁756。
〔註56〕德清：《觀楞伽阿跋多羅寶經記》，《卍新纂續藏》第二十六冊，頁50。
〔註57〕德清：《觀楞伽阿跋多羅寶經記》，《卍新纂續藏》第二十六冊，頁4。
〔註58〕德清：《觀楞伽阿跋多羅寶經記》，《卍新纂續藏》第二十五冊，頁836。

呼應之處，如「頓熟眾生所處境界，以修行者安處於彼色究竟天」〔註 59〕佛陀的功德力能「頓熟」眾生，能讓修行者安處於「色究竟天」，教導修習而證入無上聖智。在大乘佛學中有一種說法，就是在十地菩薩成佛之前，將上升於色究竟天，最後由諸佛親自教導而成佛。因此德清「轉依」思想的特質，不僅是自力的，也是重視「感應道交」的佛力。

三、「二轉依果」的新詮

在《觀楞伽經記》、《楞伽補遺》中，德清對於「轉依」思想的詮釋，最具有特色的，應屬「二轉依果」的新詮。雖然德清參考了「性、相」兩宗的法義，但是德清的「二轉依果」，不僅在內容上不同於瑜伽學派的「二轉依果」，同時更立足於如來藏學的核心法義，開展出如來藏學的「二轉依果」。「二轉依果」這個法義概念，原本出自於瑜伽學派的《成唯識論》，論中說：

> 由轉煩惱得大涅槃；轉所知障證無上覺。成立唯識，意爲有情證得如斯二轉依果。〔註 60〕

這「二轉依果」所指的是——轉「煩惱障」後，證得「大涅槃」；轉「所知障」後，證得「無上覺」。要斷除「煩惱障」後，才能得「涅槃果」；要斷除「所知障」後，才能得「菩提果」。瑜伽學派的「二轉依果」是分別轉除兩種障礙而得兩種果。然而德清的「二轉依果」卻提出了不同的詮釋，如：

> 然二轉依果，謂「轉煩惱成菩提，轉生死成涅槃」。〔註 61〕

> 觀成得二轉依果相也。二果者，謂轉染令淨，生死即涅槃；轉迷令悟，煩惱即菩提。〔註 62〕

在德清的注文中，有十餘處提到「二轉依果」，然而這「二轉依果」的具體涵義都是「轉煩惱成菩提，轉生死成涅槃」，似乎明顯的與《成唯識論》中說的「轉煩惱得大涅槃，轉所知障證無上覺」有所不同。爲了方便於對照這兩種不同的「二轉依果」，以下將以列表的方式加以說明：

〔註 59〕求那跋陀羅譯：《楞伽阿跋多羅寶經》，《大正新修大藏經》第十六冊，頁 486。

〔註 60〕玄奘譯：《成唯識論》，《大正新修大藏經》第三十一冊，頁 51。

〔註 61〕德清：《觀楞伽阿跋多羅寶經記》，《卍新纂續藏》第二十五冊，頁 940。

〔註 62〕德清：《觀楞伽阿跋多羅寶經記》，《卍新纂續藏》第二十五冊，頁 760～761。

成唯識論	二轉依果	德　清
煩惱障——→	大涅槃、涅槃果	←——生死
所知障——→	無上覺、菩提果	←——煩惱

在上述的列表中可以清楚的對照出這兩種「二轉依果」的差異。觀察這兩種「二轉依果」的終極目的——「涅槃果、菩提果」，德清與《成唯識論》的看法是相同的；然而比較這兩種「二轉依果」彼此趨近目標的對象就有明顯的差別；或者說要證得「二轉依果」所必須轉捨或斷除的對象是不同的。換言之，德清認爲要達到「二轉依果」所必須轉捨或斷除的對象，是不同於瑜伽學派的。

倘若比較這兩種「二轉依果」的差異，《成唯識論》所主張的是「煩惱障、所知障」的滅除；德清所重視則是「生死、煩惱」的轉捨。乍看之下，德清所強調的「生死、煩惱」，似乎僅是談到了《成唯識論》中「煩惱障」的範圍，尙未觸及「所知障」的領域，因此德清所詮釋的「二轉依果」似乎不及《成唯識論》中所說的周全。然而，細查德清「二轉依果」的本意，德清所強調的「生死、煩惱」，在「煩惱」的部分，實際上已經融攝了「煩惱障、所知障」這兩者。因爲德清是以如來藏學的「轉依」特質加以發揮的，如德清說：

> 經以佛語心爲宗者，正所謂如來藏自性清淨心也。乃一切眾生本具足者，但今迷之而隨染緣，則煩惱、生死、三有之相，從此而生；若悟之而隨淨緣，則菩提、涅槃、二轉依果，依之而立。是則煩惱、菩提、生死、涅槃，皆依迷悟、染淨轉變之相耳。故皆即狂勞顛倒華相，而如來藏中本無此事。故曰「求於去來、迷悟、生死了不可得」。然吾人能達本無，日用現前境界了不可得者，可謂即到自覺聖智矣。〔註63〕

如來藏自性清淨心、如來稱性功德是一切眾生本自具足的，「迷悟」是「轉依」的重要關鍵，假使「迷惑」，就隨染緣而不斷的產生種種煩惱、生死流轉；若能「悟入」，就隨淨緣而菩提、涅槃這「二轉依果」便依之而立。由於「迷悟」是「轉依」的關鍵，所以不用在「煩惱障」外別立一個「所知障」，因爲「如來藏中本無此事」，這一切「煩惱、菩提、生死、涅槃」，都只是「狂勞顛倒華相」罷了。

〔註63〕德清：《觀楞伽阿跋多羅寶經記》，《卍新纂續藏》第二十五冊，頁762～763。

四、「二轉依果」新詮的理論考察

雖然德清在《觀楞伽經記》、《楞伽補遺》注疏時參考了唯識學等相關經論的法義，但德清的「二轉依果」，不是《成唯識論》中所說的「轉煩惱得大涅槃；轉所知障證無上覺」，而是「轉煩惱成菩提，轉生死成涅槃」。由於「二轉依果」原本是瑜伽學派中的專有名相，含有特定的法義界說與內涵，因此當德清重新對「二轉依果」賦予另一種法義詮釋時，有時就容易造成不必要的誤解。如近代的唯識學者，便時常批評明代的祖師們不能嫻熟唯識精義，或偶有錯謬之處，如歐陽竟無說：

> 研究因明、唯識期必徹底，爲學者楷模，俾不顢頇儱侗，走入外道而不自覺。明末諸老，仗《宗鏡錄》研唯識，以故《相宗八要》諸多錯謬。〔註 64〕

> 明人壁造，勞而唐功。遂使數百餘年，治此宗者，舍《相宗八要》、《唯識心要》以外，無別精研。支離破碎之談，户牖一孔之見，有天地之大而不能知，有規矩之巧而弗獲用。〔註 65〕

歐陽竟無認爲明代的祖師們雖然研究唯識學，但是並無法得其精義，只是憑藉著某幾部唯識論典的法義，未能窺得全豹，更遑論融會貫通，因此往往有「支離破碎之談，戶牖一孔之見」，甚至出現「諸多錯謬」之處。然而事實眞是如此嗎？倘若就德清「二轉依果」新詮這個案例來加以觀察，本文發現，德清並非不了解《成唯識論》中「二轉依果」的定義，德清對於「二轉依果」的新詮，實在是另有深義的。德清的「二轉依果」新詮是否純粹是孤發先鳴的創見，或是可從經論或前人的法義中找到端倪？本文認爲德清的「二轉依果」新詮，就法義而言是有諸多線索可以溯源的。若能掌握德清「二轉依果」新詮的法義相關線索，或許就能理解德清重新詮釋「二轉依果」的用心。

倘若針對德清所新詮的「二轉依果」的實質涵義去溯源，本文發現了幾種重要的可能性：

（一）《楞伽經》本經的依據

德清「轉煩惱成菩提，轉生死成涅槃」的「二轉依果」，在經典中是有依據的。事實上，德清是在貫通《楞伽經》的法義之後，針對經文的特色所開顯出來「二轉依果」。以下將依《楞伽經》經文分別解說德清的「二轉依果」。

〔註 64〕歐陽竟無：《歐陽竟無佛學文選》，（武漢：武漢大學出版社，2009），頁 379。
〔註 65〕歐陽竟無：《歐陽竟無佛學文選》，頁 183。

（1）轉生死成涅槃

在《楞伽經》中，多處提到「生死、涅槃」之間相對應的關係，如：

> 無所有境界，離生住滅，自心起隨入分別。大慧！彼菩薩不久當得生死涅槃平等，大悲巧方便，無開發方便。〔註66〕

> 大慧，一切法無二，非於涅槃彼生死；非於生死彼涅槃。異相因有性故，是名無二，如涅槃生死，一切法亦如是。〔註67〕

在這兩段經文當中，可以清楚的了解「生死、涅槃」這兩者之間的關係。第一段是佛陀告訴大慧菩薩，若能通達「無所有」的境界，遠離一切「生、住、滅」的幻相，經過時間的加行，不久即能證得「生死、涅槃」本來「平等」，除了自身受用之外，更能以大悲心，開啓種種善巧方便來度化眾生。第二段則是佛陀接著開是大慧菩薩，一切法的眞相是本來無二的，並非在涅槃之外實有生死，亦非在生死之外實有涅槃。「生死、涅槃」這二者的對立，其實是從自心妄想分別所產生的。由於眾生彼此的妄執，繼而出現種種相互對待的因。事實上「生死、涅槃」，甚至所有一切法的眞相，都是無二無別的。從《楞伽經》這兩段經文當中，明確的提到了「生死、涅槃」這兩者之間的對應關係。德清所強調如來藏學的「轉依」特質，是以「迷悟」爲「轉依」的重要關鍵。若能識得自心，則一切妄想自然滅除。因此德清所提出的「轉生死成涅槃」的「轉依果」，事實上在《楞伽經》本經中就能找到依據。

（2）轉煩惱成菩提

「二轉依果」本是「菩提果、涅槃果」，德清提出「轉生死成涅槃」，以「生死」來對應「涅槃果」；以「煩惱」來對應「菩提果」。上文提到德清「二轉依果」要轉除的「生死、煩惱」，似乎僅是談到了《成唯識論》中「煩惱障」的範圍，尚未觸及「所知障」的領域，容易令人誤解德清所詮釋的「二轉依果」不及《成唯識論》中所說的周全。其實德清所提出的「煩惱」，本可賅括「煩惱障、所知障」這兩者，而且在《楞伽經》本經中也是有依據的，如：

> 世尊，何等是佛之知覺？佛告大慧：覺人法無我，了知二障，離二種死，斷二煩惱，是名佛之知覺。〔註68〕

〔註66〕求那跋陀羅譯：《楞伽阿跋多羅寶經》，《大正新修大藏經》第十六冊，頁483。
〔註67〕求那跋陀羅譯：《楞伽阿跋多羅寶經》，《大正新修大藏經》第十六冊，頁489。
〔註68〕求那跋陀羅譯：《楞伽阿跋多羅寶經》，《大正新修大藏經》第十六冊，頁498。

知二無我、離二煩惱、淨除二障、永離二死。〔註 69〕

在這兩段經文當中，都提到了「二煩惱」和「二障」，佛陀開示大慧菩薩要成就「佛之知覺」——「菩提果」，就要「知二無我、離二煩惱、淨除二障」。德清對此段經文的理解是：

二障，即煩惱、所知；二死，即分段、變易；二煩惱，即根本、支末，舊註為四住并無明，亦不出此。謂但能斷如上諸過，即名佛之知覺。〔註 70〕

德清並非不了解「二障」就是即「煩惱障、所知障」，只是德清所提出「轉煩惱成菩提」中「菩提果」的「轉依」對象——「煩惱」，事實上就是「二煩惱」。這「根本、支末」兩種煩惱，就是無明、見、思等三惑。因此德清所謂的「煩惱」絕非僅是「二障」中的「煩惱障」。「根本、支末」這兩種煩惱，可以說是從另一個角度來融攝「煩惱障、所知障」。況且德清所強調的是以「迷悟」為「轉依」關鍵的如來藏學特質，所以煩惱的當下，自能成就菩提。如同《仁王般若經》所說「菩薩未成佛，以菩提為煩惱；菩薩成佛時，以煩惱為菩提」。〔註 71〕

（二）宗密的《圓覺經略疏鈔》

對於德清「二轉依果」新詮的法義溯源，除了《楞伽經》本經的依據，本文認為另一個明顯的可能性，就是德清參考了宗密《圓覺經略疏鈔》中的法義。德清曾經研讀《圓覺經》，同時著有《圓覺經直解》，在研讀及注疏時都參考了宗密的《圓覺經略疏鈔》〔註 72〕。在宗密的《圓覺經略疏鈔》中，就具體的出現了「二轉依果」是「轉生死得涅槃；轉煩惱得菩提」的說法，如：

轉依者，謂菩提、涅槃是「二轉依果」，還由轉生死得涅槃；轉煩惱得菩提。〔註 73〕

華嚴宗的第五祖宗密就曾提出這屬於如來藏學的「二轉依果」，相較於《成唯識論》中的「二轉依果」，宗密的「二轉依果」仍算是晚出，因為宗密的生卒

〔註 69〕求那跋陀羅譯：《楞伽阿跋多羅寶經》，《大正新修大藏經》第十六冊，頁 505。

〔註 70〕德清：《觀楞伽阿跋多羅寶經記》，《卍新纂續藏》第二十五冊，頁 889。

〔註 71〕不空譯：《仁王護國般若波羅蜜多經》，《大正新修大藏經》第八冊，頁 839。

〔註 72〕如〈刻圓覺經解後跋〉中提到「昔圭峰禪師，著有略疏，則似簡；別有小鈔，若太繁。然文有所捍格，則義有所不達，義不達則理觀難明，理觀不明則恍忽技岐，而無決定之趣矣。」見於德清：《圓覺經直解》，《卍新纂續藏》第十六冊，頁 144。

〔註 73〕宗密：《圓覺經略疏鈔》，《卍新纂續藏》第十五冊，頁 370。

年爲780～841，《成唯識論》則成書於659年；然而相對明代的德清，唐代宗密的「二轉依果」可算是法義的源頭。或許嚴格上來說，宗密應是這「二轉依果」新詮的創始人。德清的「二轉依果」是否眞正來自宗密，並無法明確判定，但可以肯定的，就是在《觀楞伽經記》、《楞伽補遺》中，德清對於「二轉依果」的新詮作了更豐富的發揮。

（三）紫柏真可的影響

同樣可是視爲德清「二轉依果」新詮的法義先驅，就是明代四大師之一的紫柏眞可。紫柏眞可是德清的至交，在德清替眞可所收集的〈法語〉之中，就曾錄有這樣的話：

> 教中謂之二轉依果，蓋轉生死而依涅槃，轉煩惱而依菩提也。〔註74〕

雖然紫柏眞可也曾提出同樣的看法，或許德清因此而得到啓發，但是德清對於「二轉依果」的新詮，是否純粹來自於眞可，亦無法確切斷定。因此更須留意的，就是德清站在如來藏學的立場上，對於「二轉依果」的詮釋所提出種種更周延的闡發。

五、「二轉依果」新詮的內容詳析

在考察德清「二轉依果」新詮的法義溯源後，對於上述的三種可能性，不論德清是在貫通《楞伽經》的法義後，針對經文特色所開顯出來「二轉依果」；或是直接受到宗密、眞可的影響，在此値得重視的，就是德清對於「二轉依果」的詮釋，不僅是「轉煩惱成菩提，轉生死成涅槃」這一句簡要的口訣，德清的注文中更突顯了「迷悟」將是「轉依」決定性的樞紐，以及重視如來不可思議果德的感應道交，這些都是立足於如來藏學的核心法義而加以發揮的。尤其對於「二轉依果」的實際內涵，德清也有獨特性的創見，以下將分別針對這「二轉依果」的內容加以說明。

（一）涅槃果——不起分別，離心識處，即大涅槃

針對「涅槃果」的法義詮釋，德清不只是提出「轉生死成涅槃」這種指標性的口訣，更在注文中處處詳加論述「涅槃果」的界說和相關次第。關於以「迷悟」爲關鍵，重視「了達唯心」則「生死涅槃本無二致」的觀念，前文已有說明，此處不再贅述。至於如何具體達到「涅槃果」，「涅槃果」的實

〔註74〕眞可：《紫柏尊者全集》，《卍新纂續藏》第一二六冊，頁756～757。

質內涵爲何，德清則有更確切的詮釋，如：

> 世尊所言涅槃者，說何等法名爲涅槃，而外道乃於涅槃法作妄想分別耶？意顯不起分別，離心識處，即大涅槃。〔註 75〕

在八卷《觀楞伽經記》的第卷六末，德清分辨了許多外道對於「涅槃」的盲點，也提出了眞正「涅槃果」的觀念，如「初轉依涅槃果（分二）：初揀二十一種邪宗；次示最上一乘正果」〔註 76〕先破除二十一種外道邪見，其後顯示正義。但總歸其重點，可由上述這一段引文來代表。德清注文中拋出了一個問題——佛陀所說的「涅槃」到底是什麼？爲何外道對於「涅槃」會產生種種妄執而無法眞正證得？德清自問自答的說出「涅槃果」的正義，其實就在「離心、識處」、「不起分別」。只要能徹底了知、悟入諸法的當體即空，繼而起心動念、逢緣歷境都能安住於眞如，行久功深而至於無功用行，在「離心、識處」、「不起分別」的當下就是大涅槃。然而諸外道皆心外求法，妄想另有涅槃可得，因此自心了創造許多自以爲是的涅槃，執著於各種不同的妄法，所以無法證入眞正的涅槃。

（二）菩提果——法身真常、樂、我、淨四德

關於「菩提果」的法義詮釋，德清同樣在提出「轉煩惱成菩提」的「轉依」指標後，又針對如來藏學的核心法義來詳加闡述。德清在注疏中對於「菩提果」的論述，站在「如來果德」的角度，提出了許多具有創造、組織性的詮釋，如在注文前的科判〈觀楞伽阿跋多羅寶經記略科〉中說：

次轉依菩提果（五）（經四卷初）
- 初顯法身眞我德（二）
  - 初顯三德秘藏（明法身般若解脱共一章）
  - 次顯一心眞如（二）
    - 初明離一切相（離名字相離言說相離心緣相共一章）
    - 次結究竟一心（無相見勝下至偈終）
  - 二顯法身眞常德（二）
    - 初破七種無常（七無常一章）
    - 次正顯眞常（文錯簡在三昧章後）
  - 三顯法身眞樂德（三昧全章）

〔註 75〕德清：《觀楞伽阿跋多羅寶經記》，《卍新纂續藏》第二十五冊，頁 940。

〔註 76〕德清：《觀楞伽阿跋多羅寶經記》，《卍新纂續藏》第二十五冊，頁 940。

四顯法身真淨德（如來藏半章）

五釋疑勸修（若無識藏名下三段）

從上述的科判中，可以明顯的看出德清對於「轉依菩提果」的重視，在劉宋譯四卷本經文的第四卷上半（德清注疏本的卷六末到卷八初），都以「轉依菩提果」來統攝。不僅如此，從科判的細目中，可以看出德清對於法義分判具有縝密、系統性的思考。對於「菩提果」的具體涵義，德清所重視的是「如來法身果德」展顯，從「法身真我德、法身真常德、法身真樂德、法身真淨德」，等諸多角度來註解《楞伽經》。當然除了上述科判，尚有更多豐富的法義論述蘊藏在科判細目的經文注疏之中。

六、小　結

綜觀德清所詮釋的「二轉依果」——「轉煩惱成菩提，轉生死成涅槃」，本文認爲，德清從經文《楞伽經》法義的貫通，或是參考「性、相」二宗的法義，或是得到前哲宗密、真可的啓發，德清「二轉依果」新詮的本意，正是要以真常如來藏心的基礎，藉由注疏《楞伽經》的法義，開展出屬於如來藏思想而更圓滿的「二轉依果」。如：

> 說二轉依，以顯法身出纏，證真常、樂、我、淨四德，此返妄歸真之極則也。〔註 77〕

對於「二轉依果」的實現，德清提出具體的過程及工夫是「返妄歸眞」。從依於眞如、不生滅心的「轉依」特質，以「迷悟」爲「轉依」的關鍵，在了達唯心、「返妄歸眞」後所展顯的，則是法身的「眞常、眞樂、眞我、眞淨」四德，還有佛力灌頂、感應道交而頓證「二轉依果」等等。德清對於「二轉依果」的諸多闡述，藉由《觀楞伽經記》、《楞伽補遺》呈現了有別於瑜伽學派《成唯識論》中的「二轉依果」，開展出屬於如來藏思想而更圓滿的「二轉依果」。

第五節　明代八家《楞伽經》注疏中「轉依」思想的運用

明代以前《楞伽經》注疏中的「轉依」思想，唐、宋的注家們多站在如來藏學的立場，引用瑜伽學派的論典，融攝瑜伽學派的法義，逐漸呈現圓熟

〔註 77〕德清：《楞伽補遺》，《卍新纂續藏》第二十六冊，頁 84。

的如來藏學「轉依」型態。進入明代後，《楞伽經》的注疏相當豐富，「轉依」思想的詮釋必將呈現諸多不同的風貌。如在上一節中，看到了德清的「二轉依果」新詮，他以眞常如來藏心爲基礎，在經文的貫通、性相經論的融合、前賢的啓發下，又開展出更圓滿的如來藏思想「轉依」特質。

有明一代的《楞伽經》注疏有九家，是歷代注疏存留下來最多的一代。這九家的注疏者，不但各有不同的學養背景，同時在注疏的過程中，又能參考前人注疏中的法義論述，開展出具有特色的「轉依」思想。因此在這傳承與創發、因襲和變革當中，在明代《楞伽經》注疏裡，關於「轉依」思想的詮釋又將有哪些發揮呢？在上一節中，本文討論了明代九家注疏中，對於「轉依」思想著墨最多的憨山德清。在這一節裡，本文將接著考察明代其他注家對於「轉依」思想的各種詮釋。

關於明代《楞伽經》的九家注疏，在注文中有直接提到「轉依」二字連用的，共有六部注疏；其餘三部注疏，雖然沒有直接運用「轉依」的名詞，但仍可以透過注疏中如來藏的定義加以觀察，繼而判定該注疏的「轉依」特質。以下將依注疏的年代順序分別加以論述。

一、宗泐、如玘《楞伽阿跋多羅寶經註解》

宗泐的學養背景是天界善世禪寺的禪宗，如玘是演福講寺的天台宗，由這兩位大師所共同完成的《楞伽阿跋多羅寶經註解》，在注文中並沒有直接提到「轉依」兩字連用的注文。然而考察注疏中對於如來藏的定義，是屬於「眞妄和合」的，也是具有「隨緣不變」的界說，如：

> 良以「如來藏是善不善因」，隨染淨緣熏變不同。眾生無始惡習所熏，唯逐染緣故，如來藏轉名識藏，次第轉生諸識，此全眞成妄，全理成事也；若能隨於淨緣，了達諸識皆即眞智，如來藏無復轉名，則即事而理，反妄歸眞矣。〔註78〕

在注文中「了達諸識皆即眞智，如來藏無復轉名，則即事而理，反妄歸眞」，從此處可以明確的判斷，此注疏的「轉依」特質，應是依止於眞如，屬於如來藏學的「轉依」類型。

〔註78〕宗泐、如玘：《楞伽阿跋多羅寶經註解》，《大正新修大藏經》第三十九冊，頁350。

二、陸西星《楞伽要旨》

若依成書時間順序，明代的第三位注家爲陸西星〔註 79〕的《楞伽要旨》。陸西星曾先後接觸儒、道、釋三家，八十三歲時應復齋居士的請託而作《楞伽要旨》。在書中的〈意生身章〉中曾提到了「轉依」的內容，如：

> 至第八地菩薩，觀察覺了諸法如幻，悉無所有，轉依變化，具足莊嚴。猶如夢幻，鏡相水月，非造所造，如造所造，隨入佛剎，一切大眾之中，蔵化度生，自然而然，莫知其然，是謂覺法自性性意生身。〔註 80〕

在三種「意生身」的第二種「覺法自性性意生身」，陸西星認爲這是八地菩薩的境界。從引文中可以清楚的看出，陸西星所詮釋的「轉依」是建立在八地菩薩的基礎上來論述的。由於八地菩薩已能「觀察覺了諸法如幻」，因而自得「轉依」。此處的「轉依」類型，並不容易判定是屬於瑜伽學派或如來藏學，因爲此處將「轉依」的對象定位在八地菩薩，其中所談的「觀察覺了諸法如幻」，這種「轉依」特質是「性、相」兩宗是共通的；然而考察注文中其他的法義，可以發現，陸西星仍是傾向於如來藏學的「轉依」類型，如：

> 此藏一爲無始惡習虛僞所熏染，則不得名爲如來智藏，名爲含藏、識藏……若能一念迴光，能隨淨緣，遠離世俗常與無常之見過，不墮外道神我之邪論，返流還元，旋歸自性，自爾純白無垢，常清淨矣。〔註 81〕

在注文中，陸西星對於如來藏的定義是具有熏染義的，屬於「如來智藏、識藏」兩者的眞妄和合；對於修行的工夫進路，陸西星所重視的是「一念迴光」、「返流還元，旋歸自性」。因此從上述的相關法義可以得知，陸西星所詮釋的「轉依」特質，應屬於如來藏學的類型。

三、廣莫《楞伽經參訂疏》

明代的第四位注家爲廣莫《楞伽經參訂疏》。廣莫原本是學習天台宗教義的，後來皈依雲棲蓮池大師，專心在淨土宗的修持上。在廣莫的注文中，曾多處提到「轉依」，至於廣莫對於「轉依」的詮釋，應屬於瑜伽學派和如來藏

〔註 79〕第二家的憨山德清在上一節已論述。
〔註 80〕陸西星：《楞伽要旨》，頁 67～68。
〔註 81〕陸西星：《楞伽要旨》，頁 126～127。

學兩者的並用。如：

> 轉依次第成如來身者，即等覺後念解脫道，斷二障習氣，即得如來無上菩提，及大涅槃，二轉依果也。〔註82〕
>
> 聲聞但滅根境作涅槃想，然非自覺聖智，藏識轉依之大涅槃也。〔註83〕

在這兩段注文中，可以清楚的看出，廣莫引用了《成唯識論》中的「轉依」特質，強調的是等覺菩薩在金剛後心的「斷二障習氣」，以及「藏識轉依之大涅槃」。這是屬於瑜伽學派的「轉依」特質。然而廣莫在注文中所採用的工夫進路，又常出現如來藏學的「轉依」特質，如：

> 「覆」字，楊彥國纂云「覆者，返復之義，謂迴光返照，還於眞識也」。〔註84〕

這是在本文第四章中曾經討論過「覆彼眞識」的主題，廣莫直接引用楊彥國《楞伽經纂》中的看法，將「覆」解釋爲「反復」，重視的工夫進路是「回光返照」的。因此，廣莫對於「轉依」的詮釋，實際上是屬於瑜伽學派和如來藏學兩者的並用。

四、曾鳳儀《楞伽經宗通》

曾鳳儀的《楞伽經宗通》雖然強調是以「以宗明經」，用禪宗的心法及祖師的公案法語來注疏《楞伽經》。但在〈楞伽宗通緣起〉中，曾鳳儀自稱曾夢至兜率天面見彌勒菩薩，「一夕夢履兜羅綿界，覩慈尊容貌甚偉……欽承教語，語曰：分別是識，無分別是智」〔註85〕，因此在曾鳳儀的注疏中，除了融有禪宗的法義，對於唯識學的運用亦是隨處可見，尤其是對於「轉依」思想的詮釋就可以明顯的看出這個特色。曾鳳儀在《楞伽經宗通》中，將《成唯識論》中的「轉依」特質，以及禪宗所重視的《楞嚴經》中的「轉依」特質融攝起來，如：

> 修行者入唯識觀，則得二轉依號，謂「轉生死依涅槃，轉煩惱依菩提」，總之轉識而成智也……入等覺位，捨離彼生所作方便，頓斷俱生二障種子，如金剛喻定，初地所作方便二地破之，二地所作方便

〔註82〕廣莫：《楞伽經參訂疏》，《卍新纂續藏》第二十七冊，頁21。
〔註83〕廣莫：《楞伽經參訂疏》，《卍新纂續藏》第二十七冊，頁32。
〔註84〕廣莫：《楞伽經參訂疏》，《卍新纂續藏》第二十七冊，頁17。
〔註85〕曾鳳儀：《楞伽經宗通》，《卍新纂續藏》第二十六冊，頁333。

> 三地破之，至金剛後心，所得之定更無能破者，即超入妙覺。……即轉六識爲妙觀察智，不久當得生死涅槃平等；即轉七識爲平等性智，捨離彼生所作方便；即轉前五識爲成所作智，到自覺聖趣，如隨眾色摩尼，即轉八識爲大圓鏡智。是菩薩漸次轉身得如來身，必自習唯識觀始。〔註 86〕

從注文中可以發現，曾鳳儀突顯「唯識觀」的重要性，強調「菩薩漸次轉身得如來身，必自習唯識觀始」。注文中所論述的，從「轉識而成智」、「頓斷俱生二障種子」、轉八識成爲四種智，這種種的法義都出自於瑜伽行派的《成唯識論》。然而在注文中卻有個值得注意之處，就是「二轉依號」這個名詞。「二轉依號」本出於如來藏學的《楞嚴經》，經中說：

> 佛言：阿難，當知妙性圓明，離諸名相，本來無有世界、眾生，因妄有生，因生有滅；生滅名妄，滅妄名眞。是稱如來無上菩提，及大涅槃「二轉依號」。〔註 87〕

「妙性圓明」這是如來藏學基本的思維理路，《楞嚴經》認爲「本來無有世界、眾生」，一切都是「因妄有生」。因此關鍵只要「了妄」就能「證眞」。了妄證眞就能成就「無上菩提、大涅槃」這兩種「轉依號」。《楞嚴經》的「二轉依號」和《成唯識論》的「二轉依果」在名相上有一字之差。在《成唯識論》所談的是「二轉依果」，具體的內涵是「由轉煩惱得大涅槃；轉所知障證無上覺」，曾鳳儀用《楞嚴經》中的「二轉依號」來詮釋「轉依」，且強調的是「轉生死依涅槃，轉煩惱依菩提」，因此在這個「轉依」的注文案例中，可以清楚的看出，曾鳳儀對於性相兩宗的重視，並試圖要將瑜伽行派的《成唯識論》及如來藏學的《楞嚴經》中的法義，融貫在一起。當然這也是明代佛教中，「性相融通」的一個典型案例。

五、普眞貴《楞伽科解》

宗本於華嚴教義的普眞貴，在序文裡原已說出他注疏《楞伽科解》時的法義立場，如：

> 竊覩今經，教攝圓頓，故立科稍合《華嚴》，科非煙颺之細；理唯藏

〔註 86〕曾鳳儀：《楞伽經宗通》，《卍新纂續藏》第二十六冊，頁 398～399。

〔註 87〕般剌蜜諦譯：《大佛頂如來密因修證了義諸菩薩萬行首楞嚴經》，《大正新修大藏經》第十九冊，138 頁。

性，故釋義多援《起信》，義無塵飛之雜。務在疏通詞致，達乎本有眞心。〔註88〕

科判是以《華嚴經》的思想爲基礎，在解釋義理上多參照《大乘起信論》，這都是屬於如來藏學的法義系統。誠如普眞貴所說「務在疏通詞致，達乎本有眞心」。因此「本有眞心」的特質，也展現在普眞貴對於「轉依」思想的詮釋案例上，如：

蓋言善惡之因，苦樂之果，染淨依正，凡聖生滅，皆如來藏舉體隨緣一念頓起。〔註89〕

這是典型的「如來藏緣起說」，一切的善惡、苦樂、染淨、生滅、凡聖、正報依報，都是依止於如來藏而生起。生命的流轉是依止於如來藏，因此生命的還滅，也必須依止於如來藏，如：

如來藏爲無始妄想所熏轉爲藏識……若一念回光，頓離生滅無常，頓達藏性無我，則知自性本來清淨也。〔註90〕

如來藏本來是自性清淨的，但是無始以來因爲被妄想所熏習而轉變成藏識，想要回歸清淨自性，就必須依止於如來藏眞心，若能「一念回光」，就能頓離生滅無常。在這樣的基礎理路下，不斷的修行累進，便證得無上「轉依」聖果，如：

從凡至聖，所歷諸地，種種德用，離有無見，斷生滅心，不著言義，得證無上轉依聖果，故云其身轉變。〔註91〕

依止於如來藏眞心的工夫進路，必須時時以自覺聖智照見，從凡夫位到聖者位，所經過的種種過程，所顯發的諸多功德，都必須離於「有、無」兩邊的戲論，離於「生滅心」，不被法義言論所束縛，如此才能證得無上「轉依」聖果。從以上的論述可以得知，普眞貴《楞伽科解》中對於「轉依」思想的詮釋是屬於如來藏學的類型。

六、焦竑《楞伽經精解評林》

明代著名的文人焦竑的思想雖然涉及儒、道、釋三家，但焦竑這部《楞伽經精解評林》，或可稱爲宗泐、如玘《楞伽阿跋多羅寶經註解》的縮小版，

〔註88〕普眞貴：《楞伽科解》，〈楞伽科解序〉，頁16。
〔註89〕普眞貴：《楞伽科解》，卷十，頁4。
〔註90〕普眞貴：《楞伽科解》，卷十，頁6～7。
〔註91〕普眞貴：《楞伽科解》，卷七，頁124～125。

幾乎完全節錄宗泐、如玘的注文，焦竑自己發揮的地方並不多。因此，關於注文中「轉依」思想的詮釋，實際上焦竑也是引用了宗泐、如玘的注文「了達諸識皆即眞智，如來藏無復轉名，則即事而理，反妄歸眞」〔註 92〕。若依此處判斷，焦竑注疏中的「轉依」特質，也是依止於眞如，屬於如來藏學的「轉依」類型。

七、通潤《楞伽經合轍》

在通潤《楞伽經合轍》中，並沒有直接使用「轉依」這個名相的注文。當然這並不代表此書中沒有「轉依」思想的詮釋。其實通潤對此經的詮釋，本是「性、相」兩宗兼弘，各有立場而不相違背的。記得本文第四章「諸識生滅門」的各種討論，通潤的觀點總是分別詮釋了「性、相」兩宗的法義，以及這兩宗彼此不同的工夫進路，如在「覆彼眞識」的詮釋上，通潤詳細的分析「相宗著重在對治妄心；性宗著重在加強眞心」等。因此通潤《楞伽經合轍》中「轉依」思想的詮釋也是如來藏學、瑜伽學派兩家並釋的。

然而此處更値得注意的，已不是通潤《楞伽經合轍》中「轉依」特質是屬於哪一種類型？而是通潤在注文中爲何不直接使用「轉依」這個名相？本文認爲，通潤是顧慮到「詮釋上的誤會」。

通潤《楞伽經合轍》的一大特色，本在「矯二宗之偏鋒；驅顢頇之狂慧」〔註 93〕，企圖釐清「性、相」二宗的思維模式，化解彼此的誤會。基於通潤懷有「化解誤會」的使命感，因此在註解經論時，不但要掌握經論本身的基礎法義，甚至所有的名相定義必須有所根據，不能讓讀者認爲是「自創新詞」，或是基礎概念不清。如通潤寫給王肯堂的書上說：

> 近世解內典，各出已見者多，第性宗理圓，作聰明註釋，亦無大礙；相宗理方，一字出入，便謬以千里矣！不佞雖有臆見，目未曾經考證，口未曾經商確者，皆不敢入解，今入解者，不過摭古人言句以成文耳。〔註 94〕

「一字出入，便謬以千里矣」，通潤感嘆「性、相」二宗的誤解，有時是「各出已見者多」。因此爲了不要製造更多的誤解，通潤謹守「目未曾經考證，口

〔註 92〕焦竑：《楞伽經精解評林》，《卍新纂續藏》第九十一冊，頁 390。
〔註 93〕通潤：《楞伽經合轍》，《卍新纂續藏》第二十六冊，頁 731。
〔註 94〕通潤：《成唯識論集解》，《卍新纂續藏》第五十冊，頁 658。

未曾經商確者，皆不敢入解」的原則。

「轉依」這個名相的使用，多數是在瑜伽學派，特別是《成唯識論》詳細的說明了各種「轉依義」。通潤對於《成唯識論》頗有研究，曾著有《成唯識論集解》，因此通潤對於各種「轉依義」應是瞭若指掌的。由於《楞伽經》劉宋譯四卷本經文中並沒有出現「轉依」這個名相，此經又是「性、相」二宗共尊的經典，所以通潤在注疏時避開「轉依」這個名相的使用，以免增加讀者的誤會。如德清「二轉依果」的新銓，將《成唯識論》中說的「轉煩惱得大涅槃，轉所知障證無上覺」詮釋爲「轉煩惱成菩提，轉生死成涅槃」；又如曾鳳儀以《楞嚴經》的「二轉依號」來詮釋瑜伽行派的「唯識觀」，若站在「性相融通」的立場來看，德清、曾鳳儀的案例都是值得嘉許的創見；然而若是堅持自宗法義的讀者，非但無法從中獲得利益，反而譏謗注家基本概念不清楚。因此通潤爲了避免這種誤會，深怕「一字出入，便謬以千里」，謹守「目未曾經考證，口未曾經商確者，皆不敢入解」的原則，在此也可以看出通潤注疏的細心處。

八、智旭《楞伽經義疏》、《楞伽經玄義》

智旭雖然是遍學華嚴、天台、唯識、淨土、禪宗，但在註解《楞伽經》時，許多重要的觀念，都是以天台宗的思想來詮釋的。這樣的案例也反映在「轉依」思想的詮釋中，如：

> 由迷妄故，說無邊際；若離妄想分別，則本無眾生可得，證二轉依，名爲解脫。非以滅壞爲生死邊際也，但悟唯心，則生死本際即是涅槃本際。〔註95〕

「證二轉依」的主要關鍵在於「離妄想分別」，了知「本無眾生可得」；然而要徹底「離妄想分別」，必先領悟「唯心」之旨，能悟「唯心」，就能證得「生死本際即是涅槃」。至於如何契入「唯心」之旨呢，智旭認爲：

> 了知一切諸法無性無生，當體即空，舉體即假，亦即中道。以唯心故，心非有無，故一切法皆非有無。如是思惟，如是分別，即是妙觀察智，所以不久當得生死、涅槃平等，謂生死、涅槃皆唯心故。〔註96〕

〔註95〕智旭：《楞伽經義疏》，《卍新纂續藏》第二十六冊，頁317～318。
〔註96〕智旭：《楞伽經義疏》，《卍新纂續藏》第二十六冊，頁127。

智旭運用了天台宗的精義「一心三觀」來說明「唯心」之旨，強調要了知一切諸法的當下是無性無生的。所謂「當體即空，舉體即假，亦即中道」，這是出自龍樹《中論》:「眾因緣生法，我說即是無，亦爲是假名，亦是中道義。未曾有一法，不從因緣生，是故一切法，無不是空者」〔註 97〕天台宗的祖師們將龍樹《中論》偈頌的法義，以「一心」來貫通「空、假、中」三個層次。諸法的當體本來就是空無自性的，舉體而用只是假名施設，要能善巧掌握「空、假」才是中道。智旭也善用這「一心三觀」來詮釋「唯心」的要義。若能依照「一心三觀」的法義「如是思惟，如是分別，即是妙觀察智」，經過時間的修行，便能證得「生死、涅槃平等」。由於智旭「證二轉依」的主要關鍵在了悟「唯心」、「離妄想分別」，因此是屬於如來藏學的「轉依」類型。

九、小　結

綜觀上述八家明代《楞伽經》注疏，儘管注家們各有不同的學養背景，但就「轉依」思想的詮釋案例加以歸納，明代《楞伽經》注疏中的「轉依」類型，幾乎傾向於如來藏學。當然，這其中也各有不同風貌和特色，如：宗泐、如玘、焦竑「即事而理，反妄歸眞」依止於眞如的「轉依」特質；陸西星所重視的是「一念迴光」、「返流還元，旋歸自性」；廣莫則是瑜伽學派和如來藏學兩者並用的「轉依」詮釋；曾鳳儀以《楞嚴經》的「二轉依號」對照《成唯識論》中的「唯識觀」；普眞貴以《華嚴經》、《大乘起信論》如來藏學「本有眞心」的特質來論述「轉依」思想；通潤細心顧慮到「詮釋上的誤會」，注文上雖然不直接使用「轉依」名相，卻是如來藏學、瑜伽學派兩家並弘兼釋的；智旭運用了天台宗的精義「一心三觀」來說明「唯心」之旨，以推演「轉依」的關鍵等等。

透過本章的研究，關於《楞伽經》中的「轉依」思想各種詮釋，從經文到歷代注疏中的諸多案例考察，若以大方向來歸類《楞伽經》的「轉依」思想，本文認爲《楞伽經》及歷代注疏的「轉依」特質，應屬於如來藏學的「轉依」類型。

〔註 97〕龍樹：《中論》，《大正新修大藏經》第三十冊，33 頁。

第六章　明代《楞伽經》注疏中的法義「非難」

所謂「非難」，意指注家們在論述法義時，提出其他注家詮釋的錯誤，甚至於嚴厲的批判。注家學養背景的個別差異，必然會開展出不同風貌的法義詮釋；但是注家若在抒發己見之時，評判或「非難」其他注家的論述，那麼這些諍論的法義內涵以及相關現象，就更值得關注了。尤其《楞伽經》歷來都稱難讀，斷句都尚有爭議，法義解讀的歧異性自當是在所難免。

佛法原是無諍的，特別是大乘行者的修行原理，提倡在「利他當中完成自利」，所以注家們彼此間的「非難」，實寓有更深的意義。本文認爲法義「非難」的實質意趣，不僅是注家們依於學養的闡述，更是藉機提醒眾生注意經論中相關法義內涵與實踐方法的權宜之計。如同戲劇中的「衝突情節」，往往在觀眾的心中烙下深刻的印象。因此本章將針對法義「非難」的相關案例加以分析，藉由明代《楞伽經》注疏的「非難」案例釐清，試圖去了解明代《楞伽經》注家們所諍議的焦點，以及法義詮釋的豐富內涵與相關現象。在法義「非難」的選材上，討論了「經題解釋」、「七種性自性」、「淨除自心現流」等議題。

第一節　「非難」的意義及類型

所謂「非難」，意指注家們在論述法義時，指出其他注家詮釋經典的錯誤，甚至提出嚴厲的批判。一般常見的「非難」或批評類型有兩種：一是直接指名，一是間接暗示。

經論的注疏，原是注家對於該經論的理解，由於注家們學養背景的個別差異，必定會開展出不同風貌的法義詮釋。然而注家們在注疏經文時，倘若只是直接陳述自家的法義詮釋，原是理所當然之事；當注家們不僅注疏法義，更在抒發己見之時，評判或「非難」其他注家的論述，那麼這些諍論的現象以及相關的法義內涵，就更爲突顯而值得關注了。

佛法原是無諍的，都是以「離苦得樂」、「自利利他」、「圓滿菩提心」爲理想境界。一切的理論、思想、法義，都是爲了幫助眾生如何順利達到圓滿的境界。注家們在解讀經文時，面對同一部經論，卻出現了不同的解讀，這個現象原本是容易理解的。《維摩詰所說經》早已說過：「佛以一音演說法，眾生隨類各得解。」不同的眾生，即使閱讀同樣的經論，隨著各人的根基特質，所得到的體會也會有所區別。一般的經論尚且如此，尤其《楞伽經》歷來都稱難讀，劉宋譯四卷本更是恍若天書，誠如蘇軾所言「義輒幽眇，文字簡古，讀者或不能句，而況遺文以得義，忘義以了心」。〔註 1〕近代唯識學大師歐陽竟無也有「百八句銓難、文字不便難、啓滕無鑰難、雜廁無敘難」，〔註 2〕四大難讀之嘆。既然《楞伽經》經文難讀，斷句都尚有爭議，法義解讀的歧異性自然是在所難免。

然而「非難」是一種質疑，有時甚至是一種傷害性的攻擊。儘管注家們對於經文的解讀各有體悟，但是面對其他注家歧異的經論詮釋，難道就必須以「非難」的方式來表現嗎？這些直接指名、間接暗示的批評，莫非不會造成意想不到的傷 害嗎？尤其佛教是以修行爲目的，不僅重視利己，更強調利他。特別是大乘行者的修行原理，提倡在「利他當中完成自利」，注家們怎麼會輕易的批評他人呢？甚至佛教戒律中的「六和敬」〔註 3〕，其中的「口和無諍、意和同事、見和同解」，這些都是僧團中的基本律例，注家們大多都是深入經藏、修證兼備的高僧大德，他們豈會因法義詮釋的差異而明知故犯呢？

〔註 1〕 蘇軾：〈楞伽阿跋多羅寶經序〉，《大正新修大藏經》第十六冊，頁 479。

〔註 2〕 歐陽竟無：《楞伽疏決》，頁 1～3。

〔註 3〕 「六和敬」是指修行人之間六種和同敬愛的相處原則，尤其在僧團中更爲重視。「六和敬」的具體內容爲「一、身和共住；二、口和無諍；三、意和同事；四、戒和同修；五、見和同解；六、利和同均。」見於善卿：《祖庭事苑》，《卍新纂續藏》第一百十三冊，頁 133。

因此注家們彼此間的「非難」或評判，似乎就值得特別留意觀察，或許在表層的批判下，實在寓有更深的意義。

關於法義「非難」的意義，在前文討論明代《楞伽經》注疏的成書動機時，曾有「御令、自我發心、不滿前人所注、受人請託」等四大動機，其中「不滿前人所注」，就是注家們對於前人的經文解讀有所疑慮、法義的詮釋有所歧異，因此藉由自己的注疏加以抉擇、提出正義，這當然是「法義非難」的表面意義和普遍現象。然而從另一個角度來觀察，法義「非難」的實質意義，不僅是注家們依於學養特質的闡述體會；或是注家們單純的基於宗派立場的發揚家學；甚至可能是注家們故意經由法義的「非難」或評判，藉機來提醒眾生要注意經論中相關的法義內涵或實踐意趣。如同戲劇中的「衝突情節」，往往在觀眾的心中烙下深刻的印象；注家們法義的「非難」，就如同戲劇中的「衝突情節」，注家藉由法義的「非難」來提醒讀者應注意的義理。換言之，這些看似攻擊性的「非難」，並非實際的法義論斷，只是注家們老婆心切的叮嚀，以及諸佛菩薩之間的慈悲遊戲。主要的目的，無非是希望讀者能藉由不斷的釐清「非難」、「諍論」的法義內涵，順利的如理思維，繼而開啓智慧，深入體驗。

雖然從「非難」的類型上區別，有間接暗示、直接指名這兩類，但是對於讀者的影響其實差別不大。因爲懂得善解的讀者，能體會注家的用心，經由「非難」法義的釐清來逐漸充實自己；相反的，執著於諍論的讀者，堅持在注家間分出高下、對錯，如此一來，非但自身無法獲益，也會因捨本逐末而增添更大的障礙。如德清說：

> 良以世出世法，皆依語言分別。執爲實有，故以語義爲法執，名所知障。由先世尊誡云：當依於義，莫著言說。〔註4〕

世間、出世間所有一切法，都是依於文字語言有所分別，倘若過於執著文字語言，必將成爲所知障，所以世尊早有訓誡「當依於義，莫著言說」，不要迷惑於表面的語言文字，更要深入體會語言文字底層的眞正意義。在《楞伽經》中世尊曾說：「菩薩摩訶薩當善語義」〔註5〕，一位眞正的大乘行者，應當善巧的通達語言文字與眞理之間的關係，如通潤所說：

> 善語義者，即世諦語言皆可入第一義；若隨語生解，即不生不滅、

〔註4〕德清：《觀楞伽阿跋多羅寶經記》，《卍新纂續藏》第二十六冊，頁907。

〔註5〕求那跋陀羅譯：《楞伽阿跋多羅寶經》，《大正新修大藏經》第十六冊，頁500。

> 自性涅槃、三乘一乘、八識三自性等，若即之爲「有」即是建立，若取之爲「無」即墮誹謗。所以誹謗者，由彼異於建立，而起異妄想故也。〔註6〕

有智慧的人能「善於語義」，世間一切的語言文字都是悟道的契機；相反的，倘若只是「隨語生解」，依照文字的表面意思來解釋，那麼佛法中所謂「不生不滅」、「自性涅槃」、「八識三自性」這些深徹的眞理，都將會成爲法執，因爲當執著於「實有」或「實無」時，縱使是深徹的眞理也會形成對立而出現障礙。

法義的「非難」，不僅呈現出當時注家們所關注的焦點，同時也反映著經論中蘊藏豐富的法義詮釋。因此本章將針對法義「非難」的相關案例加以分析，藉由明代《楞伽經》注疏的「非難」案例釐清，試圖去了解明代《楞伽經》注家們所諍議的焦點、法義豐富的內涵，以及其他諸多的相關現象。

雖然「非難」的類型有直接指名、間接暗示這兩種，但本文並不針對這樣的方式來探討，改將視野轉向法義延展性的角度加以深入。倘若從法義延展性的「非難」類型來區別，大致上可分爲兩類：一、單純型的名相解釋「非難」；二、複雜型的經文詮釋「非難」，以下將依序說明。

第二節　單純型的「非難」——名相解釋

佛學名相浩如煙海，實非世間諸學術所能相比，因此注家們在面對名相的解釋，就相對的呈現出特別的困難。若要實際通達某個名相的解釋，基本上必須掌握三個條件：首先、要有豐富的資料以備查對；其次、要了解歷代名相涵義的流變，否則如歐陽竟無所說「名相代有不同，與慣見異，則易生誤」〔註7〕；第三、更要貫通經文大義，才能確實還原或推敲出該名相在經文中的眞正本意。《楞伽經》既然難讀，注家們對於名相的解釋，必當歧見頗多。以下將針對單純型的名相解釋「非難」，舉出兩種具有代表性的案例加以分析說明。

一、經題解釋——廣莫對德清的非難

首先是關於廣莫對於德清的「非難」案例，在廣莫的《楞伽經參訂疏》

〔註6〕 通潤：《楞伽經合轍》，《卍新纂續藏》第二十六冊，頁893。

〔註7〕 歐陽竟無：《楞伽疏決》，卷一，頁1。

中，當解說「楞伽阿跋多羅寶經」經題的涵義時，廣莫對德清詮釋經題的內容提出了「非難」，如：

> 今時有作《觀楞伽經記》者，言「楞伽」，寶名。「楞」字，去聲呼之，以山純此寶故，因此寶名山，而云楞伽山也。此言謬甚，經首現言「種種寶華以爲莊嚴」，魏譯亦云「種種寶性所成」，又楞伽王偈云「於此楞伽城，種種寶山上」，既曰種種寶，則非「純此寶」可知。記又謂此寶八楞，以喻八識。亦謬。「楞伽」是梵語，譯云「不可往」，他經凡稱楞伽者，皆不可往義，豈以八楞、八識牽紐，此何據哉？眞齊東野人之語也。〔註8〕

這是一個直接指名的「非難」案例，在廣莫的注文中，明確指出德清《觀楞伽經記》中値得商榷之處。對於經題的解釋，廣莫認爲德清的詮釋就像「齊東野人之語」，不可以相信。「齊東野人」語出於《孟子》，在〈萬章〉篇中說：「此非君子之言，齊東野人之語也。」〔註9〕意指在齊國的東部是鄉野鄙俗之地，當地人民的傳言多屬不實，因爲荒誕不經、缺少憑證，所以是不足以採信的言論。這樣的批評是否過當呢？若從廣莫這段注文的內容加以分析，廣莫指出德清的錯誤大略可歸爲三點：

（1）「楞伽」本是梵語，實爲城名、國名，譯意應爲「不可往」之義。並非寶名，也不單是因爲「楞」字的讀音爲「去聲呼之」。

（2）楞伽城並非「純此寶」，不是只有一種寶物，更不是全部都由「楞伽寶」所建成，因爲經中早已明言「種種寶華以爲莊嚴」

（3）將「楞伽寶」的特質解說爲「八楞」，用此來比喻「八識」，更是沒有根據的附會之說。

從以上三點可以得知，廣莫認爲德清將「楞伽」解釋爲某種寶物的名稱，又說整個楞伽城純粹都是「楞伽寶」所作，並且將「楞伽寶」賦予形象「八楞」，及其象徵義「八識」，這些都是一連串的錯誤，因爲舊注諸家都知道，「凡稱楞伽者，皆不可往義」，如廣莫說：

> 楞伽國摩羅耶山，蓋山名摩羅耶，山頂有城名楞伽耳。梵語「楞伽」，譯云「不可往」。據《華嚴論》楞伽山高五百由旬，下瞰大海，傍無門户，非得神通，不可昇往。其所詮義，謂自覺聖智境界，離心意

〔註8〕廣莫：《楞伽經參訂疏》，《卍新纂續藏》第二十七冊，頁7。

〔註9〕朱熹：《四書章句集注》（北京，中華書局，2005），頁306。

意識妄想，非邪智可到故。〔註10〕

廣莫引用李通玄《新華嚴經論》〔註11〕中的說法，指出「楞伽」只是梵語的音譯，義譯則是「不可往」、難以到達之意。由於「楞伽」的地勢險峻，若無神通，絕對難以到達。眞正的象徵涵義，則是「自覺聖智境界，離心意意識妄想，非邪智可到」。在此處可以看出廣莫對於經題的解釋，是將《楞伽經》中的重要思想「自覺聖智」、「離心意意識妄想」等，緊扣於經題之中。由此也可以找到廣莫「非難」德清的本意，無非是希望讀者重視「楞伽」之「離心、意、意識、妄想」的象徵義，而不只是將「楞伽」視爲寶物，而忘失了《楞伽經》的核心思想。

然而德清難道不知道「凡稱楞伽者，皆不可往義」、「離心意意識妄想」的基本定義嗎？當然不是，其實在德清的注文中早已提到這種解釋，如：

記曰：舊註「楞伽」山名，此云「不可往」；又云「城名」，以山頂有夜叉王城故，山居南海濱。「阿跋多羅」此云「無上」。「寶」貴重義，以通喻此經，是「不可往無上寶經」，非也。受公謂「自覺聖智之境，非邪智可造」，故云「不可往」，隨色摩尼之珠，非世寶可比，故云「無上」，謂「不可往處」，有此無上寶也，此亦未盡然。〔註12〕

在德清的注文中明確的指出兩種舊注的解釋，其中提到了宋代正受《楞伽經集注》的說法，就是「不可往」、「自覺聖智之境，非邪智可造」，恰好是廣莫所重視的焦點。然而德清認爲這樣的解釋「亦未盡然」，因此在這兩種舊注的解釋基礎上增添補充。基於特殊的因緣，德清曾經請教印度梵僧關於《楞伽經》的來歷，因此將自身所聽聞的法義錄於注文當中，如：

愚居五臺時，曾遇一梵師，于闐國人，髮長丈餘，不言其壽，但云「入此土三十餘年」。精於禪觀，兼明教乘，且善方言。……愚因問及《楞伽經》，師乃驚曰：「遮裡亦有此經耶？此是不可說、不可得之法也，我土國王寶之。」因問有多少卷，余曰：「傳者四卷」，師笑曰：「來未盡耳，此經有四十卷，此才十分之一。」及扣經中旨趣，

〔註10〕廣莫：《楞伽經參訂疏》，《卍新纂續藏》第二十七冊，頁7。

〔註11〕在論中提到「《楞伽經》以五法、三自性、八識、二無我爲宗者，此經於南海中楞伽山說。如來於此山下過，羅婆那夜叉王與摩謫菩薩乘化宮來請佛，如來於此山上說法。其山高峻，下瞻大海，傍無門户，得神通者堪能昇往，乃表心地法門，無心無證者方能昇也。」見於李通玄：《新華嚴經論》，《大正新修大藏經》第三十六冊，頁723。

〔註12〕德清：《觀楞伽阿跋多羅寶經記》，《卍新纂續藏》第二十五冊，頁729。

言言皆發明「離心意識」境界，不可具述。因問楞伽山在何處，師曰：「此山在天竺國之南海中」，又問何以楞伽爲名，師曰：「楞（去聲呼）伽，乃寶名，其狀八楞，視之渾圓，體極堅固，不可鑽穿，常放光明，世間之寶。無有過上者，故阿跋多羅，此云無上。以山純此寶，是山以寶名，故曰楞伽阿跋多羅寶山。山頂有城，此寶天成，無門可入，而爲夜叉鬼王所據……」又問此山人能到否？師云：「人不能到，以其此山下細上大，每於陰雲黑夜，或波濤洶湧，其山形益顯露分明，光明愈盛；若海湛空澄，天無雲翳，海空一色，其山即不見。然彼土僧有修禪者，于海岸經行，望之以入觀耳。」〔註 13〕

在這一段注文中，可以得知德清與梵僧對於《楞伽經》的討論。梵僧精通禪觀及經教，德清「扣經中旨趣」，梵僧「言言皆發明『離心意識』境界」。梵僧還談及「楞伽，乃寶名，其狀八楞」，而且「世間之寶，無有過上者」，「以山純此寶，是山以寶名」；又提及楞伽山不但險峻難登，還有蘊藏特殊法義的奇妙景象，當「陰雲黑夜」時，則山形顯露分明；當「海湛空澄」時，則山形反卻隱而不現。德清在吸收梵僧的開示後，體會出另一種詮釋，因此將「楞伽寶」的特質「八楞」用以比喻「八識」，如：

準此梵師言，則山以寶名，經以處名，深有意焉……至若寶明空海，此經云「藏識海」，且又以生死喻海……吾佛特住此海中寶山夜叉王城而說此經，顯示自覺聖智境界……經云「藏識海常住，境界風所動，洪波鼓冥壑，無有斷絕時」，斯則智海無性，因覺「妄而成凡」，湛淵心海變而爲生死之業海；寶明妙心變而爲八識五蘊幻妄之身心，故寶有八楞。〔註 14〕

依據梵僧所提供的解釋，將「楞伽」釋爲寶名、「其狀八楞」等相關特質，德清在體悟深意後，將「楞伽寶」與《楞伽經》的經義融會貫通，以「寶明空海」象徵自覺聖智的如來藏性照耀「藏識海」、「生死海」。原本「楞伽寶」是湛明渾圓、光亮照耀的，但因「境界風動」、「妄而成凡」，由於「不覺」而「智海成爲生死之業海」、「寶明妙心變爲八識幻妄身心」，所以「寶有八楞」。

從以上諸多論述可以發現，在這個「非難」的案例中，廣莫所重視的焦

〔註 13〕德清：《觀楞伽阿跋多羅寶經記》，《卍新纂續藏》第二十五冊，頁 729。
〔註 14〕德清：《觀楞伽阿跋多羅寶經記》，《卍新纂續藏》第二十五冊，頁 729～730。

點「自覺聖智境界，離心意意識妄想」，其實德清本已知曉，德清又將得自梵僧的見聞廣爲補充及演義，更加深了「楞伽」這個名相的解釋。儘管讀者在廣莫的注文中發現了他對德清的「非難」，但是當讀者深入釐清兩位注家的論述之後，必將不再拘泥於「非難」結果的是非對錯；相反的，對於此處的法義詮釋將充滿更豐富的法喜。

二、七種性自性

「七種性自性」，是本文第二個要討論的單純型名相解釋「非難」案例。在明代九家《楞伽經》注疏中，對於「七種性自性」的判讀，呈現出諸多不同的詮釋，當然主要的起因，還是出自於經文翻譯時文句充分精簡凝鍊，因此造成多重的詮釋空間。經文如下：

> 復次大慧，有七種性自性。所謂集性自性、性自性、相性自性、大種性自性、因性自性、緣性自性、成性自性。〔註 15〕

這段經文只是單純的說明「七種性自性」的內容，卻未有任何具體意義的說明。因此注家們解釋時，多數求助於其他譯本，或者推敲前後經文的連貫性，如近代太虛大師說：

> 在有七種性自性句上，魏譯加外道二字，唐譯、今本則無。古註多以此七種性自性屬之於外道，然以下段文義合觀，反覆推覈，此性自性實佛法所建立。〔註 16〕

從太虛大師的解說中可以得知，魏譯十卷本的《入楞伽經》在翻譯此段經文時，多了「外道」二字，古注家們多依此判爲「外道」，然而太虛大師卻「以下段文義合觀，反覆推覈」，認爲此「七種性自性」實應屬於「佛法所建立」。反觀明代九家注疏，針對「七種性自性」的詮釋，基本上亦分成兩個方向，一是依魏譯本經文的「外道說」，或是依「七種性自性」前文所說「外道論見」，判此爲「外道境界」；另一種說法則是依於「七種性自性」後文所接「第一義心」，判此爲「聖者境界」。

「七種性自性」原本只是單純的名相解釋，然而注家們之間的「非難」，卻給予它更豐富的意義。在明代的九家注疏中，幾乎每一位注家都對於「七種性自性」提出自己的意見。爲了便於對照法義，先將九家注文的概要以列

〔註 15〕求那跋陀羅譯：《楞伽阿跋多羅寶經》，《大正新修大藏經》第十六冊，頁 483。
〔註 16〕太虛：《楞伽阿跋多羅寶經義記》，《太虛大師全書》第十二冊，頁 1174～1175。

表方式整理如下：

宗泐、如玘《楞伽阿跋多羅寶經註解》	此七種自性名義，或約妄釋，是凡非聖，恐非經意。如下文云「此是三世如來性自性第一義心」；又曰「凡夫無性自性」，豈非「性」、「義」是聖非凡耶，故當約聖釋。〔註 17〕
德清《觀楞伽寶經記》、《楞伽補遺》	（觀記）此出外道妄計宗論也。魏譯云「外道有七種自性」，觀此有「外道」二字，則是由前云「外道說諸法不從識生，更有異因」，而妄說勝妙等五，是實是常，能生諸法。由是觀之，則前五乃指所執之法，而此七種自性，乃出彼所立之教有七也。然此七種，都是妄計離識別有自性者。約識論義解，集性自性者，集謂集聚，此指數論師所立二十五法。〔註 18〕 （補遺）七種自性，魏譯云「外道有七種自性」，講者概以正教道理釋之，昧之甚矣，殊不知此經專破外道不知唯心、唯識道理，故別立異法以爲生因，以迷眞妄不一不異唯識眞因，故立異因。佛前文責外道墮斷見論故，特出所計生法，異因有五，言勝妙、士大、自在、時、微塵等，乃外道所計之法爲生因者，故隨後即出所立妄計，各有確定自性爲宗，有七耳。既出邪宗，故後示正教云「我有七種第一義也」。經文上下血脈，佛語昭然，而昧者妄擬，謬之甚矣！若七種自性，已立正義，又何下文重出七種第一義，豈不贅耶。〔註 19〕
陸西星《楞伽要旨》	夫人雖有七種自性，而所謂成自性者，不生不滅，不增不滅，本無根塵境界，以不覺而無明，以自覺而成聖智，作聖作狂，只因迷悟。〔註 20〕
廣莫《楞伽經參訂疏》	（多數引用德清《觀楞伽寶經記》的說法）愚按魏譯云「外道有七種自性」，則知此七是外道所計。今文缺「外道」二字，讀者致疑。世尊但舉其名，不出其義。下以七種第一義破之，故結云第一義心，不與外道論惡見共也。〔註 21〕
曾鳳儀《楞伽經宗通》	心與性一而已，據後文有七種性自性，有七種第一義心，解三界如幻，施設建立，皆是假名……僧問臨濟，如何是心，心不異處，濟云，你擬問早異了也……據臨濟見處，即七自性、七第一義心亦是假設……六祖於言下大悟一切萬法不離自性，遂啓五祖言：何期自性本自清淨，何期自性本不生滅，何期自性本自具足，何期自性本無動搖，何期自性能生萬法……故七自性種種，具足成就如來世間、出世間、出世間上上法，唯六祖徹證最盡。〔註 22〕

〔註 17〕宗泐、如玘：《楞伽阿跋多羅寶經註解》，《大正新修大藏經》第三十九冊，頁 351。
〔註 18〕德清：《觀楞伽阿跋多羅寶經記》，《卍新纂續藏》第二十五冊，頁 754～755。
〔註 19〕德清：《楞伽補遺》，《卍新纂續藏》第二十六冊，頁 75。
〔註 20〕陸西星：《楞伽要旨》，頁 19。
〔註 21〕廣莫：《楞伽經參訂疏》，《卍新纂續藏》第二十七冊，頁 18。
〔註 22〕曾鳳儀：《楞伽經宗通》，《卍新纂續藏》第二十六冊，頁 353～354、391～392。

普眞貴《楞伽科解》	此舉能治正境界，而言諸法不出七種，皆有此性自性，爲諸佛所證之眞理也。有云：此七通眞俗，以前六爲俗、第七爲眞。有云：是邪執之極，以二十五冥諦釋之。有云：通凡聖，以迷此爲凡，悟此爲聖。觀上諸說，取信猶難。今據後結文云：此是三世諸佛性自性第一義心，則知約佛境界爲正也。蓋七性自性乃所證之理，七第一義心乃能證之智，能所雖殊，理智不二，盡佛境界也……故知魏譯欠前後和會耳，恐有執外道、性自性者爲是，故今依數論二十五冥諦釋之，以圖好異者觀覽，實非經之正義也。〔註23〕
焦竑《楞伽經精解評林》	引用宗泐、如玘《楞伽阿跋多羅寶經註解》之注文，但文稍略。
通潤《楞伽經合轍》	此因外道計斷滅論是以法性爲無性也，故以七種性自性表之，以見諸法各有自性，況性一切性者而自無性乎？……問：前云趣至無自性，此云有自性，豈非前後自語相違耶？答：以眞如不守自性而能隨緣成一切自性故，在因而因，在緣而緣，在天而天，在人而人，外道昧此以無自性法作斷滅論故，復以有自性表之，如《首楞嚴》云一切世間，「草葉縷結，詰其根源咸有體性」，況性一切心，而自無體亦是此意故。《宗鏡》云有自性是表詮，無自性是遮詮，以外道執有自性故，以無自性遮之，以外道執無自性故，以有自性表之。〔註24〕
智旭《楞伽經義疏》	眾緣和合，名之爲集；法法自爾，名之爲性；各有形狀，名之爲相；地水火風，名爲大種；親能生起，名之爲因；疎能助起，名之爲緣；因緣生果，名之爲成。凡此皆是自心所現境界，心外無性，而外道妄計各有自性也。〔註25〕

以上明代九家注疏對於「七種性自性」的注文，只是概要性的節錄，並非注家們的全文。然而從此也可以看出，原本只是單純的名相解釋，經由注家們的「非難」，後出的注家勢必對此問題予以回應，因此在熱烈討論的情況下，卻給予此名相更豐富的意義。針對上述九家注疏的注文，以下將簡單整理重點：

（1）宗泐、如玘認爲「七種自性名義，或約妄釋，是凡非聖，恐非經意」。這是間接暗示的「非難」方式，他們不贊同舊注的說法，認爲此「七種性自性」應和下文「此是三世如來性自性第一義心」合觀，因此「當約聖釋」。

（2）德清又對前者提出間接暗示的「非難」，認爲「講者概以正教道理

〔註23〕普眞貴：《楞伽科解》卷三，頁40～43。

〔註24〕通潤：《楞伽經合轍》，《卍新纂續藏》第二十六冊，頁761～762。

〔註25〕智旭：《楞伽經義疏》，《卍新纂續藏》第二十六冊，頁122。

釋之，昧之甚矣」，因爲「此經專破外道不知唯心、唯識道理」，又說「若七種自性，已立正義，又何下文重出七種第一義」，所以不應重複贅語。因此德清依魏譯本經文的「外道說」，以及前文所說「外道論見」，判此爲「外道境界」，並略舉外道所謂「集性自性」就是數論師所立二十五法。

（3）陸西星雖沒有提出「非難」，但卻詮釋出另一種獨特的見解，他認爲此「七種性自性」是通於凡聖的，關鍵在於迷悟，因此「作聖作狂，只因迷悟」。

（4）廣莫的意見與德清相同，判此爲「外道境界」。

（5）曾鳳儀沒有提出「非難」，但詮釋這個名相，亦能自出新意。先解說「三界如幻，施設建立，皆是假名」，又站在禪宗的立場，根據臨濟禪師的公案推演出「七自性、七第一義心亦是假設」，最後又舉六祖大悟時的法語來證明「七自性種種，具足成就如來世間、出世間、出世間上上法」。因此曾鳳儀對於「七種性自性」的解釋是通於凡聖的，但從圓滿的角度而言，當爲聖者境界。

（6）普眞貴是此議題中提出最多「非難」的。在注文中，普眞貴間接暗示的「非難」前面諸多注家，「有云：此七通眞俗、前六爲俗、第七爲眞」，意指曾鳳儀；「有云：是邪執之極，以二十五冥諦釋之」，意指德清、廣莫；「有云：通凡聖，以迷此爲凡，悟此爲聖」，意指陸西星。以上諸家說法，普眞貴都認爲「取信猶難」。甚至對於德清「以二十五冥諦釋之」，普眞貴還加以批判爲「今依數論二十五冥諦釋之，以圖好異者觀覽，實非經之正義」。普眞貴對於「七種性自性」的解釋是「約佛境界爲正」的，他認爲「七性自性」是所證之理，「七第一義心」是能證之智，「能所」雖然似有殊別，但是「理智」是不二的。

（7）焦竑意見同於宗泐、如玘。

（8）通潤沒有提出「非難」，但卻提出前面注家所未曾有的詮釋。通潤認爲由於外道妄計斷滅論，以爲諸法斷無自性，因此世尊「七種性自性表之，以見諸法各有自性」。並舉《楞嚴經》中「詰其根源咸有體性」爲證。繼以問答的方式，分別說明世尊開顯「有自性」、「有自性」無非只是爲了破除眾生的執著。並舉《宗鏡錄》爲證，說明

「外道執有自性故，以無自性遮之」；「外道執無自性故，以有自性表之」。因此通潤對於「七種性自性」的詮釋，重點在於「破執」。

（9）智旭沒有提出「非難」，只是簡要的解釋七種自性的特質，最後將其歸爲一心，認爲「凡此皆是自心所現境界」，由於「心外無性」，外道卻妄計各有自性。

綜觀上述的法義整理，明代九家注疏對於「七種性自性」的詮釋，其中宗泐、如玘、德清、普眞貴等三家注疏，都分別對於前注家提出間接暗示的「非難」；有廣莫、焦竑兩家附和前注家的意見；有陸西星、曾鳳儀、通潤、智旭等四家，迴避「非難」的角度，提出另一種新的詮釋體悟。

「七種性自性」原本可以只是單純的名相解釋，但在注家們的「非難」下，引起注家們熱切的討論，開展出豐富的詮釋，也促進讀者們更多的思考以及不同的腦力激盪。由於注家們的「非難」，這個議題就被重視，如同在浩瀚的經文中打上探照燈，成爲讀者的焦點。後出的注家就必須針對此問題予以回應。注家們或許加入「非難」的諍論，但不論是贊同「七種性自性」應判爲「聖者境界」或「外道境界」，都必須提出自己的立論基礎；注家們或許迴避「非難」的態度，但卻可從另一種新的體悟來圓滿法義的詮釋。因此，法義的「非難」，不論站在法義詮釋的發展角度，或是基於讀者吸收體會的立場，都不失爲一種宣揚佛法的良策。

第三節　複雜型的「非難」——經文詮釋

所謂複雜型的詮釋「非難」，意指注家們所諍議的焦點，不僅是單純的名相解釋，通常是某段文句，或者是整篇經文的解讀，注家們各自詮釋出不同的看法，並且對其他注家的法義提出質疑。

上一節所討論的單純型的「非難」，基本上仍屬於名相的定義問題，儘管注家們對該名相開展出各種豐富的詮釋涵義，但對於複雜型的經文詮釋「非難」，相對的似乎就呈現出某種侷限性。尤其在法義的延展或判定上，複雜型的經文詮釋「非難」所要面對的，有時是某段文句的解讀；有時是整篇經文前後經義的貫通；有時是旁徵博引、引經據典的證文判斷等等。因此，複雜型的經文詮釋「非難」非但顯得錯綜複雜，同時注家們在解析法義時也較爲棘手，當然這更加考驗著讀者們頭腦的清晰度，以及閱讀的耐力。在這一節的討論中，本文將選出注家們具有代表性的「非難」案例加以分析，這個案例即是「淨除自心現流」的法義詮釋「非難」，以下將詳細說明。

一、「淨除自心現流」的法義詮釋「非難」

「淨除自心現流」的內容出自於《楞伽經》第一卷，經文說：「世尊！云何淨除一切眾生自心現流，為頓？為漸耶？」〔註 26〕大慧菩薩向佛陀請益，眾生無始以來一切現行流注的虛妄心識，究竟要如何才能盡除而清淨，這些淨除的過程及方法，到底是頓？還是漸呢？佛陀對於這個問題的回答，用了八個譬喻來加以說明，前面四個是開示「漸義」；後面四個則顯發「頓義」，如：

> 如菴羅果漸熟非頓，如來淨除一切眾生自心現流亦復如是，漸淨非頓；譬如陶家造作諸器，漸成非頓，如來淨除一切眾生自心現流亦復如是，漸淨非頓；譬如大地漸生萬物，非頓生也，如來淨除一切眾生自心現流亦復如是，漸淨非頓；譬如人學音樂書畫種種技術，漸成非頓，如來淨除一切眾生自心現流亦復如是，漸淨非頓。
>
> 譬如明鏡頓現一切無相色像，如來淨除一切眾生自心現流亦復如是，頓現無相無有所有清淨境界；如日月輪頓照顯示一切色像，如來為離自心現習氣過患眾生亦復如是，頓為顯示不思議智最勝境界；譬如藏識頓分別知自心現及身安立受用境界，彼諸依佛亦復如是，頓熟眾生所處境界，以修行者安處於彼色究竟天；譬如法佛所作依佛光明照曜，自覺聖趣亦復如是，彼於法相有性無性惡見妄想，照令除滅。〔註 27〕

大慧菩薩向佛陀請問「淨除自心現流」具體的實踐過程及方法，到底是「頓」或是「漸」呢？佛陀並沒有直接回答是「頓」或「漸」，卻是分別從「漸義」、「頓義」這兩個大方向各用四個譬喻來說明。乍看之下，佛陀的本意似乎只是單純的解釋「漸、頓」二義，並未實際抉擇出「漸、頓」之間的高下優劣，或者孰為先後。佛陀同時舉出「漸、頓」的譬喻，又像是要兼融「漸、頓」二義，或是要雙管齊下的。然而歷代的注家們卻在這個議題的解釋上，提出了各種不同的詮釋，當然也出現了注家們彼此間的「非難」現象。

〔註 26〕求那跋陀羅譯：《楞伽阿跋多羅寶經》，《大正新修大藏經》第十六冊，頁 485。
〔註 27〕求那跋陀羅譯：《楞伽阿跋多羅寶經》，《大正新修大藏經》第十六冊，頁 485～486。

（一）問題的提出——德清的詮釋及「非難」

在明代《楞伽經》九家注疏中，針對「淨除自心現流」的法義詮釋，首先對其他注家有提出「非難」的，就是九家注疏中的第二家憨山德清。在德清《觀楞伽阿跋多羅寶經記》中提到：

> 此就淨眾生心習現流以明五法中正智義也，良以一切眾生日用心習現流，原是如來法身智慧，以不覺故，順無明流，隨心意識轉，故自覺聖智隱而不現，如來說法，因其本有而開導之，但令自悟本有，故云淨除，非有實法增益眾生也。故大經云「奇哉！奇哉！一切眾生具有如來智慧德相，但以妄想顛倒執著，而不證得；若離妄想顛倒執著，則一切智、無師智即得現前。」此所謂淨除現流以明正智也。唐註謂「能淨者自覺聖智，所淨者自心現流」，意以聖智屬佛，現流單約眾生，恐非本旨……舊以頓漸皆約佛，然諦觀喻中，漸取成熟義，頓取顯現照用義，是「頓單約佛」，「漸單約機」耳。〔註28〕

在這段注文中，德清認爲所謂「淨除自心現流」的實踐過程及方法，事實上就是「五法」中的「正智」。眾生一切的「自心現流」，原是「如來法身智慧」，由於無明不覺而妄想分別，因此「自覺聖智隱而不現」。因此佛陀的教法只是讓眾生能夠「自悟本有」，並非另有「實法增益眾生」，德清同時引用了華嚴經的經義加以佐證〔註29〕，接著德清就對先前的注家提出「非難」。德清以爲唐註所謂「能淨者自覺聖智，所淨者自心現流」的說法「恐非本旨」，因爲這樣的詮釋，就如同將眾生「本有的智慧德相」與「現在的妄想習氣」鮮明的劃分成「能所」相對立的狀態，德清認爲這樣的詮釋並不夠圓融。唐註的說法就是宋代寶臣依唐譯本所注疏的《註大乘入楞伽經》，原文爲：

> 能淨者自覺聖智也，所淨者自心現流也……謂淨眾生自心現流，其機大者頓之，其機小者漸之。漸者言其權，頓者言其實，權以趨實，實以導權。所以聖人開悟眾生，或頓或漸，權實偏圓，未始不相顧

〔註28〕德清：《觀楞伽阿跋多羅寶經記》，《卍新纂續藏》第二十五冊，頁780～781。

〔註29〕德清所引用的文句與華嚴經經文略有出入，但內容大體相同，原典經文如下：「無一眾生而不具有如來智慧，但以妄想顛倒執著而不證得；若離妄想，一切智、自然智、無礙智則得現前……奇哉！奇哉！此諸眾生云何具有如來智慧，愚癡迷惑，不知不見？我當教以聖道，令其永離妄想執著，自於身中得見如來廣大智慧與佛無異。」見於實叉難陀譯：《大方廣佛華嚴經》，《大正新修大藏經》第十冊，頁272～273。

者，庶使含識隨宜得入也。〔註30〕

寶臣認為「能淨」的是「自覺聖智」，「所淨」的是「自心現流」。根機大者，佛陀就用「頓」法；根基機小者，佛陀就用「漸」法，因此「頓、漸」二義，都是佛陀依眾生的根基差別而說。但是德清並不滿意這樣的詮釋，因為佛陀在教化眾生之時，本身絕不會有「頓、漸」的差別觀念。因此德清認為經文中「頓、漸」這八個譬喻，實際上是有具體意義的。所謂「漸取成熟義」、「頓取顯現照用義」，在四個「漸義」的譬喻中，「如菴羅果漸熟」、「如陶家造作諸器」、「如大地漸生萬物」、「如人學技術」，都有逐漸成熟的意思；在四個「頓義」的譬喻中，「如明鏡頓現相色」、「如日月輪頓顯色像」、「如藏識頓分別知」、「如法佛所作依佛光明照曜」，都有顯現照用的意思，因此德清提出他對於「頓、漸」譬喻的體會，應該是「頓單約佛」、「漸單約機」。「頓」是依佛的立場而說，「漸」則是依眾生的根基而說。德清接著繼續說明：

> 蓋如來圓滿自覺聖智，安住海印三昧，照明法界，平等顯現，譬如明鏡現像，纖悉不遺，鑑機說法，如日月升天，雲雨普潤，但山有高下，故蒙光有先後；根有大小，故成熟有遲速。所謂法本不異，異自機耳。故如來說法，如師子調兒，雖顧盼頻呻，皆盡全力。〔註31〕

德清認為佛陀說法就像獅子調教兒子一般，必當「皆盡全力」。因此佛陀度化眾生時的心態，也是「平等顯現」，絕對不會有「頓、漸」的差別待遇。然而「頓、漸」的產生，主要是因為眾生的根基有所不同，如同「山有高下，故蒙光有先後；根有大小，故成熟有遲速」，其實「法本不異」，因此德清認為「頓單約佛」。雖然「法本不異」，但「機」是有差別的，對於「漸單約機」，德清提出了「機」的四種差別；

> 謂頓頓、頓漸、漸頓、漸漸。良以眾生各各自心，本是自覺聖智，但以無明熏習變為現業流識……若有眾生一念頓悟本有法身智慧，照明自心本無身心世界之相，永離攀緣，一切根量相滅，一念頓證自覺聖智，所謂法佛說頓法，頓淨眾生自心現流，此頓頓也。若有眾生……但觀一切諸法緣生無性，一切身心世界如幻不實，唯自心現，漸斷無明，證自覺聖智。先解、次行、後證，此乃報佛說頓漸法，淨眾生現流，此頓漸、漸頓也。若諸眾生，雖遇外緣，不能頓

〔註30〕寶臣：《註大乘入楞伽經》，《卍新纂續藏》第九十一冊，頁489。
〔註31〕德清：《觀楞伽阿跋多羅寶經記》，《卍新纂續藏》第二十五冊，頁781。

> 悟自心，但依如來權教大乘所說「施、戒、忍、進、禪定、智慧」，漸次觀察，漸離心境，得正知見，此化佛說漸漸法，漸淨眾生自心現流，此漸漸也。由是觀之，在佛雖漸亦頓，以平等顯現故。故頓單約佛。在機亦頓亦漸，以因多生久積善根成熟，今始一念頓悟，雖頓亦因漸，故漸單約機。〔註32〕

德清提出了「頓頓、頓漸、漸頓、漸漸」四種「機」的差別，這四種「頓、漸」次地的說法，原出於灌頂《大般涅槃經玄義》，其文爲：

> 有因緣故亦得漸頓，此中應有四句「漸漸、漸頓、頓漸、頓頓」。漸漸尚非漸頓，況復頓漸；漸頓尚非頓漸，況復頓頓。《法華玄》廣說頓漸者，無差別中差別耳；頓頓者，差別中無差別耳。〔註33〕

隋代天台宗的灌頂大師認爲眾生的因緣根基各有不同，成就佛道的方法次第也就各有所別，因此廣說四種「頓、漸」次地，無非是要顯現「無差別中差別耳」，在實踐的過程中，因眾生的因緣條件差異，開展出各具特質的教法；然而到達圓滿境界，又是「差別中無差別耳」，殊途而同歸的。德清引用灌頂的說法，藉以詮釋「淨除自心現流」中「漸單約機」的四種次第。德清所提出的「頓頓、頓漸、漸頓、漸漸」四種次第，實際上只有「頓頓、頓漸（漸頓）、漸漸」三種。這三種差別，德清分別以「法、報、化」三佛說法的角度來詮釋。所謂「頓頓」，就是利根眾生能夠頓悟本有法身智慧，「一念頓證自覺聖智」，如同感得「法佛說頓法」，能頓淨「自心現流」；至於「頓漸（漸頓）」，則是中等根基「先解、次行、後證」，從觀一切身心世界如幻不實，到無明漸斷，證得自覺聖智，如同「報佛說頓漸法」；最後的「漸漸」，是指障礙厚重的眾生，「雖遇外緣，不能頓悟自心」，這時必須力行大乘六度法門「布施、持戒、忍辱、精進、禪定、般若」，依此六波羅密「漸次觀察」，就能「漸離心境，得正知見」，如同「化佛說漸漸法」。雖然「機」有三種的差別，字面上雖也有「頓、漸」，但仍是眾生「多生久積善根成熟」，實際上「頓亦因漸」，因此「漸單約機」。

（二）普真貴的詮釋——對德清的回應與「非難」

第二個針對「淨除自心現流」的法義詮釋提出「非難」的，則是九家注疏中的第六家普眞貴。普眞貴《楞伽科解》中所「非難」的注家，剛好就是

〔註32〕德清：《觀楞伽阿跋多羅寶經記》，《卍新纂續藏》第二十五冊，頁781。
〔註33〕灌頂：《大般涅槃經玄義》，《大正新修大藏經》第三十八冊，頁11。

上文所論述的德清，如：

> 舊謂「漸約機、頓約佛」，一往如之，細詳不然。且漸云「如來淨除」，豈謂機耶？頓云「頓熟眾生」，豈謂佛耶？故謂智顯淨流皆是眾生功用邊事，佛但開之示之而已。求其豁然洞視，深造自得者，實在我而不在佛也；有以此經頓漸之意引古謂「頓頓、頓漸、漸頓、漸漸」四句配之，若謂法隨機異，四義並含，今就經旨求之，爲局頓漸之句……大慧以淨現流頓漸爲問，佛意謂「理則頓悟，事必漸除」，故首答即云「漸除」，末云「頓現」，即知其要在乎漸淨妄流，頓現本有聖智也。〔註 34〕

普眞貴雖然沒有指名德清，但從注文中鮮明的觀點，就能辨識出這是出自於德清的詮釋。普眞貴對於德清的「非難」有兩點：一、不認同「漸約機、頓約佛」的說法；二、不認同四種「頓、漸」次第的詮釋。首先普眞貴認爲「漸約機、頓約佛」的詮釋，乍看之下似乎可通，但是仔細品讀經文的字句，即可發現並非如此，因爲在四個「漸」喻中，經文處處提到「如來淨除」，這難道只是指眾生的根基嗎？在四個「頓」喻中，經文又處處提到「頓熟眾生」，這難道只是指佛陀的功德嗎？因此這「頓、漸」八個譬喻，實際上「皆是眾生功用邊事」，都是在說明眾生修行的各種狀況，「求其豁然洞視，深造自得者，實在我而不在佛也」，倘若眞能透視其中的道理，就能夠明白，一切「頓、漸」的根本、迷悟的關鍵、凡聖的差別，「實在我而不在佛也」。

普眞貴「非難」德清的第二點，則是關於四種「頓、漸」次第的詮釋。普眞貴認爲，德清雖然引用天台宗古德灌頂大師的四種「頓、漸」加以配比詮釋，但並不恰當。因爲依照《楞伽經》經文的旨意來推求，實際上只有「頓、漸」二義。所謂「理則頓悟，事必漸除」，義理可以頓悟，但是自心現流習氣還是必須漸漸除盡，所以經文中佛陀先回答「漸除」，繼而再開示「頓現」，主要的意義無非就是在昭顯「漸淨妄流，頓現本有聖智」的道理。

對於這「頓、漸」各四個譬喻，普眞貴認有佛陀所採用的這八種譬喻是極有深意的，其中自有重要的脈落關係，如：

> 然必四喻者，蓋果近於自然，恐怠者懈於修習，故須作器；器又迫於求全，恐掉者傷於有作，故須大地；地又近於無爲，恐學滯於柔靜，欲其有無得中，故必妙於書畫，故終言之以學。此「果、器、地、學」

〔註 34〕普眞貴：《楞伽科解》，卷四，頁 29～30。

> 總喻現流，因次第盡也……鏡雖對境而現，其光有限，以對則現，不對則否，故舉日月之光，輝天鑑地，了無限也；日月雖勝明鏡，其光由滯於有待，以運轉隨氣，行藏隨天，故舉藏識徧知，絕乎氣數，泯乎思議也；藏識法合以報身，但數存於千丈，知且分於彼此，故舉法佛報身，法報不二。法界一相，即此一相，了無所寄，故謂自覺聖趣。然此漸斷頓證之喻，無非摧有無之邪計，顯理量之眞光。〔註35〕

對於「漸」義的四喻，普眞貴認同德清所說的「漸取成熟義」，但對於這四種喻依的象徵意義，則另有說明之必要。佛陀用「果、器、地、學」這四種喻依，雖然都是總喻現流，然而其中是有次第關係的。「果」雖然逐漸成熟，但恐怕怠惰者懶於修習，所以用造「器」來象徵；造「器」又怕被曲解成絕對的有爲作意，所以用「大地」生萬物來象徵；「大地」生萬物則怕被誤解爲全然的無爲無作，最後以「學」技藝來象徵，其目的無非是要達到「有無得中」的中道，在中道的修持下，不偏於有無，依照自己的能力安排進度，逐漸的成熟道果。對於「頓」義的四喻，普眞貴認同德清所說的「頓取顯現照用義」，但這只是四種喻依的象徵意義的總喻，對於「鏡、日月、藏識、法佛」之間的關係則應再深入的詮釋。普眞貴認爲「鏡」的顯現受限於「對境」，因此繼以「日月」之光；但是「日月」仍是有侷限的，必須依賴天地的運行，所以再舉「藏識」徧知一切；然而「藏識」仍然不及「法佛」、「自覺聖趣」的境界無盡，因此終至於「法佛」之喻。普眞貴在解釋完這些譬喻的深意後，最後又回歸於全文的大旨，提出「漸斷頓證」的八個譬喻，「無非摧有無之邪計，顯理量之眞光」，都是要破除眾生的邪執迷妄，顯現如來的智慧德相。

儘管普眞貴「非難」德清，並針對「非難」的內容提出詮釋，但除此之外，普眞貴也站在德清的基礎上，開展出許多法義，如德清認爲「淨除自心現流」的實踐過程及方法，就是「五法」中的「正智」，普眞貴則接著說明：

> 正智即始覺，流注即不覺，自覺聖智即究竟本覺。〔註36〕

普眞貴運用了《大乘起信論》中「本覺」、「不覺」、「始覺」的法義，將《楞伽經》中「淨除自心現流」的法義融合貫通。自心流注即是「不覺」；能善用「頓、漸」之法來修持，就是「正智」，亦是「始覺」；從「始覺」的修持達到自覺聖智，就是「究竟本覺」。這樣的詮釋觀點，也提供了讀者另一種深具

〔註35〕普眞貴：《楞伽科解》，卷四，頁31～36。

〔註36〕普眞貴：《楞伽科解》，卷四，頁27。

意義的參考價值。

（三）明代其他注家對「淨除自心現流」的詮釋

從明代九家注疏的先後順序來觀察，第一家的宗泐、如玘及第三家的陸西星，對於「漸、頓」這八個譬喻，都只是略微的消文釋義，如陸西星說：

> 現流即前識藏之流注生也……是爲漸譬，則如果之漸熟，陶之漸成，地之漸生，技之漸習，其義明甚；其有頓示，如明鏡，如日月，鏡則頓現有無，日月則顯示所有……〔註37〕

雖然陸西星詮釋這「自心現流」，就是前面經文〈諸識生滅門〉所說的「流注生」，但對於「漸、頓」八喻，只是稍微疏通字義，實際上並沒有發揮。至於第七家的焦竑，他只是節錄宗泐、如玘的注文。因此宗泐、如玘、陸西星、焦竑這幾家的詮釋，相對於其他六位注家，似乎顯得較爲簡略。

關於其他六位注家對「淨除自心現流」的詮釋，由於注家間出現了「非難」的現象，因此這個議題的法義發展，隨即就呈現出活躍與熱烈的討論。首先對「淨除自心現流」的詮釋提出「非難」的是第二家德清，二次提出「非難」是第六家普眞貴。後出的注家們，在面對古德、前哲的法義「非難」，通常會有三種不同的處理態度：

> 一者，回應「非難」，詮釋正義，又提出「非難」，如普眞貴。
>
> 二者，迴避「非難」，另闢門徑詮釋正義，如廣莫、曾鳳儀、通潤。
>
> 三者，另闢門徑詮釋正義，同時解釋前人的「非難」，如智旭。

以下將針對廣莫、曾鳳儀、通潤、智旭這四位注家的詮釋略作介紹。

1、廣　莫

廣莫是明代九家注疏中的第四家，對於「漸、頓」八喻，廣莫引用華嚴宗清涼大師的說法來詮釋，如：

> 華嚴第四鈔，以此四漸喻，如次配十信、十住、十行、十迴向，謂此四漸，約脩行未證理者說也……此上四（頓）喻，明所顯不思議智，頓義如文。頓漸八喻，配法可知。鈔云「此之四頓，約已證理者說也」。初明鏡喻，喻初地至七地；二日月喻，喻八地已上；三藏識喻，喻報佛；四佛光喻，喻法報，謂前喻報成，此喻頓照。〔註38〕

〔註37〕陸西星：《楞伽要旨》，頁23。
〔註38〕廣莫：《楞伽經參訂疏》，《卍新纂續藏》第二十七冊，頁29。

對於「漸，頓」這八個譬喻，廣莫引用華嚴四祖澄觀《大方廣佛華嚴經隨疏演義鈔》中的說法〔註 39〕，認為這八喻都是代表修行的階位。四個「漸」喻是對「未證理」的修行者所說的，其階位分別為「十信、十住、十行、十迴向」；四個「頓」喻是對「已證理」的修行者所說的，其階位依序為「初地至七地、八地已上、報佛、法佛」。

2、曾鳳儀

曾鳳儀是明代九家注疏中的第五家，對於「漸、頓」八喻，曾鳳儀用八識「轉識成智」的法義來詳加解釋，如：

> 漸有四喻，頓有四喻，俱有深意，非泛然雜舉也……轉第八識為大圓鏡智，其果成就，當以漸熟；轉第五識為成所作智，如陶家造器，當以漸成；轉第七識為平等性智，如大地生物平等漸生。轉第六識為妙觀察智，如學音樂書畫種種技術，當以漸妙。淨除一分識情，即成一分智用……如鏡現諸像，非漸次淨頓，令住於寂靜無分別處，以淨除五識邊事……如日月光一時遍照一切色像無復昏暗，似淨除六識邊事。……藏識頓能分別自心所現……蓋淨第七識而歸如來藏識海矣……若法佛頓現，報佛及以化佛依佛智用，不離妙寂光土，光明照耀無量無邊。〔註 40〕

曾鳳儀也是認為這「漸，頓」八喻是具有深義，並不是隨意雜舉的。這八喻，正象徵著整個「轉識成智」的過程。曾鳳儀認為「淨除一分識情，即成一分智用」，在四個「漸」喻裡，「果熟」代表轉第八識為大圓鏡智；「造器」象徵轉第五識為成所作智；「大地生物」意指轉第七識為平等性智；「學技」則為轉第六識為妙觀察智。四個「頓」喻裡，「鏡現」表示淨除五識邊事；「日月光」則淨除六識邊事；「藏識」頓能分別，為淨第七識而歸如來藏識海；「法佛」頓現，則是常寂光淨土，光明照耀無邊。曾鳳儀不僅用「轉識成智」的法義來詮釋這「漸、頓」八喻，同時他也慣例性的採用禪宗公案加以輔助說明，如：

> 史山人問圭峰禪師，其所修者為頓？為漸？漸則忘前失後，何以集合而成？頓則萬行多方，豈得一時圓滿？峰曰：「眞理即悟而頓圓，妄情息之而漸盡，頓圓如初生孩子，一日而肢體已全，漸修如長養

〔註 39〕廣莫引用澄觀的詮釋，文雖節略，旨意相同，原文可參考澄觀：《大方廣佛華嚴經隨疏演義鈔》，《大正新修大藏經》第三十六冊，頁 164～165。

〔註 40〕曾鳳儀：《楞伽經宗通》，《卍新纂續藏》第二十六冊，頁 422。

成人，多年而志氣方立。」〔註41〕

曾鳳儀舉了史山人與圭峰禪師的問答，不僅在詮釋「漸、頓」各有意義必須合參並用，更提供了另一個有趣的譬喻來幫助讀者理解「漸、頓」之間的關係。如圭峰禪師所說，「頓圓如初生孩子」，出生時嬰兒肢體已全，表示眞理的頓悟；「漸修如長養成人」，要時間慢慢長育才能茁壯成人，象徵妄習的漸除。這樣鮮明的譬喻，用來形容「漸，頓」之間的關係，不但能讓讀者易於理解，同時加深印象，也增添了一份趣味感。

3、通　潤

通潤是明代九家注疏中的第八家，對於「漸、頓」八喻，通潤還是一本「性、相」雙解的圓融態度，分別以「性、相」二宗的角度來詮釋，先看四個「漸」喻的解釋：

> 此明漸斷無明也，若相宗別教，斷十一品無明，自三資糧位修行六度，令我法二執熟處漸生，生處漸熟，漸漸調伏，不至跳梁，喻如菴羅之漸熟，非頓熟也。自四加行位三番策進，鍊磨其心，於是鼓精進風、發智慧火，鎔無明銅，斷除分別我法二執，得入初地鑄成大乘法器，喻如陶家造器，非頓成也。自初地已上，漸斷無明，漸證眞理，漸增勝行，至八地而俱生我執已盡，得意生身化諸眾生，喻如大地之生物，非頓生也。九地已上，至等覺無間道斷極微細所知愚，至解脱道入妙覺位，則眾妙滿足，如人學種種技術漸漸入妙，非頓妙也。若約性宗，則斷四十二品無明，初斷見惑即滅相無明，喻如菴羅之漸熟。次斷根中積生無始虛習，即思惑，即異相無明，喻如陶家之造器。三斷住相無明而入地，喻如大地之生物。四斷生相無明而入妙，喻如學技而入妙。〔註42〕

在這四個「漸」喻裡，通潤認爲都是在顯示「漸斷無明」的道理。通潤先後以「性、相」二宗的立場來說明。若是相宗，「果熟」代表「斷十一品無明」，從資糧位修行六波羅密，我法二執已能漸漸調伏；「造器」象徵「初地」菩薩，從四加行位繼續精進，繼而斷除分別我法二執；「大地生物」意指「初地至八地」菩薩，「漸斷無明，漸證眞理」，俱生我執已除盡，並能夠開顯意生身來度化眾生；「學技」則爲「九地」菩薩以上，如人學技術，漸漸進入佳境，到

〔註41〕曾鳳儀：《楞伽經宗通》，《卍新纂續藏》第二十六冊，頁423。

〔註42〕通潤：《楞伽經合轍》，《卍新纂續藏》第二十六冊，頁784～785。

等覺菩薩斷盡極微細所知愚，最終成就佛道。若是性宗，「果熟」代表已斷「見惑」，即是滅除「滅相無明」；「造器」象徵已斷「思惑」，即是滅除「異相無明」；「大地生物」意指斷「塵沙惑」，即是滅除「住相無明」；「學技」則爲斷「生相無明」，即是滅除「無始無明」而進入妙覺佛境。至於四個「頓」喻的解釋，通潤說：

> 此明頓證眞如也，若據護法，由三資糧位用觀智力止伏分別我法二執，現行不起故，得現一切無相清淨境界，成應化佛，故以明鏡現像爲喻。至初地而斷除分別我法二執，證徧行眞如，頓示不思議無分別智最勝境界，成智慧佛，故以日月頓照顯示一切色像爲喻。自初地以至八地，斷盡俱生我執，捨離藏識，成法依佛，現身說法，頓熟眾生所處境界，以修行人安處於彼色究竟天，所謂身有無量色，色有無量相，相有無量好，國土莊嚴亦復如是，故以藏識頓知根身、器界、眞實受用之物爲喻。至等覺後心斷盡俱生微細所知障，自覺聖智光明輝發，一切有無惡見妄想化爲大光明藏，成法性佛，所謂智慧愚癡通爲般若，故以法依佛光明照耀爲喻。若據馬鳴，初斷滅相無明而五根清淨不染，即是相宗轉五識爲成所作智也，故以明鏡現相爲喻。次斷異相無明，則念無異相，故無不徧知，是轉六識成妙觀察智也，故以日月輪顯示一切色像爲喻。三斷住相無明，念無住相，不住生死，不住涅槃，即是轉第七爲平等性智，頓證眾生平等法性，故以藏識頓分別受用境界爲喻。四斷生相無明，方得離念等虛空界，即是轉八識爲大圓鏡智，無所不照，故以法依佛光明照耀爲喻。〔註 43〕

對於四個「頓」喻，通潤認爲都是在顯示「頓證眞如」的道理。從相宗的角度來說，「鏡現」表示從資糧位用觀智力，能止伏分別我法二執；「日月光」則是達至初地菩薩，能斷除分別我法二執；「藏識」頓能分別，意指從初地到八地菩薩，能斷盡俱生我執；「法佛」頓現，則是從等覺菩薩金剛後心斷盡俱生微細所知障，到達圓滿佛陀的境界。若從性宗的立場來看，「鏡現」表示初斷「滅相無明」，如同轉前五識而爲成所作智；「日月光」則是斷除「異相無明」，如同轉第六識而成妙觀察智；「藏識」頓能分別，意指斷「住相無明」，如同轉第七末那識而爲平等性智；「法佛」頓現，則是斷「生相無明」，如同

〔註 43〕通潤：《楞伽經合轍》，《卍新纂續藏》第二十六冊，頁 785～786。

轉阿賴耶識而爲大圓鏡智。關於上述「漸、頓」八喻，若整理成爲列表，則更方便於對照分析：

譬　喻		相　宗	性　宗
四漸喻	果熟	從資糧位修行六波羅密 我法二執已能漸漸調伏	斷見惑 除「滅相無明」
	造器	初地菩薩從四加行位精進 斷除分別我法二執	斷思惑 除「異相無明」
	大地生物	初地至八地 俱生我執漸除盡	斷塵沙惑 除「住相無明」
	學技	九地至妙覺 斷盡極微細所知愚	斷無明惑 除「生相無明」
四頓喻	鏡現	從資糧位用觀智力 止伏分別我法二執	斷「滅相無明」 轉前五識爲成所作智
	日月光	初地菩薩 能斷除分別我法二執	斷「異相無明」 轉第六識成妙觀察智
	藏識	初地到八地 斷盡俱生我執	斷「住相無明」 轉第七末那識爲平等性智
	法佛	九地至妙覺 斷盡俱生微細所知障	斷「生相無明」 轉阿賴耶識爲大圓鏡智

從列表中可以清楚的發現，通潤對於相宗四「漸」喻、四「頓」喻的法義詮釋，其中斷惑證眞的內容，以及修行階位的次第是相同的；同樣的，性宗四「漸」喻、四「頓」喻的詮釋也是一致的。因此若回歸「漸、頓」的焦點，通潤的態度則認爲佛陀說法並無「漸、頓」的差別，所謂「頓說、漸名，俱稱方便」〔註 44〕，只是趨近的角度不同罷了。從整體的立場看來，通潤認爲四個「漸」喻都是「漸斷無明」的象徵；四個「頓」喻則都是「頓證眞如」的象徵。進一步從「漸、頓」八喻的法義詮釋來比較，不論是「漸斷無明」，或者是「頓證眞如」，事實上斷惑證眞的修行次第是相同的，並沒有「漸、頓」的差別。或許從「性、相」二宗的教義系統來觀察，雙方所安立的道次第略有差異，但這也正是通潤「性、相」雙解的圓融態度，希望「性、相」二宗的法義追隨者，能釐清彼此之間不同的立論基礎，以消弭不必要的法義爭執。

〔註 44〕通潤：《楞伽經合轍》，《卍新纂續藏》第二十六冊，頁 786。

4、智 旭

智旭是明代九家注疏中的最後一家，也是這個議題中論述最多的注家。針對「漸、頓」八喻的詮釋，智旭的注文從三個方向來處理。首先解釋「漸、頓」八喻的象徵意義；其次分析「漸、頓」的實質意義，以及思考盲點；最後回應前注家四種「頓、漸」次第的詮釋，並以天台四教「藏、通、別、圓」的立場分別說明。以下亦從這三個方向依序說明。

(1)「漸、頓」八喻的象徵意義

關於這「漸、頓」八喻的象徵意義，智旭的詮釋雖然承續前人（寶臣）的說法，「能淨」的是「頓」喻；「所淨」的是「漸」喻，但智旭在這個基礎上卻有不同的發揮，如：

> 夫菴羅樹初生果時，即菴羅果，必非他果，可喻初發心時，便成正覺，非權果也……夫陶家作器，如作瓶時，初作即瓶，非待後時方改爲瓶，可喻初修行時，便作無上佛器，非小器也……夫大地生物，如生稻時，初生即稻，非以稗等而改爲稻，可喻初發菩提芽時，即由大菩提種，非他種也……夫人學諸技術，如學書必宗鐘王；學射必宗於羿，可喻初發意時，便學如來十力無畏不共法等，非學作意神通道術也……明鏡者，譬如來大圓鏡智也……日月輪者，譬如來平等性智也……藏識者，譬如來妙觀察智也……法佛所作依佛光明者，譬如來成所作智也。〔註45〕

智旭認爲四個「頓」喻時，就是如來四智的象徵：「明鏡」是大圓鏡智；「日月輪」是平等性智；「藏識」是妙觀察智；「法佛」是成所作智也。這種用四「頓」喻以象徵如來四智的詮釋，頗與前注家曾鳳儀、通潤的看法類似，只是搭配上略有差異。但值得注意的是智旭在四「漸」喻的發揮，智旭引用了六十卷《華嚴經》中「初發心時，便成正覺」〔註46〕的法義來補充四「漸」喻的說明。對於這句經文的運用，智旭在此不談玄說妙，強調的是「動機」的純正。因此「果熟」、「造器」、「大地生物」、「學技」等喻，都是意指初發心時就是菩提心，並非二乘心；初修行時，便想成就無上佛果，並非聲聞，緣覺，或者天魔外道。

〔註45〕智旭：《楞伽經義疏》，《卍新纂續藏》第二十六冊，頁147。

〔註46〕原文爲：「觀一切法如幻、如夢、如電、如響、如化。菩薩摩訶薩如是觀者，以少方便，疾得一切諸佛功德。常樂觀察無二法相，斯有是處。初發心時，便成正覺，知一切法眞實之性，具足慧身，不由他悟。」出於佛馱跋陀羅譯：《大方廣佛華嚴經》，《大正新修大藏經》第九冊，頁449。

智旭重視「因地」的正確性及圓滿性，猶如《楞嚴經》所說「因地不直，果招紆曲」〔註 47〕，倘若發心不夠純正，成果也會變得曲折而難以到達。智旭對於四「漸」喻的詮釋，不斷的突顯「因地發心」的重要意義。因爲唯有方向正確了，漸漸前進的修道過程才有達到目標的希望。想要直捷的成就佛道，在初發心時就必須更審慎的觀察自心，如同《楞嚴經》說：

> 阿難，第一義者，汝等若欲捐捨聲聞，修菩薩乘入佛知見，應當審觀「因地發心」與果地覺，爲同、爲異。〔註 48〕

想要捨小乘法，成就大乘菩薩道而達至圓滿佛果，應當時常覺察「因地發心」，唯有「因地發心」的確切無誤，才能的得到圓滿的佛果。

（2）「漸、頓」的實質意義與思考盲點

智旭身爲明代九家《楞伽經》注疏中的最後一家，不僅看到前面諸注家對於「漸、頓」八喻這個問題的各種詮釋，同時也看到了注家間的「非難」現象。因此智旭語重心長的分析「漸、頓」的實質意義，以及思考盲點，如：

> 然此漸、頓二義，雖約能所，實不相離。是故所淨雖漸，而未嘗無頓也；能淨雖頓，而未嘗無漸也……末世學人，不依於義，但著言說，聞「頓」即喜，聞「漸」即怒，誰知偏小雖有頓名，亦何足重；圓實雖有漸義，亦安可輕。〔註 49〕

智旭認爲雖然四「頓」喻是指「能淨」，四「漸」喻是指「所淨」，但是「能、所」之間實在是不能相離的。換言之，漸法中也有頓義，頓法中亦有漸義，不過只是方便施設而已。但是後來的學人，不明白這個道理，只重視語言文字表面上的意思，因此「聞頓即喜，聞漸即怒」，只歡喜聽到「頓」而厭惡「漸」，這根本就是一種思考上的盲點，似乎只要是有「頓」字，就能勝過「漸」字，這實在是不了解眞理的意趣。因爲小乘法也有「頓」名，大乘法中亦有「漸」義，這兩者又豈可以「頓、漸」二字來分判優劣呢？

（3）回應四種「頓、漸」次第的詮釋

對於前注家德清引用灌頂大師所提出「頓頓、頓漸、漸頓、漸漸」四種「機」的差別，普眞貴曾「非難」德清的觀點，並以《楞伽經》經文的旨意

〔註 47〕般剌蜜帝譯：《大佛頂如來密因修證了義諸菩薩萬行首楞嚴經》，《大正新修大藏經》第十九冊，頁 132。

〔註 48〕般剌蜜帝譯：《大佛頂如來密因修證了義諸菩薩萬行首楞嚴經》，《大正新修大藏經》第十九冊，頁 122。

〔註 49〕智旭：《楞伽經義疏》，《卍新纂續藏》第二十六冊，頁 147～148。

來推求，提出實際上只有「頓、漸」二義。智旭則是站在天台四教「藏、通、別、圓」的立場，分別說明四種「頓、漸」次第的不同詮釋。關於智旭在此處的注文，由於文句浩長，因此略而不錄。〔註 50〕但是智旭回應前人的「非難」問題，並以「藏、通、別、圓」四種角度，各別詮釋「頓、漸」四種「機」，從智旭的態度來觀察，他似乎替前人的「非難」問題與以緩頰，更確切的說，智旭是在回應當中提出正義，如：

> 一往雖以一乘爲頓，三乘爲漸，而於四教之中，細論各有頓漸，亦可各作四句料簡……故不避繁，聊爲拈出，用破「隨悟生解」之迷情；用顯「頓漸圓融」之妙理。言四句料簡者：一漸漸、二漸頓、三頓漸、四頓頓也……當知以名定義，萬無一得；以義定名，萬無一失。後世徒騖圓頓之名，安知頓、漸皆不思議乎。〔註 51〕

智旭認爲「藏、通、別、圓」四教，各有「頓、漸」，因此不避注文的繁長而逐一舉出，其目的在破除「隨悟生解」的迷惑，開顯「頓漸圓融」的妙理。因爲「頓、漸」之名，只是佛陀說法實的方便施設，更重要的是經文底層深刻的義理，因此「以名定義，萬無一得；以義定名，萬無一失」，不是單從語言文字的表面差別去推敲道理，應當以勝義諦來理解語言文字所要傳達的眞實意趣。若是一味貪求「圓頓之名」，終將無法了解「頓、漸」這兩種不可思議的道理。

二、小　結

本節複雜型的「非難」，所討論的是「淨除自心現流」法義詮釋，經由注家們的「非難」，更可以鮮明的發現，這「漸、頓」八喻的經文詮釋就成爲倍受關注的議題，甚至引導後出的注家們必須去面對這個問題。不論注家們所選擇的態度是回應，或是迴避「非難」問題，都仍需針對這段經文提出圓滿的詮釋。

在上文的論述中，雖然第一家的宗泐、如玘及第三家的陸西星、第七家的焦竑，對於「漸、頓」這八個譬喻，都只是略微的消文釋義。但其餘的六位注家都依據自己的體悟而開展的不同的法義詮釋，如：第二位注家德清，他「非難」宋代寶臣「能淨者自覺聖智，所淨者自心現流」的說法，提出「頓

〔註 50〕可參考智旭：《楞伽經義疏》，《卍新纂續藏》第二十六冊，頁 147～149。
〔註 51〕智旭：《楞伽經義疏》，《卍新纂續藏》第二十六冊，頁 147～149。

單約佛」、「漸單約機」的理論，並又說明「頓頓、頓漸、漸頓、漸漸」四種「機」的差別。第四位注家廣莫，他引用華嚴宗四祖澄觀的說法，認爲這「漸，頓」八喻都是代表修行的階位，四「漸」喻是「未證理」的行者，分別爲「十信、十住、十行、十迴向」；四「頓」喻「已證理」的行者，爲「初地至七地、八地已上、報佛、法佛」。第五位注家曾鳳儀，他以「轉識成智」的法義來解釋「漸、頓」八喻，更運用禪宗公案加以輔助說明。第六位注家普眞貴，他繼德清之後又提出「非難」，對於「非難」的內容有兩點：一、不認同德清「漸約機、頓約佛」的說法，提出一切「頓、漸」的根本，「實在我而不在佛」；二、不認同德清四種「頓、漸」次第的詮釋，因爲《楞伽經》經文的原意，實際上只有「頓、漸」二義。第八位注家通潤，他仍是堅守「性、相」雙解的圓融態度，分別以「性、相」二宗的角度來詮釋「漸、頓」八喻，企圖消弭「性、相」二宗不必要的法義爭執與誤會。最後是明代九家注疏中最後一家的智旭，他似乎有意的要對這個議題提出總結，針對八喻的詮釋及前人的「非難」，智旭從三個方向來處理：首先解釋「漸、頓」八喻的象徵意義，提出四「頓」喻是如來四智的象徵，並在四「漸」喻的詮釋裡頗有創見，重視「因地發心」的正確性及圓滿性；其次是分析「漸、頓」的實質意義並非表層的文字，應當回歸眞理的意趣，要世人反省「聞頓即喜，聞漸即怒」的思考盲點；最後回應前注家（德清、普眞貴）四種「頓、漸」次第的詮釋，並以天台四教「藏、通、別、圓」的觀點分別說明。

「非難」似乎是一種諍論，但佛法本是無諍的，如六祖慧能大師所說「此宗本無諍，諍即失道意」〔註 52〕，法義的討論交流，倘若眞的執著於孰對孰錯，就失去了修行的意義了。因此說「頓」、說「漸」都只是方便施設，並非定法，如果堅持於法義的高下優劣，反而成爲法執甚至是謗佛，因此通潤說：

> 若據漸、說頓，固是方便，若云頓漸俱是，亦是謗佛，若俱不是亦是謗佛，以本覺體上無頓、漸，離言説故。〔註 53〕

說「頓」或「漸」，無非是引導眾生契入眞理的施設方便，若不明白這個道理，那麼說「頓」、說「漸」都無異於在「謗佛」，因爲從第一義諦的觀點看來，眞理是離於言說的，根本就沒有「頓、漸」的問題。

因此，若從狹隘的眼光來批判，或許德清、普眞貴表面上的法義「非難」，

〔註 52〕慧能：《六祖大師法寶壇經》，《大正新修大藏經》第四十八冊，頁 361。
〔註 53〕通潤：《楞伽經合轍》，《卍新纂續藏》第二十六冊，頁 786。

將淪爲法義間或宗派間的爭執；但若能善解「非難」的眞實意趣，從法義詮釋的發展史去思考，或從利益眾生的角度而言，法義「非難」所帶來的，不僅促進法義的發展，在時間的長流中增添豐富而深刻的見解；更能提供注家與讀者深入經藏、多聞熏習的良機。如同佛陀經常告誡佛子，「當以聞、思、修慧而自增益」〔註 54〕，應當藉由聽聞、思維、修持，來幫助自己啓發智慧、斷除煩惱而證得眞理。法義「非難」的現象，正是提供修行者一個「聞、思」最好的契機。

〔註 54〕鳩摩羅什譯：《佛垂般涅槃略說教誡經》，《大正新修大藏經》第十二冊，頁 1112。

第七章　結　論

第一節　研究成果

佛法的意義，原是引領著所有的眾生能遠離痛苦而得到安樂，尤其大乘行者深觀廣行的實踐力，強調在「利他當中完成自利」的胸襟，更令人深感敬佩。高僧古德們這些種種「利他」的菩提心行，當然也表現在經論的注疏中。佛教經論的注疏，無非是古德們藉由更多角度的詮釋，欲令所有眾生都能找到合於自己根性的法義，以迅速契入佛陀的知見，達到「離苦得樂」、「圓成佛道」的境界。本論文在進行時，常常可以感受到注家們偉大的心靈。

本論文題目爲「明代《楞伽經》注疏研究」，經過前面六章的論述，在具體的研究成果上，雖然在各章中均已詳述，但在此仍稍作重點摘要整理，以下依照各章順序加以說明：

一、關於第二章

《楞伽經》在唐以前的流傳盛況，主要功歸於菩提達摩的「囑咐說」。唐以後到宋元時期，世人研讀的風氣大不如前，主要的原因有兩個：一是禪宗經典從《楞伽經》到《金剛經》的轉移；二是《楞伽經》文本自身的限制與難題。本文分析《楞伽經》文本自身的限制，提出三點說明，認爲「法義幽微、迴文不盡、段落結構的差異性」，是造成《楞伽經》流傳上產生阻礙的現實因素。然而本文以爲這三點限制，恰好就是《楞伽經》的重要特色，並引證俄國學者舍爾巴茨基的看法，認爲《楞伽經》的經文原欲「在風格上有意地迴避概念的精確性」，這正與明代注家普眞貴所說「詞峰難仰，義海無涯」

不謀而合。其主要之目的，是希望讀者不要執著於文句名相，應轉從心靈及生活實踐中去契入法義。

明代《楞伽經》注疏的發達，主要的原因有兩個：一是明太祖朱元璋的提倡，他詔諭天下的沙門研讀《楞伽經》，又命宗泐、如玘註釋頒行，此舉影響義學講習的興起。二是明末佛學文化背景的興盛，藏經的刊刻與經書的普及，加上印刷業的發達，這些都是促使明代《楞伽經》注疏發達的有利條件。

二、關於第三章

明代九家《楞伽經》注疏的形式與內容特色，九家的共同點是都以「劉宋譯四卷本為經文底本」，歸納諸家原因可分為六點，「最早譯出的版本、最多人研讀的版本、菩提達磨所指定的版本、名賢文士的推廣、詞峰難仰而義海無涯、雋永有餘味」。九家注疏的成書時間除了第一部宗泐、如玘是在明初A.D.1378年，其後八家注疏全部都「集中在明末」。面對這樣的現象，本文提出兩方面的解讀：一是「呼應明末佛教的興盛」；二是「欽定頒行的影響」。九家注疏的成書動機，依據本文的觀察，大致可分「御令、自我發心、不滿前人所注、受人請託」等四種。九家注疏者的學養背景，是「僧多於俗」的。九家注疏者的宗派分布，可以反映出明代九家《楞伽經》注疏的法義詮釋，含有諸多宗派的學養背景，同時也象徵著《楞伽經》有著多元的法義詮釋。

三、關於第四章

「諸識生滅門」是《楞伽經》中重要的主題，更是歷來諸注家們解釋最為歧異的經文段落。此段經文包含了「諸識二種生注滅」、「三相」、「三識」等諸多重要名詞的界說。首先在「諸識二種生注滅」中，本文發現明代以前《楞伽經》中「流注」與「相」的詮釋，關於「流注」為第八識，「相」為餘七識的看法，最早由法藏提出，其後延壽、寶臣、正受、善月，共有五人認同這種見解，而楊彥國並沒有提出意見。在六位注家中，大致是以延壽《宗鏡錄》的注文為主流，寶臣、正受二家幾乎完全採用《宗鏡錄》裡的注文解釋。延壽的說法，影響著明代以前《楞伽經》中對於「流注」與「相」這個問題的理解。另外值得注意的，是以《大乘起信論》的「三細」來詮釋《楞伽經》的「流注」。延壽《宗鏡錄》的注文只提出「三相微隱」，並沒有直接說明此三相即是《大乘起信論》的「三細」。明確提出這種詮釋的應是寶臣，寶臣參考了延壽和法藏的解釋，判定「三細」應歸屬於第八阿賴耶識，其後正受採用了寶臣的看法。明代諸注家對於「流注」與「相」二種生、住、滅的詮釋，除了焦竑、陸西星較少發揮之外，其他注家大致上都各有所見。曾鳳儀和通潤都認爲「流注」爲第八識、「相」爲餘七識。曾鳳儀更提出了「相」的生、注、滅，只在「流注住」當中；通潤又在曾鳳儀的基礎上進一步提出「相滅」又分爲三種，並說明達到「相滅」的果位並非七地菩薩，應爲九地菩薩。但是德清、廣莫、普眞貴、智旭則認爲不應侷限「流注」屬第八識、「相」屬前七識。德清、廣莫以「粗細」來分別，「細」爲「流注」，「粗」則爲「相」。然而八識皆各有粗細，所以八識都有「流注」與「相」；智旭以「種子」和「現行」來詮釋「流注」與「相」；普眞貴則強調心念面對境界時的刹那變化。還有宗泐、如玘、焦竑著重在「識蘊於內」、「相顯於外」的理解。在此可看到，明代諸家《楞伽經》注疏對於「流注」與「相」二種生、住、滅的處理，展現了多重面貌的解讀。至於明代諸注家對於前人的繼承發展，本文提出「內外說、『流注』爲第八識；『相』爲前七識、《大乘起信論》的運用」等三點說明。關於明代諸注家對於前人的超越與反思，本文提出「通於八識說、心念說、粗細說、種子現行說」等四點說明。

對於「三相」、「三識」的討論，明代以前關於「三相」、「三識」的詮釋，從「三相」與八識的配比關係，在明代以前六位注家中，竟然出現五種說法。「三識」與八識的配比關係，看法是比較集中的。其中最大的分歧處在於「分別事識」的判定。除此之外，以《大乘起信論》「三細」中的「業相」來詮釋《楞伽經》的「業相」，持這種看法者，主要有澄觀、延壽、善月三人。明代諸注家對於「三相」、「三識」的詮釋，「三相」與八識的配比關係可分爲兩種：一是「通於八識」，有德清、廣莫、曾鳳儀、普眞貴、通潤、智旭；二是沒有配比，宗泐、如玘、陸西星、焦竑。若從「三識」與八識的配比關係也可分爲兩種：一是認爲「眞識」爲清淨如來藏心；「現識」是第八識；「分別事識」是餘七識，有宗泐、如玘、陸西星、德清、廣莫、普眞貴、焦竑、通潤、智旭。二是曾鳳儀認爲「現識」是前五識；「分別事識」爲第六意識。「眞識」爲第八識。若以《楞伽經》的「三相」與《大乘起信論》的「三細」的配比關係也可分爲兩種：一是「轉相」包含「三細」，「業相」涵蓋「六粗」，有德清、曾鳳儀、通潤。二是「三相」直接等同於「三細」，有宗泐、如玘、焦竑。明代注家的見解相對於以前的注家，看法似乎較爲集中。然而這些看似集中的見解，也提供了不同的詮釋內容。譬如對於「三自性」、「五法」的引用，如陸西星以「眞相」、「眞識」爲「五法」中的「正智、如如」；德清、曾鳳儀以「三相」配比「三自性」，如「轉相」爲依他起性，「業相」爲徧計所執，「眞相」爲圓成實性等等。另外還有「眞識」爲「本覺」的觀念，以及華嚴宗「隨緣不變」、延壽《宗鏡錄》的法義，都持續的爲明代的注家們所採用。同時本文也發現，明代注家們對於「分別事識」爲第六意識或前七識的「調和說」，以及《楞伽經》與《大乘起信論》之間，對於雷同名相的解釋和法義詮釋的運用。至於明代注疏對於前人的繼承發展，本文提出「『三相』通於八識、『眞識』爲眞如（如來藏）；『現識』是第八識；「分別事識」是餘七識、『眞識不變隨緣、隨緣不變』」等三點補充分析。關於明代諸注家的超越與反思，本文提出三點說明；一是曾鳳儀的「三識說」；二是「五法、三自性」的運用；三是《大乘起信論》的運用與調和。

關於「覆彼眞識」的討論，明代以前雖然只有五位注家提出詮釋，但出現了三種不同的詮釋角度。有延壽、楊彥國的「反復說」；寶臣的「阿賴耶識說」；善月的「覆蔽說」等三種。關於這三種說法，本文曾用戰士上戰場的比喻來輔助說明——「阿賴耶識說」就像是戰士知道前面有虛幻不實的敵人；「覆蔽說」就像戰士看到前面有敵人，卻不斷的提醒自己：「不用擔心，那些敵人是虛幻的」；「反復說」就像是戰士告訴自己：「前面並沒有敵人，只要安心做自己的事就好了」。這三種說法當中，「覆蔽說」和「阿賴耶識說」的意趣是相同的，都把重心投注在虛妄雜染的阿賴耶識；而「反復說」則是把焦點關注於「眞識」。明代諸注家對於「覆彼眞識種種不實諸虛妄滅」這句經文的詮釋，大致上可分爲三種：一是將「覆」解釋爲「反復」，有宗泐、如玘、德清、廣莫、焦竑。二是將「覆」解釋爲「覆蓋」，有曾鳳儀、普眞貴、智旭。三是「覆蓋」、「反復」兩種解釋都贊同的通潤。對於明代注疏在前人的繼承發展上，本文以「反復說」來略加分析。至於明代注疏對於前人的超越與反思，本文則從「覆蓋說、兩種兼通說」來補充說明。

四、關於第五章

「轉依」是佛學思想中重要的理論，尤其瑜伽、如來藏學都重視「轉依」的安立，亦各具特色。本文分別論述了兩種不同的「轉依」特質，瑜伽學派的「轉依」特質是「凡聖分明」的，從凡夫到聖人的關係是從阿賴耶識到無垢眞如，對於修證的工夫進路，著重在「斷惑、滅障」；如來藏學的「轉依」特質則是「凡聖一如」的，從凡夫到聖人的關係是從（在纏）眞如到（出纏）眞如，對於修證的工夫進路，強調於「悟眞、證眞」。本文從這個基本的特徵來分析《楞伽經》及注疏中「轉依」思想的運用與創新。首先解析《楞伽經》三家漢譯本含有「轉依」思想的經文，本文發現，若純粹從經文上的特質來判斷，應傾向於如來藏學，尤其以流傳最廣的劉宋譯本中三處案例更爲鮮明；唐譯本雖然出現一處依阿賴耶識的「轉依」類型，但多數的「轉依」特質仍較傾向於如來藏學。其次分析明代以前《楞伽經》注疏中的「轉依」思想，本文發現若純粹從各家注文中的「轉依」案例來觀察，在唐代的兩處案例中，如來藏學、瑜伽學派各佔其一；宋代的十一處案例中，如來藏學有五處、瑜伽學派有六處。然而若就注家們對於各注疏中整體一貫的思想而言，唐、宋兩代這十餘處的「轉依」案例，應都屬於如來藏學的「轉依」類型。同時在唐、宋的注疏裡，可以看到注家們吸收了瑜伽學派的養分，如引用《大乘阿毘達磨雜集論》、《攝大乘論》、《成唯識論》等「滅障證理」的「轉依」思想，藉以強化如來藏學的「轉依」特質，開展出更圓融的「轉依」型態。在此本文也舉「成就世間圓滿聖人」的譬喻來輔助說明：一、瑜伽學派：將重心鎖定於「缺點」，經由不斷的淨化、改進、修正，最後達到圓滿的境界。二、如來藏學：將焦點關注於自身的「優點」，經由不斷的開顯、增強、擴充，最後實現終極的理想。三、吸收瑜伽學後的如來藏學：「優點」不斷的開顯、增強；「缺點」不斷的淨化、改進，「優、缺點」兩者同時進行、雙管齊下。換言之，能更有效率的「成就圓滿聖人」。

最後討論明代《楞伽經》九家注疏中「轉依」思想的運用。憨山德清是九家《楞伽經》注疏中，對於「轉依」思想最有發揮的，不單具有獨特的創見，同時對於後來的注家們也有深刻的影響。本文從五個方向來論述德清「轉依」思想的特色：一是了達唯心，依不生滅心的「轉依」特質；二是神力加持，頓證「二轉依果」；三是「二轉依果」的新詮；四是「二轉依果」新詮的理論考察；五是「二轉依果」新詮的內容詳析。在此最具代表性的是「二轉依果」的新詮。在德清的注文中，有十餘處提到「二轉依果」，然而這「二轉依果」的具體涵義都是「轉煩惱成菩提，轉生死成涅槃」，似乎明顯的與《成唯識論》中說的「轉煩惱得大涅槃，轉所知障證無上覺」有所不同。本文分別從「《楞伽經》、宗密的《圓覺經略鈔》、紫柏眞可的影響」等三個角度企圖追溯理論的源頭。並從「涅槃果、菩提果」等分析「二轉依果」新詮的實質內容。

至於其他八家「轉依」思想的詮釋各有不同風貌，如：宗泐、如玘、焦竑「即事而理，反妄歸眞」依止於眞如的「轉依」特質；陸西星所重視的是「一念迴光」、「返流還元，旋歸自性」；廣莫則是瑜伽學派和如來藏學兩者並用的「轉依」詮釋；曾鳳儀以《楞嚴經》的「二轉依號」對照《成唯識論》中的「唯識觀」；普眞貴以《華嚴經》、《大乘起信論》如來藏學「本有眞心」的特質來論述「轉依」思想；通潤細心顧慮到「詮釋上的誤會」，注文上雖然不直接使用「轉依」名相，卻是如來藏學、瑜伽學派兩家並弘兼釋的；智旭運用了天台宗的精義「一心三觀」來說明「唯心」之旨，以推演「轉依」的關鍵等等。綜觀上述明代《楞伽經》注疏中的「轉依」類型，幾乎傾向於如來藏學。

五、關於第六章

所謂「非難」，意指注家們在論述法義時，指出其他注家詮釋經典的錯誤。佛法原是無諍的，因此本文認爲注家們彼此間的「非難」，實寓有更深的意義。其中的實質意趣，不僅是注家們依於學養的闡述，更是藉機提醒眾生注意經論中相關法義內涵與實踐方法的權宜之計。如同戲劇中的「衝突情節」，往往在觀眾的心中烙下深刻的印象。「非難」的類型原有直接指名、間接暗示這兩種，但本文將視野轉向法義延展性來區別「非難」的類型，分爲「單純型的名相解釋、複雜型的經文詮釋」兩類。在法義「非難」的選材上，本文討論了「經題解釋」、「七種性自性」和「淨除自心現流」等三個「非難」案例。

「經題解釋」是單純型的名相解釋的「非難」案例，主要由廣莫對德清提出「非難」。本文在釐清這個案例之後，發現廣莫所重視的焦點「自覺聖智境界，離心意意識妄想」，其實德清本已知曉，德清只是將得自梵僧的見聞廣爲補充及演義，加深「楞伽」這個名相的解釋。儘管讀者在廣莫的注文中發現了他對德清的「非難」，但是當讀者深入釐清兩位注家的論述之後，必將不再拘泥於「非難」的是非對錯，反而對於此處的法義詮釋將充滿更豐富的法喜。

「七種自性」也是單純型的名相解釋的「非難」案例，明代九家注疏針對「七種性自性」的詮釋，基本上分成兩個方向，一是依魏譯本經文的「外道說」，或是依「七種性自性」前文所說「外道論見」，判此爲「外道境界」；另一種說法則是依於「七種性自性」後文所接「第一義心」，判此爲「聖者境界」。由於注家們的「非難」，這個議題就被重視，如同在浩瀚的經文中打上探照燈，成爲讀者的焦點。後出的注家就必須針對此問題予以回應。注家們或許加入「非難」的評論，但不論是贊同「七種性自性」應判爲「聖者境界」或「外道境界」，都必須提出自己的立論基礎；注家們或許迴避「非難」的態度，但卻可從另一種新的體悟來圓滿法義的詮釋。因此，法義的「非難」，不論站在法義詮釋的發展角度，或是基於讀者吸收體會的立場，都不失爲一種宣揚佛法的良策。

「淨除自心現流」是複雜型的經文詮釋「非難」案例，意指注家們所諍議的焦點，不僅是單純的名相解釋，通常是某段文句，或者是整篇經文的解讀。這個案例的焦點主要是針對「淨除自心現流」這段經文中，「漸、頓」八喻的詮釋差異。經由注家們的「非難」，「漸、頓」八喻的經文詮釋就倍受關注，後出的注家們不論選擇回應或是迴避，都要針對這段經文提出圓滿的詮釋。明代注家中，雖然宗泐、如玘、陸西星、焦竑，都只是略微的消文釋義。但其餘的六位注家都依據自己的體悟而開展的不同的法義詮釋，如：第二位注家德清，他「非難」宋代寶臣「能淨者自覺聖智，所淨者自心現流」的說法，提出「頓單約佛」、「漸單約機」的理論，並又說明「頓頓、頓漸、漸頓、漸漸」四種「機」的差別。第四位注家廣莫，他引用華嚴宗四祖澄觀的說法，認爲這「漸，頓」八喻都是代表修行的階位，四「漸」喻是「未證理」的行者，分別爲「十信、十住、十行、十迴向」；四「頓」喻「已證理」的行者，爲「初地至七地、八地已上、報佛、法佛」。第五位注家曾鳳儀，他以「轉識成智」的法義來解釋「漸、頓」八喻，更運用禪宗公案加以輔助說明。第六位注家普眞貴，他繼德清之後又提出「非難」，對於「非難」的內容有兩點：一、不認同德清「漸約機、頓約佛」的說法，提出一切「頓、漸」的根本，「實在我而不在佛」；二、不認同德清四種「頓、漸」次第的詮釋，因爲《楞伽經》經文的原意，實際上只有「頓、漸」二義。第八位注家通潤，他仍是堅守「性、相」雙解的圓融態度，分別以「性、相」二宗的角度來詮釋「漸、頓」八喻，企圖消弭「性、相」二宗不必要的法義爭執與誤會。最後是明代九家注疏中最後一家的智旭，他似乎有意的要對這個議題提出總結，針對八喻的詮釋及前人的「非難」，智旭從三個方向來處理：首先解釋「漸、頓」八喻的象徵意義，提出四「頓」喻是如來四智的象徵，並在四「漸」喻的詮釋裡頗有創見，重視「因地發心」的正確性及圓滿性；其次是分析「漸、頓」的實質意義並非表層的文字，應當回歸眞理的意趣，要世人反省「聞頓即喜，聞漸即怒」

的思考盲點；最後回應前注家（德清、普眞貴）四種「頓、漸」次第的詮釋，並以天台四教「藏、通、別、圓」的觀點分別說明。

最後本文認爲若從狹隘的眼光來批判，或許表面上的法義「非難」，將淪爲法義間或宗派間的爭執；但若能善解「非難」的眞實意趣，從法義詮釋的發展史去思考，或從利益眾生的角度而言，法義「非難」所帶來的，不僅促進法義的發展，在時間的長流中增添豐富而深刻的見解；更能提供注家與讀者深入經藏、多聞熏習的良機。

第二節　研究侷限的反省與未來發展

一、研究侷限的反省

本論文題目爲「明代《楞伽經》注疏研究」，嘗試以九部注疏爲研究題材，顯然是一種嚴厲的考驗與挑戰。當然，要將一個龐大的綜合性主題寫成七章的論文，挂一漏萬的窘境勢所難免。

儘管有關明代《楞伽經》注疏上仍有諸多議題值得探討，但若就本文所選定的議題來檢討研究的侷限，還是有些地方需要注意。如漢譯《楞伽經》劉宋、魏、唐三家譯本的關係，由於歷來的學者都以這三家譯本的經文對讀，以做爲理解經義的輔助方法，但事實上，劉宋、魏、唐三家譯本當初所採用的原本是否相同，這是一個無法確認的答案。關於這個問題，古來的大德賢哲們，也並沒有提出明確的說明。如近代的歐陽竟無曾經以劉宋譯本爲底本，參勘梵本及魏、唐譯本，詳加精校《楞伽經》〔註 1〕。然而，他雖能比對各句經文在這四種版本中彼此的差異，卻也沒有確切的證據能斷定劉宋、魏、唐三家譯本當初所採用的原本是否相同。因此，本文在研究過程中，當需要劉

〔註 1〕「校勘說明——是書校歷二週，一譯校，二刻校……三、譯校凡有四例。(一) 各本品目文句歧異者，擇要註出曰，某本云云。(二) 各本文義較暢者，擇要註出曰，勘某本云云。(三) 因對勘各本而見今譯晦澀、文句倒綴、省略轉聲等或訛略者，則並註按語曰，今文云云。(四) 又今譯名語應行訂正者，亦爲註出曰，勘某本此語應譯云云……六、校勘資料出處如次：(一) 梵本入楞伽經 Lankavatara-sutra 日人南條文雄校刊本，一九二三年，京都版。(二) 魏本入楞伽經，金陵刻經處會譯本。(三) 唐本大乘入楞伽經，同上，又單行本。(四) 本書南宋刻麗刻，悉依日本弘教書院縮刷正藏本及大正大藏經本之校註。」見於歐陽竟無編：《楞伽經》，《藏要》第一輯，第四種（台北：新文豐出版股份有限公司，1988），第二冊，頁 1～2。

宋、魏、唐三家譯本經文相互對照時，在處理上也是採用前賢的作法，先將這三家譯本視爲同一原本。

二、未來發展

誠如上述的反省所言，有關於「明代《楞伽經》注疏研究」仍有許多議題尚待研究，如「非難」的討論，普眞貴在詮釋「三種意生身」時，曾對宗泐提出非難：「泐師以台宗通教二乘地位配此意生，未知今經意生果何類也……豈泐師二乘地位所能擬哉？」〔註2〕這個「非難」的主要癥結點是判教的不同詮釋，普眞貴是本著華嚴宗的立場來評論宗泐天台宗的詮釋。關於「三種意生身」的議題，明代諸注家們也都各有發揮，由於此問題牽涉到各宗派龐大的判教思想，因此未被納入本文第六章法義「非難」的討論。又如「聖智三相」的議題，曾鳳儀以「空、無相、無願」來詮釋；智旭則以「一切智、道種智、一切種智」來論述；德清、普眞貴學養本近華嚴，但在解說「聖智三相」時，卻反以天台宗「空觀、假觀、中觀」來詮釋。至於其他注家對此議題亦各有發揮，因此「聖智三相」也是一個值得深入討論的題目。

以上略舉兩個可供研究的案例，都是承續著「明代《楞伽經》注疏研究」這個主題中，尚待開發的領域。另外在本論文的研究基礎上，能深入去探索的問題也有很多，如明代注家在唯識學上的創見。由於明代《楞伽經》的注家們多採用了唯識學的法義來解釋經文，但卻略有別於唐代玄奘、窺基的唯識正義。明代這些大德們在闡述唯識法義時，絕非後人所批評的「諸多錯謬」〔註3〕，事實上一定有其立論的苦心和實質意義。在本文中雖稍有論述，如憨山的「粗細說」、智旭「種子現行說」等，但這樣的現象應該尚有很多。又如《楞伽經》本是禪宗的重要經典，禪宗門徒的根基多數傾向好簡、好圓、好頓的法門，但明代這些注家們爲何要大量的引用被視爲繁瑣艱澀的唯識學法義來詮釋《楞伽經》呢？明代注家們如何融攝唯識思想，如何調和性相的矛盾，這其中仍有許多值得深入研究的空間。希望將來有機會能繼續研究，或是有興趣的學者能站在末學的基礎上，繼續深入研究。

最後，本論文的研究，希望能對「明代《楞伽經》注疏」這個主題有興

〔註2〕 普眞貴：《楞伽科解》，卷七，頁13。

〔註3〕 歐陽竟無：《歐陽竟無佛學文選》，頁379。

趣的學者提供微薄的助益。倘若前輩學者在閱讀末學的論文時，發現任何錯謬之處，誠心懇請您不吝指正。

參考書目

說明：

1、藏經典籍依照冊數順序排列。

2、佛教經論以外其他古籍、近人專書，均按照人名筆劃由少至多依序排列。

3、期刊論文則依照出版年代先後次序排列。

一、藏經典籍

（一）《大正新修大藏經》（台北：新文豐出版股份有限公司，1983）。

1.〔唐〕不空譯：《仁王護國般若波羅蜜多經》，《大正藏》第八冊。

2.〔東晉〕佛馱跋陀羅譯：《大方廣佛華嚴經》，《大正藏》第九冊。

3.〔唐〕實叉難陀譯：《大方廣佛華嚴經》，《大正藏》第十冊。

4.〔姚秦〕鳩摩羅什譯：《佛垂般涅槃略說教誡經》，《大正藏》第十二冊。

5.〔姚秦〕鳩摩羅什譯：《維摩詰所說經》，《大正藏》第十四冊。

6.〔梁〕真諦譯：《佛說無上依經》，《大正藏》第十六冊。

7.〔劉宋〕求那跋陀羅譯：《楞伽阿跋多羅寶經》，《大正藏》第十六冊。

8.〔元魏〕菩提留支譯：《入楞伽經》，《大正藏》第十六冊。

9.〔唐〕實叉難陀譯：《大乘入楞伽經》，《大正藏》第十六冊。

10.〔唐〕玄奘譯：《解深密經》，《大正藏》第十六冊。

11. 闕譯者：《佛說稻芉經》，《大正藏》第十六冊。

12.〔吳〕支謙譯：《貝多樹下思惟十二因緣經》，《大正藏》第十六冊。

13.〔唐〕般剌蜜諦譯：《大佛頂如來密因修證了義諸菩薩萬行首楞嚴經》，《大正藏》第十九冊。

14. 尊者世親造；〔唐〕玄奘譯：《阿毘達磨俱舍論》，《大正藏》第二十九冊。

15. 龍樹菩薩造；〔姚秦〕鳩摩羅什譯：《中論》，《大正藏》第三十冊。
16. 護法等菩薩造；〔唐〕玄奘譯：《成唯識論》，《大正藏》第三十一冊。
17. 世親菩薩造；〔唐〕玄奘譯：《唯識三十論頌》，《大正藏》第三十一冊。
18. 無著菩薩造；〔唐〕玄奘譯：《攝大乘論本》，《大正藏》第三十一冊。
19. 安慧菩薩糅；〔唐〕玄奘譯：《大乘阿毘達磨雜集論》，《大正藏》第三十一冊。
20. 〔後魏〕勒那摩提譯：《究竟一乘寶性論》，《大正藏》第三十一冊。
21. 堅慧菩薩造；〔唐〕提雲般若譯：《大乘法界無差別論》，《大正藏》第三十一冊。
22. 馬鳴菩薩造；〔梁〕眞諦譯：《大乘起信論》，《大正藏》第三十二冊。
23. 〔唐〕澄觀：《大方廣佛華嚴經隨疏演義鈔》，《大正藏》第三十六冊。
24. 〔唐〕李通玄：《新華嚴經論》，《大正藏》第三十六冊。
25. 〔隋〕灌頂：《大般涅槃經玄義》，《大正藏》第三十八冊。
26. 〔明〕宗泐、如玘：《楞伽阿跋多羅寶經註解》，《大正藏》第三十九冊。
27. 〔唐〕窺基：《成唯識論述記》，《大正藏》第四十三冊。
28. 〔唐〕窺基：《成唯識論掌中樞要》，《大正藏》第四十三冊。
29. 〔唐〕法藏：《大乘起信論義記》，《大正藏》第四十四冊。
30. 〔唐〕法藏：《大乘起信論義記別記》，《大正藏》第四十四冊。
31. 〔唐〕窺基：《大乘法苑義林章》，《大正藏》第四十五冊。
32. 〔明〕普泰：《八識規矩頌補註》，《大正藏》第四十五冊。
33. 〔元〕宗寶編：《六祖大師法寶壇經》，《大正藏》第四十八冊。
34. 〔宋〕延壽：《宗鏡錄》，《大正藏》第四十八冊。
35. 〔隋〕費長房：《歷代三寶紀》，《大正藏》第四十九冊。
36. 〔明〕幻輪編：《釋鑑稽古略續集》，《大正藏》第四十九冊。
37. 〔唐〕道宣：《續高僧傳》，《大正藏》第五十冊。
38. 〔唐〕淨覺：《楞伽師資記》，《大正藏》第八十五冊。

（二）《卍新纂續藏》（台北：新文豐出版股份有限公司，1993）。

1. 〔唐〕宗密：《圓覺經略疏鈔》，《卍新纂續藏》第十五冊。
2. 〔明〕德清：《圓覺經直解》，《卍新纂續藏》第十六冊。
3. 〔唐〕法藏：《入楞伽心玄義》，《卍新纂續藏》第二十五冊。
4. 〔宋〕善月：《楞伽經通義》，《卍新纂續藏》第二十五冊。
5. 〔宋〕正受：《楞伽阿跋多羅寶經集註》，《卍新纂續藏》第二十五冊。

6.〔明〕德清：《觀楞伽阿跋多羅寶經記》，《卍新纂續藏》第二十五冊。
7.〔明〕德清：《楞伽補遺》，《卍新纂續藏》第二十六冊。
8.〔明〕智旭：《楞伽經義疏》，《卍新纂續藏》第二十六冊。
9.〔明〕智旭：《楞伽經玄義》，《卍新纂續藏》第二十六冊。
10.〔明〕曾鳳儀：《楞伽經宗通》，《卍新纂續藏》第二十六冊。
11.〔明〕通潤：《楞伽經合轍》，《卍新纂續藏》第二十六冊。
12.〔明〕廣莫：《楞伽經參訂疏》，《卍新纂續藏》第二十七冊。
13.〔清〕函昰：《楞伽經心印》，《卍新纂續藏》第二十七冊。
14.〔清〕淨挺：《楞伽心印》，《俍亭和尚閱經十二種》，《卍新纂續藏》第五十九冊。
15.〔唐〕智嚴：《楞伽經註》，《卍新纂續藏》第九十一冊。
16.〔唐〕智嚴：《楞伽經疏》，《卍新纂續藏》第九十一冊。
17.〔宋〕楊彥國：《楞伽經纂》，《卍新纂續藏》第九十一冊。
18.〔宋〕寶臣：《註大乘入楞伽經》，《卍新纂續藏》第九十一冊。
19.〔明〕焦竑：《楞伽經精解評林》，《卍新纂續藏》第九十一冊。
20.〔宋〕善卿：《祖庭事苑》，《卍新纂續藏》第一百十三冊。
21.〔明〕德清閱：《紫柏尊者全集》，《卍新纂續藏》第一二六冊。
22. 佚名：《伯亭大師傳記總帙》，《卍新纂續藏》第一百五十冊。

（三）其他刻本

1.〔明〕陸西星：《楞伽要旨》（台北：新文豐出版股份有限公司，1993）。
2.〔明〕普眞貴：《楞伽科解》（台北：新文豐出版股份有限公司，1997）。
3. 歐陽竟無編：《楞伽經》，《藏要》第一輯，第四種（台北：新文豐出版股份有限公司，1988），第二冊。

二、佛教經論以外其他古籍

1.〔宋〕朱熹：《四書章句集注》（北京：中華書局，2005）。
2.〔清〕黃宗義，《明儒學案》（北京：中華書局，2008）。
3.〔清〕章學誠著，葉瑛校注：《文史通義校注》（北京：中華書局，2005）。

三、近人專書

1. 太虛：《辨法法性論講記》，《太虛大師全書》第七冊（台北：太虛大師書影印委員會，1970）。

2. 太虛：《楞伽阿跋多羅寶經義記》，《太虛大師全書》第十二冊。
3. 方立天主編：《中國佛教簡史》（北京：宗教文化出版社，2007）。
4. 白雲：《楞伽經抉疑》，《白雲禪師經典著述系列》第二冊（北京：宗教文化出版社，2003）。
5. 印順：《印度之佛教》（台北：正聞出版社，1992）。
6. 印順：《印度佛教思想史》（台北：正聞出版社，2005）。
7. 印順：〈楞伽阿跋多羅寶經釋題〉，《華雨集（一）》（台北：正聞出版社，2005）。
8. 印順：〈辨法法性論講記〉，《華雨集（一）》（台北：正聞出版社，2005）。
9. 印順：《中國禪宗史——從印度禪到中華禪》（台北：正聞出版社，2005）。
10. 印順：《淨土與禪》（台北：正聞出版社，1998）。
11. 印順：《唯識學探源》（台北：正聞出版社，1998）。
12. 印順：《以佛法研究佛法》（台北：正聞出版社，1982）。
13. 印順：《如來藏之研究》（台北：正聞出版社，1993）。
14. 印順：《佛教史地考論》（台北：正聞出版社，2000）。
15. 印順：《華雨香雲》（台北：正聞出版社，1989）。
16. 印海：《楞伽經親聞記》（台北：財團法人嚴寬祜文教基金會，2004）。
17. 呂澂：〈入楞伽經講記〉，《學院五科經論講要》（台北：大千出版社，2003）。
18. 呂澂：《經論攷證講述》（台北：大千出版社，1993）。
19. 呂澂：《中國佛學思想概論》（台北：天華出版事業股份有限公司，1997）。
20. 〔日〕忽滑古快天著；朱謙之譯：《中國禪學思想史》（上海：上海古籍出版社，2002）。
21. 〔俄〕舍爾巴茨基著；宋立道譯：《大乘佛學：佛教的涅槃概念》（台北：圓明出版社，1998）。
22. 吳汝鈞：《佛學研究方法論》（台北：台灣學生書局，1983）。
23. 胡適：〈楞伽宗考〉，《胡適全集》（合肥市：安徽教育，2003）第 4 卷。
24. 胡適：〈楞伽師資記序〉，《胡適全集》第 4 卷。
25. 南懷瑾：《楞伽大義今釋》（台北：老古文化事業股份有限公司，2007）。
26. 昭慧：《初期唯識思想》（台北：法界出版社，1992），頁 229。
27. 洪漢鼎：《詮釋學史》（台北：桂冠圖書股份有限公司，2003）。
28. 〔德〕加達默爾著；洪漢鼎譯：《眞理與方法》（上海：上海譯文出版社，2004）。
29. 〔日〕高崎直道等著；李世傑譯：《唯識思想》（台北：華宇出版社，1985）。

30.〔日〕高崎直道等著；李世傑譯：《如來藏思想》（台北：華宇出版社，1986）。
31. 唐一玄：《四卷楞伽經注箋》（高雄：財團法人休休文教基金會，1998）。
32. 陳垣：《明季滇黔佛教考（外宗教史論著八種）》（河北：河北教育出版社，2002）。
33. 強梵暢：《楞伽經法要表解》（台北：大乘精舍印經會，2005）。
34.〔日〕橫山竑一著；許洋主譯：《唯識思想入門》（台北：東大圖書公司，2007）。
35. 湯用彤：《漢魏兩晉南北朝佛教史》（台北：台灣商務印書館，1998）。
36. 湯用彤：《隋唐及五代佛教史》（台北：財團法人台北市慧炬出版社，1997）。
37.〔日〕野上俊靜等著；聖嚴譯：《中國佛教史概說》（台北：台灣商務印書館，2006）。
38. 聖嚴：《明末佛教研究》（台北：法鼓文化事業股份有限公司，2000 年）。
39. 會性：《菩薩戒本經講記》（台中：青蓮出版社，2007）。
40. 歐陽竟無：《楞伽疏決》（南京：金陵刻經處，1925）。
41. 歐陽竟無，《歐陽竟無佛學文選》，（武漢：武漢大學出版社，2009）。
42. 談錫永：《楞伽經導讀》（台北：全佛文化事業有限公司，2005）。
43. 談錫永：《入楞伽經梵本新譯》（台北：全佛文化事業有限公司，1999）。
44. 談錫永：《聖入無分別總持經對勘與研究》（北京：中國藏學出版社，2007）。
45. 賴賢宗：《如來藏說與唯識思想的交涉》（台北：新文豐出版股份有限公司，2006）。
46.〔法〕戴密微著；耿昇譯：《吐番僧諍記》（台北：商鼎文化出版社，2004）。
47. 濟群：《眞理與謬論——辨中邊論探微》（上海：上海古籍出版社，2004）。
48. 濟群：《認識與存在——唯識三十論解析》（上海：上海古籍出版社，2006）。
49. 聶偉榮：《楞伽經如來藏思想研究》（北京：北京大學博士論文，2008）。
50. 釋大禮：〈對楞伽經如來藏之探討〉，《福嚴佛學院第八屆初級部學生論文集》（新竹：福嚴佛學院，1999），頁 987～1000。
51. 釋成觀：《楞伽阿跋多羅寶經義貫》（台北：財團法人佛陀教育基金會，2008）。。
52. 釋恆清：《佛性思想》（台北：東大圖書股份有限公司，1997）。
53. 釋會容：《楞伽經之如來藏與阿梨耶識》，《華嚴專宗學院佛學研究所論文集（一）》（台北：華嚴專宗學院，1994）。
54. Daisetz Teitaro Suzuki（鈴木大拙）：*The Lankavatara sutra : a Mahayana text*（台北：南天書局，1991）。
55. Daisetz Teitaro Suzuki（鈴木大拙）：*Studies in the Lankavatara sutra*（台北：

南天書局，1991）。
56. 〔日〕高崎直道：《楞伽經》（東京：大藏出版株氏會社，1985）。
57. 〔日〕鈴木大拙：《鈴木大拙全集（增補新版）》（東京：岩波書局，2000）第五卷。

四、期刊論文

1. 〔日〕鈴木大拙著；郭曇昕譯：〈大乘佛教與楞伽經〉，《中國佛教》23 卷 5 期，頁 21～26，1979 年 2 月。
2. 羅光：〈楞伽經和攝大乘論（如來藏緣起說）〉，《哲學與文化》6 卷 8 期，頁 11～17，1979 年 11 月。
3. 江燦騰：〈楞伽經研究〉，《中國佛教》27 卷 6 期，頁 4～13，1983 年 6 月。
4. 〔日〕鈴木大拙著；郭忠生譯：〈簡論楞伽經之研究（一）〉，《菩提樹》367 期，頁 13～15，1983 年 6 月。
5. 〔日〕鈴木大拙著；郭忠生譯：〈簡論楞伽經之研究（二）〉，《菩提樹》368 期，頁 24～27，1983 年 7 月。
6. 〔日〕鈴木大拙著；郭忠生譯：〈簡論楞伽經之研究（三）〉，《菩提樹》369 期，頁 17～21，45，1983 年 8 月。
7. 〔日〕鈴木大拙著；郭忠生譯：〈簡論楞伽經之研究（四）〉，《菩提樹》370 期，頁 20～24，15，1983 年 9 月。
8. 古天英：〈楞伽經中有關禪宗思想探索〉，《慧炬》262 期，頁 21～26，1986 年 4 月。
9. 南懷謹：〈略舉楞伽經：有關佛法與禪宗修證的幾個問題〉，《十方》6 卷 1 期，頁 1～5，1987 年 10 月。
10. 南懷謹：〈略舉楞伽經：有關佛法與禪宗修證的幾個問題（續）〉，《十方》6 卷 2 期，頁 1～5，1987 年 11 月。
11. 洪文亮：〈談楞伽經中的實修法門〉，13 卷 6 期，頁 13～21，1995 年 3 月。
12. 洪修平，孫亦平：〈略論楞伽師、楞伽經與中國禪宗〉，《世界宗教研究》3 期，頁 29～38，1997 年 3 月。
13. 程恭讓：〈楞伽經如來藏段梵本新譯及對呂徵關於魏譯相關經文批評的再批評〉，《哲學研究》3 期：54～58，2004 年 3 月。
14. 蒲長春：〈從大乘起信論到楞伽經——論印順如來藏思想的特點〉，《南方論刊》5 期，頁 40～42，57，2008 年 5 月。